# ま　え　が　き

　総務省統計局では、我が国の人口について、国勢調査によって５年ごとに詳細に把握するとともに、国勢調査の間の時点においては、国勢調査による人口を基に、その後の人口動向を他の人口関連資料から得て、我が国における人口の最新の状況を推計し、「人口推計」として公表しています。

　この「人口推計」では、毎月１日現在の「全国　年齢（５歳階級）、男女別人口」について、概算値を当月下旬に、確定値を５か月後に公表しています。また、10月１日現在の「全国　年齢（各歳）、男女別人口」及び「都道府県　年齢（５歳階級）、男女別人口」について、翌年の４月に公表しています。

　なお、2017年（平成29年）４月からは、国の行政機関が作成する特に重要な統計である基幹統計として公表を行っています。

　本報告書は、本年４月に公表した人口推計（2022年（令和４年）10月１日現在）の結果を収録したものです。人口推計の結果が、各種施策の基礎資料として、また、我が国の人口動向の分析資料として、各方面で活用されることを期待しています。


　　令和５年６月


　　　　　　　　　　　　　　　総務省統計局長

　　　　　　　　　　　　　　　井　上　　卓

JN121367

# PREFACE

Japan's population is grasped in detail through the Population Census every five years, and for the intercensal period, the latest population of Japan which are estimated by using the census population as the base and obtaining from other data sources on population changes during the intercensal period are released as the "current population estimates" by the Statistics Bureau.

The Statistics Bureau releases the population estimates as of the first day of each month by five-year age group and sex for Japan at the end of the month. It also releases the annual population estimates, as of October 1 of the previous year, "by age (single years) and sex for Japan" as well as "by age (five-year groups) and sex for Prefectures" in April.

In addition, since April 2017, the Statistics Bureau has released the population estimates as fundamental statistics which are important statistics compiled by administrative organs.

This report contains the annual estimates of population as of October 1, 2022 which was released in April. I hope this report will be of use in many fields as basic data for various policies and as data for various analyses on Japan's population.

June   2023

INOUE Takashi
Director-General
Statistics Bureau
Ministry of Internal Affairs and Communications
Japan

# 目　　　次

# CONTENTS

# 結 果 の 概 要

## I 全国人口

### 1 人口の動向

> **総人口は 55 万 6 千人の減少、12 年連続の減少**
> **日本人人口は減少幅が 11 年連続で拡大**

　2022年（令和4年）10月1日現在の総人口は1億2494万7千人で、2021年10月から2022年9月までの1年間に55万6千人（-0.44%）の減少となった。

　我が国の総人口は2005年に戦後初めて前年を下回った後、2008年にピークとなり、2011年以降、12年連続で減少している。

　日本人人口は1億2203万1千人で、前年に比べ75万人（-0.61%）の減少となり、減少幅は11年連続で拡大している。　　　　　　　　　　　　　　　　　**（表1、図1、表2）**

表1　総人口及び日本人人口の推移（2015年～2022年）

| 年 次 | 総人口 | | | 日本人人口 | | |
|---|---|---|---|---|---|---|
| | 10月1日現在<br>人口（千人） | 増減数[1]<br>（千人） | 増減率[2]<br>（%） | 10月1日現在<br>人口（千人） | 増減数[1]<br>（千人） | 増減率[2]<br>（%） |
| 2015年 | 127,095 [3] | -142 | -0.11 | 125,319 [3] | -243 | -0.19 |
| 2016 | 127,042 | -53 | -0.04 | 125,071 | -248 | -0.20 |
| 2017 | 126,919 | -123 | -0.10 | 124,745 | -327 | -0.26 |
| 2018 | 126,749 | -170 | -0.13 | 124,349 | -395 | -0.32 |
| 2019 | 126,555 | -193 | -0.15 | 123,886 | -463 | -0.37 |
| 2020 | 126,146 [4] | -409 | -0.32 | 123,399 [4] | -487 | -0.39 |
| 2021 | 125,502 | -644 | -0.51 | 122,780 | -618 | -0.50 |
| 2022 | 124,947 | -556 | -0.44 | 122,031 | -750 | -0.61 |

注1）2020年までの増減数には補間補正数（平成27年（2015年）国勢調査人口を基に算出した人口推計と、令和2年（2020年）国勢調査人口との差を各年に配分して算出したもの）を含む。
　2）前年10月から当年9月までの増減数を前年人口（期間初めの人口＝期首人口）で除したもの
　3）平成27年（2015年）国勢調査人口。日本人人口は、国籍不詳をあん分した人口
　4）令和2年（2020年）国勢調査人口。日本人人口は、不詳補完値

図1　総人口の人口増減数及び人口増減率の推移（1950年～2022年）

注）人口増減率は、前年10月から当年9月までの人口増減数を前年人口（期首人口）で除したもの

表2　総人口の推移（1990年～2022年）

(単位　千人)

| 年次 | 10月1日現在人口 | 人口増減 | | | | | （前年10月～当年9月） | | | | |
| | | 純増減[1] | | 自然動態[2] | | | 社会動態[3] | | | | |
| | | 増減数 | 増減率(%)[4] | 出生児数 | 死亡者数 | 自然増減 | 入国者数 | 出国者数 | 社会増減 | 日本人 | 外国人 |
|---|---|---|---|---|---|---|---|---|---|---|---|
| 1990年 | 123,611 [5] | 406 | 0.33 | 1,241 | 824 | 417 | 11,303 | 11,301 | 2 | -30 | 32 |
| 1991 | 124,101 | 490 | 0.40 | 1,224 | 829 | 394 | 11,168 | 11,130 | 38 | -19 | 57 |
| 1992 | 124,567 | 466 | 0.38 | 1,228 | 854 | 374 | 12,720 | 12,685 | 34 | -7 | 41 |
| 1993 | 124,938 | 370 | 0.30 | 1,205 | 882 | 322 | 12,398 | 12,408 | -10 | -17 | 8 |
| 1994 | 125,265 | 327 | 0.26 | 1,229 | 877 | 351 | 13,982 | 14,064 | -82 | -76 | -6 |
| 1995 | 125,570 [5] | 305 | 0.24 | 1,222 | 925 | 297 | 15,653 | 15,703 | -50 | -50 | 0 |
| 1996 | 125,859 | 289 | 0.23 | 1,203 | 896 | 307 | 17,375 | 17,388 | -13 | -35 | 23 |
| 1997 | 126,157 | 297 | 0.24 | 1,209 | 921 | 288 | 17,974 | 17,960 | 14 | -42 | 56 |
| 1998 | 126,472 | 315 | 0.25 | 1,215 | 933 | 282 | 17,028 | 16,990 | 38 | -2 | 40 |
| 1999 | 126,667 | 195 | 0.15 | 1,198 | 985 | 212 | 17,237 | 17,249 | -12 | -43 | 30 |
| 2000 | 126,926 [5] | 259 | 0.20 | 1,194 | 968 | 226 | 18,462 | 18,424 | 38 | -50 | 88 |
| 2001 | 127,316 | 390 | 0.31 | 1,185 | 966 | 219 | 19,266 | 19,120 | 146 | 66 | 79 |
| 2002 | 127,486 | 170 | 0.13 | 1,176 | 981 | 195 | 16,321 | 16,372 | -51 | -104 | 53 |
| 2003 | 127,694 | 208 | 0.16 | 1,138 | 1,023 | 115 | 15,038 | 14,970 | 68 | 3 | 65 |
| 2004 | 127,787 | 93 | 0.07 | 1,126 | 1,024 | 103 | 17,673 | 17,709 | -35 | -77 | 42 |
| 2005 | 127,768 [5] | -19 | -0.01 | 1,087 | 1,078 | 9 | 18,951 | 19,004 | -53 | -103 | 50 |
| 2006 | 127,901 | 133 | 0.10 | 1,091 | 1,090 | 1 | 2,836 | 2,835 | 1 | -60 | 61 |
| 2007 | 128,033 | 132 | 0.10 | 1,102 | 1,104 | -2 | 2,882 | 2,879 | 4 | -75 | 79 |
| 2008 | 128,084 | 51 | 0.04 | 1,108 | 1,142 | -35 | 2,864 | 2,908 | -45 | -110 | 65 |
| 2009 | 128,032 | -52 | -0.04 | 1,087 | 1,146 | -59 | 3,114 | 3,237 | -124 | -77 | -47 |
| 2010 | 128,057 [5] | 26 | 0.02 | 1,083 | 1,188 | -105 | 2,840 | 2,840 | 0 | 4 | -4 |
| 2011 | 127,834 | -223 | -0.17 | 1,074 | 1,256 | -183 | 2,686 | 2,765 | -79 | -28 | -51 |
| 2012 | 127,593 | -242 | -0.19 | 1,047 | 1,248 | -201 | 2,757 | 2,836 | -79 | -23 | -56 |
| 2013 | 127,414 | -179 | -0.14 | 1,045 | 1,277 | -232 | 2,796 | 2,782 | 14 | -23 | 37 |
| 2014 | 127,237 | -177 | -0.14 | 1,022 | 1,274 | -252 | 2,911 | 2,874 | 36 | -23 | 60 |
| 2015 | 127,095 [5] | -142 | -0.11 | 1,025 | 1,301 | -275 | 3,080 | 2,985 | 94 | -1 | 95 |
| 2016 | 127,042 | -53 | -0.04 | 1,004 | 1,300 | -296 | 3,361 | 3,228 | 134 | -2 | 136 |
| 2017 | 126,919 | -123 | -0.10 | 966 | 1,343 | -377 | 3,615 | 3,464 | 151 | 4 | 147 |
| 2018 | 126,749 | -170 | -0.13 | 945 | 1,370 | -425 | 3,848 | 3,687 | 161 | -3 | 165 |
| 2019 | 126,555 | -193 | -0.15 | 895 | 1,380 | -485 | 4,182 | 3,973 | 209 | 1 | 208 |
| 2020 | 126,146 [5] | -409 | -0.32 | 871 | 1,372 | -501 | 1,997 | 1,955 | 42 | 21 | 21 |
| 2021 | 125,502 | -644 | -0.51 | 831 | 1,440 | -609 | 632 | 667 | -35 | -7 | -28 |
| 2022 | 124,947 | -556 | -0.44 | 799 | 1,530 | -731 | 1,596 | 1,421 | 175 | -16 | 191 |

注1) 2020年までの純増減には補間補正数を含む。このため、純増減は自然増減と社会増減の計とは一致しない。
2) 「人口動態統計」（厚生労働省）による。
3) 「出入国管理統計」（出入国在留管理庁）による。2005年までの日本人については、海外滞在90日以内の入国者数、出国者数を含めている。
4) 前年10月から当年9月までの増減数を前年人口（期首人口）で除したもの
5) 国勢調査人口

## 男性は15年連続、女性は12年連続の減少

　総人口を男女別にみると、男性は6075万8千人（総人口に占める割合48.6%）で、前年に比べ26万1千人（-0.43%）減少と15年連続の減少、女性は6418万9千人（同51.4%）で29万4千人（-0.46%）減少と12年連続の減少となった。

　人口性比（女性100人に対する男性の数）は94.7となっており、女性が男性より343万1千人多くなっている。

（表3）

表3　男女別総人口の推移（2000年～2022年）

(単位　千人)

| 年次 | 男 | | | | | | 女 | | | | | | 人口性比 |
| | 10月1日現在人口 | 純増減[1] | | 自然増減 | 社会増減 | 補間[3]補正数 | 10月1日現在人口 | 純増減[1] | | 自然増減 | 社会増減 | 補間[3]補正数 | |
| | | 増減数 | 増減率(%)[2] | | | | | 増減数 | 増減率(%)[2] | | | | |
|---|---|---|---|---|---|---|---|---|---|---|---|---|---|
| 2000年 | 62,111 [4] | 94 | 0.15 | 85 | -2 | 11 | 64,815 [4] | 165 | 0.26 | 141 | 40 | -16 | 95.8 |
| 2001 | 62,265 | 155 | 0.25 | 81 | 52 | 21 | 65,051 | 236 | 0.36 | 138 | 94 | 4 | 95.7 |
| 2002 | 62,295 | 30 | 0.05 | 69 | -60 | 21 | 65,190 | 140 | 0.21 | 126 | 10 | 4 | 95.6 |
| 2003 | 62,368 | 73 | 0.12 | 28 | 23 | 21 | 65,326 | 136 | 0.21 | 87 | 45 | 4 | 95.5 |
| 2004 | 62,380 | 12 | 0.02 | 22 | -31 | 21 | 65,407 | 80 | 0.12 | 81 | -5 | 4 | 95.4 |
| 2005 | 62,349 [4] | -31 | -0.05 | -25 | -28 | 21 | 65,419 [4] | 12 | 0.02 | 34 | -25 | 4 | 95.3 |
| 2006 | 62,387 | 38 | 0.06 | -26 | 7 | 57 | 65,514 | 95 | 0.14 | 27 | -6 | 73 | 95.2 |
| 2007 | 62,424 | 37 | 0.06 | -25 | 6 | 57 | 65,608 | 95 | 0.14 | 23 | -2 | 73 | 95.1 |
| 2008 | 62,422 | -2 | -0.00 | -41 | -18 | 57 | 65,662 | 53 | 0.08 | 6 | -27 | 73 | 95.1 |
| 2009 | 62,358 | -64 | -0.10 | -55 | -67 | 57 | 65,674 | 12 | 0.02 | -5 | -57 | 73 | 95.0 |
| 2010 | 62,328 [4] | -30 | -0.05 | -74 | -13 | 57 | 65,730 [4] | 56 | 0.09 | -31 | 13 | 73 | 94.8 |
| 2011 | 62,207 | -120 | -0.19 | -108 | -37 | 25 | 65,627 | -103 | -0.16 | -75 | -42 | 14 | 94.8 |
| 2012 | 62,080 | -128 | -0.21 | -116 | -37 | 25 | 65,513 | -114 | -0.17 | -85 | -42 | 14 | 94.8 |
| 2013 | 61,985 | -95 | -0.15 | -129 | 9 | 25 | 65,429 | -84 | -0.13 | -103 | 5 | 14 | 94.7 |
| 2014 | 61,901 | -84 | -0.14 | -136 | 27 | 25 | 65,336 | -93 | -0.14 | -115 | 9 | 14 | 94.7 |
| 2015 | 61,842 [4] | -59 | -0.10 | -147 | 63 | 25 | 65,253 [4] | -83 | -0.13 | -128 | 31 | 14 | 94.8 |
| 2016 | 61,816 | -26 | -0.04 | -156 | 79 | 51 | 65,226 | -27 | -0.04 | -140 | 54 | 59 | 94.8 |
| 2017 | 61,753 | -63 | -0.10 | -197 | 87 | 47 | 65,165 | -61 | -0.09 | -180 | 64 | 56 | 94.8 |
| 2018 | 61,673 | -81 | -0.13 | -220 | 97 | 43 | 65,076 | -89 | -0.14 | -205 | 65 | 51 | 94.8 |
| 2019 | 61,588 | -85 | -0.14 | -249 | 127 | 37 | 64,967 | -109 | -0.17 | -237 | 82 | 46 | 94.8 |
| 2020 | 61,350 [4] | -238 | -0.39 | -259 | 2 | 18 | 64,797 [4] | -171 | -0.26 | -242 | 40 | 32 | 94.7 |
| 2021 | 61,019 | -331 | -0.54 | -314 | -16 | - | 64,483 | -313 | -0.48 | -294 | -19 | - | 94.6 |
| 2022 | 60,758 | -261 | -0.43 | -371 | 110 | - | 64,189 | -294 | -0.46 | -359 | 65 | - | 94.7 |

注1) 前年10月から当年9月までの増減数
2) 前年10月から当年9月までの増減数を前年人口（期首人口）で除したもの
3) 国勢調査人口を基に算出した人口推計と、その次の国勢調査人口との差を各年に配分して算出したもの
4) 国勢調査人口

## 16年連続の自然減少、減少幅は拡大

　自然増減（出生児数－死亡者数）をみると、出生児数は、第2次ベビーブーム期（1971年～1974年）以降は減少傾向が続いており、2022年は79万9千人で前年に比べ3万2千人の減少となった。一方、死亡者数は、153万人で前年に比べ9万人の増加となった。

　この結果、出生児数が死亡者数を73万1千人下回り、16年連続の自然減少となり、減少幅は拡大している。男女別にみると、男性は37万1千人の減少、女性は35万9千人の減少となり、男性は18年連続、女性は14年連続の自然減少となった。

（表2、表3、図2、図3）

## 日本人は2年連続の社会減少、外国人は2年ぶりの社会増加

　社会増減（入国者数－出国者数）をみると、入国者数は159万6千人で前年に比べ96万4千人の増加、出国者数は142万1千人で前年に比べ75万4千人の増加となった。この結果、入国者数が出国者数を17万5千人上回り、2年ぶりの社会増加となった。男女別にみると、男性・女性共に2年ぶりの社会増加となっている。

　これを日本人・外国人の別にみると、日本人は1万6千人の社会減少、外国人は19万1千人の社会増加となり、日本人は2年連続の社会減少、外国人は2年ぶりの社会増加となった。

（表2、表3、図2）

### 図2　要因別人口増減数の推移（1985年～2022年）

注1)　「人口動態統計」（厚生労働省）による。
　2)　「出入国管理統計」（出入国在留管理庁）による。2005年までの日本人については、海外滞在90日以内の入国者数、出国者数を含めている。

### 図3　男女別出生児数及び死亡者数の推移（1970年～2022年）

注1)　「人口動態統計」（厚生労働省）による。
　2)　1970年、1971年は沖縄県を含まない。

## 2　年齢別人口

---

**15歳未満人口は前年に比べ28万２千人の減少**
**総人口に占める割合は11.6%で、前年に比べ0.2ポイント低下**

---

　我が国の人口ピラミッドは、近年、出生児数が第２次ベビーブーム期（1971年～1974年）をピークとして減少傾向が続いていることを反映し、二つのベビーブーム期の人口が膨らんだ形となっている。

　年齢３区分別にみると、15歳未満人口は1450万３千人で前年に比べ28万２千人の減少、15～64歳人口は7420万８千人で前年に比べ29万６千人の減少となったのに対し、65歳以上人口は3623万６千人で前年に比べ２万２千人の増加となった。75歳以上人口は1936万４千人で前年に比べ69万１千人の増加となり、65歳以上人口の53.4%が75歳以上人口となっている。

（図４、表４）

図４　我が国の人口ピラミッド(2022年10月１日現在)

- 65歳以上人口
- 15～64歳人口
- 15歳未満人口

83歳：
日中戦争の動員による
1938年～1939年の出生減

76、77歳：
第２次世界大戦終戦（1945年）
前後における出生減

73～75歳：
1947年～1949年の
第１次ベビーブーム

56歳：
1966年（ひのえうま）の出生減

48～51歳：
1971年～1974年の
第２次ベビーブーム

男　　女

65歳以上　15～64歳　15歳未満

(万人)

　総人口に占める割合をみると、15歳未満人口が11.6%、15〜64歳人口が59.4%、65歳以上人口が29.0%となった。前年に比べると、15歳未満人口が0.2ポイント低下し、15〜64歳人口が同率、65歳以上人口が0.1ポイント上昇している。

　総人口に占める割合の推移をみると、15歳未満人口は、1975年（24.3%）以降一貫して低下を続け、2022年（11.6%）は過去最低となっている。15〜64歳人口は、1982年（67.5%）以降上昇していたが、1992年（69.8%）にピークとなり、その後は低下を続け、2022年（59.4%）は過去最低であった前年と同率となった。

　一方、65歳以上人口は、1950年（4.9%）以降一貫して上昇が続いており、2022年には29.0%と過去最高となった。

　なお、75歳以上人口も1950年（1.3%）以降上昇を続け、2022年は前年に比べ0.6ポイント上昇し、15.5%と過去最高となった。　　　　　　　　　　　　　　　　**（図5、表4）**

図5　年齢区分別人口の割合の推移（1950年〜2022年）

表4　年齢3区分別人口の推移（1950年〜2022年）

| 年次 | 人口（千人） | | | | | 総人口に占める割合（%） | | | |
|---|---|---|---|---|---|---|---|---|---|
| | 総数 | 15歳未満 | 15〜64歳 | 65歳以上 | うち75歳以上 | 15歳未満 | 15〜64歳 | 65歳以上 | うち75歳以上 |
| 1950年 | 83,200 | 29,430 | 49,661 | 4,109 | 1,057 | 35.4 | 59.7 | 4.9 | 1.3 |
| 1955 | 89,276 | 29,798 | 54,730 | 4,747 | 1,388 | 33.4 | 61.3 | 5.3 | 1.6 |
| 1960 | 93,419 | 28,067 | 60,002 | 5,350 | 1,626 | 30.0 | 64.2 | 5.7 | 1.7 |
| 1965 | 98,275 | 25,166 | 66,928 | 6,181 | 1,874 | 25.6 | 68.1 | 6.3 | 1.9 |
| 1970 | 103,720 | 24,823 | 71,566 | 7,331 | 2,213 | 23.9 | 69.0 | 7.1 | 2.1 |
| 1975 | 111,940 | 27,232 | 75,839 | 8,869 | 2,842 | 24.3 | 67.7 | 7.9 | 2.5 |
| 1980 | 117,060 | 27,524 | 78,884 | 10,653 | 3,661 | 23.5 | 67.4 | 9.1 | 3.1 |
| 1985 | 121,049 | 26,042 | 82,535 | 12,472 | 4,713 | 21.5 | 68.2 | 10.3 | 3.9 |
| 1990 | 123,611 | 22,544 | 86,140 | 14,928 | 5,986 | 18.2 | 69.7 | 12.1 | 4.8 |
| 1995 | 125,570 | 20,033 | 87,260 | 18,277 | 7,175 | 16.0 | 69.5 | 14.6 | 5.7 |
| 2000 | 126,926 | 18,505 | 86,380 | 22,041 | 9,012 | 14.6 | 68.1 | 17.4 | 7.1 |
| 2005 | 127,768 | 17,585 | 84,422 | 25,761 | 11,639 | 13.8 | 66.1 | 20.2 | 9.1 |
| 2006 | 127,901 | 17,435 | 83,731 | 26,604 | 12,166 | 13.6 | 65.5 | 20.8 | 9.5 |
| 2007 | 128,033 | 17,293 | 83,015 | 27,464 | 12,703 | 13.5 | 65.0 | 21.5 | 9.9 |
| 2008 | 128,084 | 17,176 | 82,300 | 28,216 | 13,218 | 13.5 | 64.5 | 22.1 | 10.4 |
| 2009 | 128,032 | 17,011 | 81,493 | 29,005 | 13,710 | 13.3 | 63.9 | 22.7 | 10.8 |
| 2010 | 128,057 | 16,839 | 81,735 | 29,484 | 14,194 | 13.1 | 63.8 | 23.0 | 11.1 |
| 2011 | 127,834 | 16,705 | 81,342 | 29,752 | 14,708 | 13.1 | 63.6 | 23.3 | 11.5 |
| 2012 | 127,593 | 16,547 | 80,175 | 30,793 | 15,193 | 13.0 | 62.9 | 24.1 | 11.9 |
| 2013 | 127,414 | 16,390 | 79,010 | 31,898 | 15,603 | 12.9 | 62.1 | 25.1 | 12.3 |
| 2014 | 127,237 | 16,233 | 77,850 | 33,000 | 15,917 | 12.8 | 61.3 | 26.0 | 12.5 |
| 2015 | 127,095 | 15,945 | 77,282 | 33,868 | 16,322 | 12.5 | 60.8 | 26.6 | 12.8 |
| 2016 | 127,042 | 15,809 | 76,673 | 34,560 | 16,891 | 12.4 | 60.4 | 27.2 | 13.3 |
| 2017 | 126,919 | 15,641 | 76,190 | 35,087 | 17,444 | 12.3 | 60.0 | 27.6 | 13.7 |
| 2018 | 126,749 | 15,473 | 75,796 | 35,479 | 17,913 | 12.2 | 59.8 | 28.0 | 14.1 |
| 2019 | 126,555 | 15,259 | 75,542 | 35,754 | 18,402 | 12.1 | 59.7 | 28.3 | 14.5 |
| 2020 | 126,146 | 15,032 | 75,088 | 36,027 | 18,602 | 11.9 | 59.5 | 28.6 | 14.7 |
| 2021 | 125,502 | 14,784 | 74,504 | 36,214 | 18,674 | 11.8 | 59.4 | 28.9 | 14.9 |
| 2022 | 124,947 | 14,503 | 74,208 | 36,236 | 19,364 | 11.6 | 59.4 | 29.0 | 15.5 |

　注）各年10月1日現在。1950年〜2005年、2010年及び2015年は国勢調査人口（年齢不詳をあん分した人口）、2020年は国勢調査人口（不詳補完値）による。
　　　1970年までは沖縄県を含まない。

**<参考>**

**〔 元号別人口 〕**

　元号別にみると、明治・大正生ま
れの人口は50万2千人（総人口に占
める割合0.4％）、昭和生まれの人口
は8700万2千人（同69.6％）、平
成生まれの人口は3461万6千人（同
27.7％）、令和生まれの人口は282
万6千人（同2.3％）となった。

参考表1　元号別人口及び割合
（単位 千人）

| | 2022年 | | 2021年 | |
|---|---|---|---|---|
| | 10月1日現在人口 | 総人口に占める割合(%) | 10月1日現在人口 | 総人口に占める割合(%) |
| 明治・大正生まれ | 502 | 0.4 | 677 | 0.5 |
| 昭和生まれ | 87,002 | 69.6 | 88,332 | 70.4 |
| 平成生まれ | 34,616 | 27.7 | 34,463 | 27.5 |
| 令和生まれ | 2,826 | 2.3 | 2,031 | 1.6 |
| 戦後生まれ | 108,745 | 87.0 | 108,154 | 86.2 |

　また、戦後生まれの人口は1億874万5千人となり、総人口に占める割合は87.0％
となった。　　　　　　　　　　　　　　　　　　　　　　　　　　　　　　（参考表1）

**〔 各国の年齢3区分別人口 〕**

　我が国の人口の年齢構造を各国と比べてみると、15歳未満人口割合は最も低く、65
歳以上人口割合は最も高い水準となっており、老年化指数が200を超える唯一の国と
なっている。　　　　　　　　　　　　　　　　　　　　　　　　　　　　　（参考表2）

参考表2　各国の年齢3区分別人口の割合及び年齢構造指数

| 国　名 | 総数（千人） | 総人口に占める割合（%） | | | 年齢構造指数 | | | |
|---|---|---|---|---|---|---|---|---|
| | | 15歳未満 | 15～64歳 | 65歳以上 | 年少人口指数 1) | 老年人口指数 2) | 従属人口指数 3) | 老年化指数 4) |
| 中　　　　　国 | 1,425,887 | 17.2 | 69.0 | 13.7 | 25.0 | 19.9 | 44.9 | 79.6 |
| イ　ン　　ド | 1,417,173 | 25.3 | 67.8 | 6.9 | 37.3 | 10.2 | 47.5 | 27.3 |
| アメリカ合衆国 | 338,290 | 18.0 | 64.9 | 17.1 | 27.7 | 26.4 | 54.1 | 95.4 |
| インドネシア | 275,501 | 25.2 | 67.9 | 6.9 | 37.1 | 10.1 | 47.2 | 27.2 |
| パ キ ス タ ン | 235,825 | 36.6 | 59.2 | 4.3 | 61.8 | 7.2 | 69.0 | 11.7 |
| ナイジェリア | 218,541 | 43.0 | 54.0 | 3.0 | 79.7 | 5.5 | 85.3 | 6.9 |
| ブ ラ ジ ル | 215,313 | 20.3 | 69.9 | 9.9 | 29.0 | 14.1 | 43.2 | 48.7 |
| バングラデシュ | 171,186 | 26.0 | 68.0 | 6.0 | 38.2 | 8.9 | 47.1 | 23.3 |
| ロ　シ　　ア | 144,713 | 17.7 | 66.5 | 15.8 | 26.6 | 23.8 | 50.4 | 89.2 |
| メ キ シ コ | 127,504 | 24.5 | 67.2 | 8.3 | 36.5 | 12.4 | 48.9 | 34.0 |
| 日　　　　　本 | 124,947 | 11.6 | 59.4 | 29.0 | 19.5 | 48.8 | 68.4 | 249.9 |
| エチオピア | 123,380 | 39.6 | 57.2 | 3.1 | 69.2 | 5.5 | 74.7 | 7.9 |
| フ ィ リ ピ ン | 115,559 | 30.3 | 64.2 | 5.4 | 47.2 | 8.5 | 55.7 | 17.9 |
| エ ジ プ ト | 110,990 | 32.3 | 62.3 | 4.8 | 52.7 | 7.8 | 60.5 | 14.7 |
| コンゴ民主共和国 | 99,010 | 46.5 | 50.5 | 2.9 | 92.1 | 5.8 | 97.9 | 6.3 |
| ベ ト ナ ム | 98,187 | 22.4 | 68.5 | 9.1 | 32.7 | 13.3 | 46.0 | 40.7 |
| イ　ラ　　ン | 88,551 | 23.6 | 68.8 | 7.6 | 34.2 | 11.1 | 45.3 | 32.3 |
| ト ル コ | 85,341 | 23.2 | 68.1 | 8.6 | 34.1 | 12.7 | 46.8 | 37.2 |
| ド　イ　　ツ | 83,370 | 14.0 | 63.6 | 22.4 | 21.9 | 35.2 | 57.2 | 160.6 |
| タ　　　　　イ | 71,697 | 15.5 | 69.3 | 15.2 | 22.4 | 22.0 | 44.4 | 98.0 |
| イ ギ リ ス | 67,509 | 17.5 | 63.4 | 19.2 | 27.6 | 30.3 | 57.8 | 109.8 |
| タ ン ザ ニ ア | 65,498 | 43.4 | 53.5 | 3.1 | 81.0 | 5.8 | 86.8 | 7.2 |
| フ ラ ン ス | 64,627 | 17.2 | 61.1 | 21.7 | 28.1 | 35.4 | 63.6 | 125.9 |
| 南アフリカ | 59,894 | 28.6 | 65.6 | 5.9 | 43.6 | 9.0 | 52.5 | 20.6 |
| イ タ リ ア | 59,037 | 12.4 | 63.5 | 24.1 | 19.6 | 37.9 | 57.4 | 193.5 |
| ミ ャ ン マ ー | 54,179 | 24.6 | 68.5 | 6.8 | 35.9 | 9.9 | 45.9 | 27.7 |
| ケ ニ ア | 54,027 | 37.8 | 59.3 | 2.9 | 63.7 | 4.8 | 68.6 | 7.6 |
| コ ロ ン ビ ア | 51,874 | 21.3 | 69.7 | 9.0 | 30.6 | 12.9 | 43.6 | 42.2 |
| 韓　　　　　国 | 51,816 | 11.6 | 70.9 | 17.5 | 16.3 | 24.7 | 41.0 | 151.2 |
| ス ペ イ ン | 47,559 | 13.8 | 65.9 | 20.3 | 20.9 | 30.7 | 51.7 | 146.9 |
| ウ ガ ン ダ | 47,250 | 44.8 | 53.5 | 1.7 | 83.7 | 3.2 | 86.8 | 3.8 |
| ス ー ダ ン | 46,874 | 40.9 | 55.6 | 3.5 | 73.7 | 6.3 | 79.9 | 8.6 |
| アルゼンチン | 45,510 | 23.1 | 65.0 | 11.9 | 35.5 | 18.3 | 53.8 | 51.7 |
| アルジェリア | 44,903 | 30.6 | 63.0 | 6.4 | 48.7 | 10.1 | 58.8 | 20.8 |
| イ ラ ク | 44,496 | 37.7 | 58.9 | 3.4 | 64.1 | 5.8 | 69.9 | 9.0 |
| アフガニスタン | 41,129 | 43.1 | 54.5 | 2.4 | 79.2 | 4.4 | 83.6 | 5.6 |

資料：United Nations, "World Population Prospects, The 2022 Revision" による2022年の年央推計値（うち人口が4000万人以上の国）
　　　日本は人口推計（2022年10月1日現在）

注 1) $\dfrac{15歳未満人口}{15～64歳人口} \times 100$　　2) $\dfrac{65歳以上人口}{15～64歳人口} \times 100$

　　3) $\dfrac{15歳未満人口＋65歳以上人口}{15～64歳人口} \times 100$　　4) $\dfrac{65歳以上人口}{15歳未満人口} \times 100$

## Ⅱ　都道府県別人口

### 1　人口の動向

> **東京都が全国人口の11.2%を占める**

　2022年10月１日現在の都道府県別の人口は、東京都が1403万８千人と最も多く、次いで神奈川県（923万２千人）、大阪府（878万２千人）、愛知県（749万５千人）、埼玉県（733万７千人）となっており、以下人口600万人台が１県、500万人台が３道県、300万人台が１県、200万人台が６府県、100万人台が21県、100万人未満が10県となっている。人口順位を前年と比べると、奈良県は順位が１つ上がり、愛媛県と同順位となり、香川県と秋田県、山梨県と佐賀県の順位がそれぞれ入れ替わった。

　全国に占める割合をみると、東京都が最も高く、前年と同率の11.2%となった。なお、全国に占める割合が５％以上となったのは６都府県で、全国人口の42.5%となり、前年に比べ0.1ポイント上昇、４％以上の９都道府県で55.1%となり、前年に比べ0.2ポイントの上昇となった。

（**表5**）

表5　都道府県別人口及び全国人口に占める割合（各年10月１日現在）

| 人口順位 | 都道府県 | 2022年 | | 2021年 | | 人口順位 | 都道府県 | 2022年 | | 2021年 | |
|---|---|---|---|---|---|---|---|---|---|---|---|
| | | 人口（千人） | 全国に占める割合(%) | 人口（千人） | 全国に占める割合(%) | | | 人口（千人） | 全国に占める割合(%) | 人口（千人） | 全国に占める割合(%) |
| － | 全　国 | 124,947 | 100.0 | 125,502 | 100.0 | 24 | 鹿児島県 | 1,563 | 1.3 | 1,576 | 1.3 |
| 1 | 東 京 都 | 14,038 | 11.2 | 14,010 | 11.2 | 25 | 沖 縄 県 | 1,468 | 1.2 | 1,468 | 1.2 |
| 2 | 神奈川県 | 9,232 | 7.4 | 9,236 | 7.4 | 26 | 滋 賀 県 | 1,409 | 1.1 | 1,411 | 1.1 |
| 3 | 大 阪 府 | 8,782 | 7.0 | 8,806 | 7.0 | 27 | 山 口 県 | 1,313 | 1.1 | 1,328 | 1.1 |
| 4 | 愛 知 県 | 7,495 | 6.0 | 7,517 | 6.0 | 28 | 奈 良 県 | 1,306 | 1.0 | 1,315 | 1.0 |
| 5 | 埼 玉 県 | 7,337 | 5.9 | 7,340 | 5.8 | 28 | 愛 媛 県 | 1,306 | 1.0 | 1,321 | 1.1 |
| 6 | 千 葉 県 | 6,266 | 5.0 | 6,275 | 5.0 | 30 | 長 崎 県 | 1,283 | 1.0 | 1,297 | 1.0 |
| 7 | 兵 庫 県 | 5,402 | 4.3 | 5,432 | 4.3 | 31 | 青 森 県 | 1,204 | 1.0 | 1,221 | 1.0 |
| 8 | 北 海 道 | 5,140 | 4.1 | 5,183 | 4.1 | 32 | 岩 手 県 | 1,181 | 0.9 | 1,196 | 1.0 |
| 9 | 福 岡 県 | 5,116 | 4.1 | 5,124 | 4.1 | 33 | 石 川 県 | 1,118 | 0.9 | 1,125 | 0.9 |
| 10 | 静 岡 県 | 3,582 | 2.9 | 3,608 | 2.9 | 34 | 大 分 県 | 1,107 | 0.9 | 1,114 | 0.9 |
| 11 | 茨 城 県 | 2,840 | 2.3 | 2,852 | 2.3 | 35 | 宮 崎 県 | 1,052 | 0.8 | 1,061 | 0.8 |
| 12 | 広 島 県 | 2,760 | 2.2 | 2,780 | 2.2 | 36 | 山 形 県 | 1,041 | 0.8 | 1,055 | 0.8 |
| 13 | 京 都 府 | 2,550 | 2.0 | 2,561 | 2.0 | 37 | 富 山 県 | 1,017 | 0.8 | 1,025 | 0.8 |
| 14 | 宮 城 県 | 2,280 | 1.8 | 2,290 | 1.8 | 38 | 香 川 県 | 934 | 0.7 | 942 | 0.8 |
| 15 | 新 潟 県 | 2,153 | 1.7 | 2,177 | 1.7 | 39 | 秋 田 県 | 930 | 0.7 | 945 | 0.8 |
| 16 | 長 野 県 | 2,020 | 1.6 | 2,033 | 1.6 | 40 | 和歌山県 | 903 | 0.7 | 914 | 0.7 |
| 17 | 岐 阜 県 | 1,946 | 1.6 | 1,961 | 1.6 | 41 | 山 梨 県 | 802 | 0.6 | 805 | 0.6 |
| 18 | 群 馬 県 | 1,913 | 1.5 | 1,927 | 1.5 | 42 | 佐 賀 県 | 801 | 0.6 | 806 | 0.6 |
| 19 | 栃 木 県 | 1,909 | 1.5 | 1,921 | 1.5 | 43 | 福 井 県 | 753 | 0.6 | 760 | 0.6 |
| 20 | 岡 山 県 | 1,862 | 1.5 | 1,876 | 1.5 | 44 | 徳 島 県 | 704 | 0.6 | 712 | 0.6 |
| 21 | 福 島 県 | 1,790 | 1.4 | 1,812 | 1.4 | 45 | 高 知 県 | 676 | 0.5 | 684 | 0.5 |
| 22 | 三 重 県 | 1,742 | 1.4 | 1,756 | 1.4 | 46 | 島 根 県 | 658 | 0.5 | 665 | 0.5 |
| 23 | 熊 本 県 | 1,718 | 1.4 | 1,728 | 1.4 | 47 | 鳥 取 県 | 544 | 0.4 | 549 | 0.4 |

### 人口増加は東京都のみ
### 沖縄県は日本に復帰して以降初めての人口減少

人口増減率を都道府県別にみると、増加は東京都のみで、人口増加率は0.20％となり、前年の減少から増加に転じている。

一方、減少は46道府県となっており、沖縄県は前年の増加から減少に転じている。なお、沖縄県は1972年（昭和47年）に日本に復帰して以降、初めての人口減少となった。

人口減少率が1％以上となったのは、秋田県（-1.59％）、青森県（-1.39％）、岩手県（-1.32％）など14県で、前年から3県増加している。

人口減少率が前年に比べ拡大したのは23道県で、うち岩手県、福井県及び和歌山県（対前年差0.16ポイント）が最も拡大している。人口減少率が縮小したのは京都府（同0.20ポイント）など19府県となっており、千葉県、静岡県及び広島県は同率となっている。　　　（図6、表6）

図6　都道府県別人口増減率

**人口増減率**
**（　）内は都道府県数**

| | |
|---|---|
| 0.0％以上 | （1） |
| -0.3 ～ 0.0％未満 | （8） |
| -0.6 ～ -0.3％未満 | （6） |
| -0.9 ～ -0.6％未満 | （17） |
| -0.9％未満 | （15） |

表6　都道府県別人口増減率

（単位　％）

| 人口増減率順位 | 都道府県 | 人口増減率 | | 人口増減率順位 | 都道府県 | 人口増減率 | | 人口増減率順位 | 都道府県 | 人口増減率 | |
|---|---|---|---|---|---|---|---|---|---|---|---|
| | | 2022年 | 2021年 | | | 2022年 | 2021年 | | | 2022年 | 2021年 |
| － | 全　　国 | -0.44 | -0.51 | 16 | 佐 賀 県 | -0.64 | -0.67 | 30 | 鹿児島県 | -0.87 | -0.75 |
| 1 | 東 京 都 | 0.20 | -0.27 | 17 | 栃 木 県 | -0.65 | -0.61 | 33 | 鳥 取 県 | -0.91 | -0.86 |
| 2 | 沖 縄 県 | -0.01 | 0.07 | 17 | 長 野 県 | -0.65 | -0.72 | 34 | 福 井 県 | -1.00 | -0.84 |
| 3 | 神奈川県 | -0.04 | -0.01 | 19 | 石 川 県 | -0.67 | -0.65 | 35 | 島 根 県 | -1.05 | -0.93 |
| 4 | 埼 玉 県 | -0.05 | -0.06 | 20 | 大 分 県 | -0.68 | -0.84 | 36 | 山 口 県 | -1.06 | -1.08 |
| 5 | 滋 賀 県 | -0.11 | -0.22 | 21 | 群 馬 県 | -0.69 | -0.65 | 36 | 長 崎 県 | -1.06 | -1.18 |
| 6 | 千 葉 県 | -0.15 | -0.15 | 22 | 静 岡 県 | -0.70 | -0.70 | 38 | 愛 媛 県 | -1.09 | -1.04 |
| 6 | 福 岡 県 | -0.15 | -0.22 | 23 | 奈 良 県 | -0.72 | -0.69 | 39 | 新 潟 県 | -1.12 | -1.10 |
| 8 | 大 阪 府 | -0.27 | -0.36 | 23 | 広 島 県 | -0.72 | -0.72 | 40 | 和歌山県 | -1.13 | -0.97 |
| 9 | 愛 知 県 | -0.29 | -0.34 | 25 | 岡 山 県 | -0.74 | -0.64 | 41 | 徳 島 県 | -1.14 | -1.05 |
| 10 | 茨 城 県 | -0.43 | -0.53 | 26 | 岐 阜 県 | -0.77 | -0.90 | 42 | 福 島 県 | -1.20 | -1.16 |
| 10 | 山 梨 県 | -0.43 | -0.57 | 26 | 三 重 県 | -0.77 | -0.82 | 43 | 高 知 県 | -1.22 | -1.08 |
| 12 | 宮 城 県 | -0.44 | -0.51 | 28 | 北 海 道 | -0.82 | -0.80 | 44 | 山 形 県 | -1.31 | -1.23 |
| 13 | 京 都 府 | -0.45 | -0.65 | 29 | 宮 崎 県 | -0.84 | -0.78 | 45 | 岩 手 県 | -1.32 | -1.16 |
| 14 | 兵 庫 県 | -0.55 | -0.60 | 30 | 富 山 県 | -0.87 | -0.91 | 46 | 青 森 県 | -1.39 | -1.35 |
| 15 | 熊 本 県 | -0.57 | -0.58 | 30 | 香 川 県 | -0.87 | -0.84 | 47 | 秋 田 県 | -1.59 | -1.52 |

注）　人口増減率（％）　＝　$\dfrac{\text{人口増減（前年10月～当年9月）}}{\text{前年10月1日現在人口}}$　×100

　　　人口増減　＝　自然増減＋社会増減

　さらに人口増減の要因をみると、前年の人口減少から人口増加に転じた東京都は自然減少・社会増加となっている。

　一方、人口が減少した46道府県は全て自然減少となっており、うち埼玉県、神奈川県など20道府県が社会増加、他の26県が社会減少となっている。前年と比較すると、宮城県、京都府など12道府県が社会減少から社会増加に転じており、前年の人口増加から人口減少に転じた沖縄県は自然減少・社会増加となった。　　　（**図7、表7**）

図7　都道府県別人口の増減要因（自然増減率及び社会増減率）

表7　人口増減要因別都道府県

| 増減要因 | | 都道府県名<br>2022年 | 都道府県名<br>2021年 | 都道府県数<br>2022年 | 都道府県数<br>2021年 |
|---|---|---|---|---|---|
| 人口増加 | 自然増加・社会増加 | | | 0 | 0 |
| | 自然増加・社会減少 | | 沖縄県 | 0 | 1 |
| | 自然減少・社会増加 | 東京都 | | 1 | 0 |
| 人口減少 | 自然増加・社会減少 | | | 0 | 0 |
| | 自然減少・社会増加 | 北海道 宮城県 茨城県 栃木県 群馬県<br>埼玉県 千葉県 神奈川県 山梨県 長野県<br>愛知県 滋賀県 京都府 大阪府 兵庫県<br>福岡県 佐賀県 熊本県 大分県 沖縄県 | 茨城県 埼玉県 千葉県 神奈川県<br>山梨県 滋賀県 大阪府 福岡県 | 20 | 8 |
| | 自然減少・社会減少 | 青森県 岩手県 秋田県 山形県 福島県<br>新潟県 富山県 石川県 福井県 岐阜県<br>静岡県 三重県 奈良県 和歌山県 鳥取県<br>島根県 岡山県 広島県 山口県 徳島県<br>香川県 愛媛県 高知県 長崎県 宮崎県<br>鹿児島県 | 北海道 青森県 岩手県 宮城県 秋田県<br>山形県 福島県 栃木県 群馬県 東京都<br>新潟県 富山県 石川県 福井県 長野県<br>岐阜県 静岡県 愛知県 三重県 京都府<br>兵庫県 奈良県 和歌山県 鳥取県<br>島根県 岡山県 広島県 山口県 徳島県<br>香川県 愛媛県 高知県 佐賀県 長崎県<br>熊本県 大分県 宮崎県 鹿児島県 | 26 | 38 |

### 沖縄県の自然増加が減少に転じる
### 比較可能な1950年以降初めて全ての都道府県で自然減少

　自然増減を都道府県別にみると、沖縄県が前年の増加から減少に転じ、他の46都道府県が前年に引き続き自然減少となったため、比較可能な1950年以降初めて全ての都道府県で減少となっている。自然減少率は、秋田県が1.31％と最も高く、次いで青森県が1.09％、高知県が1.08％などとなっている。自然減少率が前年に比べ最も拡大したのは高知県（対前年差0.19ポイント）で、次いで和歌山県（同0.17ポイント）などとなっている。

（表８、図８）

表８　都道府県別人口の自然増減率

（単位　％）

| 自然増減率順位 | 都道府県 | 自然増減率 | | 自然増減率順位 | 都道府県 | 自然増減率 | | 自然増減率順位 | 都道府県 | 自然増減率 | |
|---|---|---|---|---|---|---|---|---|---|---|---|
| | | 2022年 | 2021年 | | | 2022年 | 2021年 | | | 2022年 | 2021年 |
| － | 全　　国 | -0.58 | -0.48 | 16 | 佐　賀　県 | -0.64 | -0.52 | 32 | 富　山　県 | -0.81 | -0.72 |
| 1 | 沖　縄　県 | -0.05 | 0.09 | 17 | 静　岡　県 | -0.67 | -0.58 | 32 | 鹿児島県 | -0.81 | -0.66 |
| 2 | 東　京　都 | -0.30 | -0.21 | 17 | 三　重　県 | -0.67 | -0.58 | 34 | 長　崎　県 | -0.82 | -0.70 |
| 3 | 滋　賀　県 | -0.31 | -0.24 | 17 | 熊　本　県 | -0.67 | -0.52 | 35 | 北　海　道 | -0.85 | -0.77 |
| 4 | 愛　知　県 | -0.35 | -0.23 | 20 | 福　井　県 | -0.68 | -0.58 | 36 | 島　根　県 | -0.88 | -0.79 |
| 5 | 神奈川県 | -0.40 | -0.32 | 21 | 茨　城　県 | -0.69 | -0.58 | 37 | 新　潟　県 | -0.90 | -0.82 |
| 6 | 福　岡　県 | -0.46 | -0.35 | 21 | 栃　木　県 | -0.69 | -0.56 | 37 | 愛　媛　県 | -0.90 | -0.80 |
| 7 | 埼　玉　県 | -0.47 | -0.38 | 23 | 岐　阜　県 | -0.70 | -0.60 | 39 | 福　島　県 | -0.92 | -0.80 |
| 8 | 千　葉　県 | -0.50 | -0.41 | 23 | 奈　良　県 | -0.70 | -0.58 | 40 | 徳　島　県 | -0.93 | -0.82 |
| 9 | 大　阪　府 | -0.52 | -0.43 | 25 | 山　梨　県 | -0.72 | -0.61 | 41 | 和歌山県 | -0.95 | -0.78 |
| 10 | 広　島　県 | -0.56 | -0.44 | 26 | 長　野　県 | -0.73 | -0.66 | 41 | 山　口　県 | -0.95 | -0.83 |
| 11 | 兵　庫　県 | -0.57 | -0.49 | 27 | 群　馬　県 | -0.74 | -0.65 | 43 | 山　形　県 | -1.00 | -0.94 |
| 12 | 宮　城　県 | -0.60 | -0.51 | 28 | 鳥　取　県 | -0.76 | -0.68 | 44 | 岩　手　県 | -1.04 | -0.92 |
| 12 | 石　川　県 | -0.60 | -0.51 | 28 | 香　川　県 | -0.76 | -0.64 | 45 | 高　知　県 | -1.08 | -0.89 |
| 14 | 京　都　府 | -0.61 | -0.47 | 30 | 大　分　県 | -0.79 | -0.69 | 46 | 青　森　県 | -1.09 | -0.99 |
| 14 | 岡　山　県 | -0.61 | -0.50 | 30 | 宮　崎　県 | -0.79 | -0.64 | 47 | 秋　田　県 | -1.31 | -1.21 |

注）　自然増減率（％）　＝　$\dfrac{自然増減（前年10月〜当年９月）}{前年10月１日現在人口}$　×100

　　　自然増減　　　＝　出生児数－死亡者数

図８　都道府県別人口の自然増減率

### 東京都など13都道府県で社会減少から社会増加に転じる

　社会増減を都道府県別にみると、増加が21都道府県、減少が26県となっている。

　社会増加率は、東京都が0.50％と最も高く、次いで埼玉県が0.42％、神奈川県が0.36％などとなっている。増加した21都道府県のうち前年に比べ増加率が拡大したのは山梨県（対前年差0.25ポイント）など8府県で、東京都など13都道府県は前年の社会減少から社会増加に転じている。

　一方、社会減少率は、山形県及び福井県が0.32％と最も高く、次いで青森県が0.30％、福島県が0.29％などとなっている。減少した26県のうち4県では減少率が拡大、22県は縮小した。　　　　　　　　　　　　　　　　　　　　　　　　　　（表9、図9）

表9　都道府県別人口の社会増減率

（単位　％）

| 社会増減率順位 | 都道府県 | 社会増減率 | | 社会増減率順位 | 都道府県 | 社会増減率 | | 社会増減率順位 | 都道府県 | 社会増減率 | |
|---|---|---|---|---|---|---|---|---|---|---|---|
| | | 2022年 | 2021年 | | | 2022年 | 2021年 | | | 2022年 | 2021年 |
| － | 全　　国 | 0.14 | -0.03 | 16 | 群 馬 県 | 0.05 | -0.00 | 32 | 岡 山 県 | -0.13 | -0.14 |
| 1 | 東 京 都 | 0.50 | -0.05 | 17 | 栃 木 県 | 0.04 | -0.05 | 33 | 高 知 県 | -0.14 | -0.20 |
| 2 | 埼 玉 県 | 0.42 | 0.32 | 17 | 沖 縄 県 | 0.04 | -0.02 | 34 | 鳥 取 県 | -0.15 | -0.18 |
| 3 | 神奈川県 | 0.36 | 0.31 | 19 | 北 海 道 | 0.03 | -0.03 | 35 | 広 島 県 | -0.16 | -0.27 |
| 4 | 千 葉 県 | 0.35 | 0.26 | 20 | 兵 庫 県 | 0.02 | -0.11 | 36 | 島 根 県 | -0.17 | -0.14 |
| 5 | 福 岡 県 | 0.31 | 0.12 | 21 | 佐 賀 県 | 0.00 | -0.16 | 37 | 和歌山県 | -0.18 | -0.20 |
| 6 | 山 梨 県 | 0.29 | 0.04 | 22 | 奈 良 県 | -0.02 | -0.11 | 38 | 愛 媛 県 | -0.19 | -0.24 |
| 7 | 茨 城 県 | 0.26 | 0.04 | 23 | 静 岡 県 | -0.03 | -0.13 | 39 | 徳 島 県 | -0.21 | -0.24 |
| 7 | 大 阪 府 | 0.26 | 0.07 | 24 | 宮 崎 県 | -0.04 | -0.14 | 40 | 新 潟 県 | -0.22 | -0.28 |
| 9 | 滋 賀 県 | 0.20 | 0.02 | 25 | 富 山 県 | -0.06 | -0.19 | 41 | 長 崎 県 | -0.23 | -0.48 |
| 10 | 宮 城 県 | 0.16 | -0.00 | 25 | 鹿児島県 | -0.06 | -0.09 | 42 | 岩 手 県 | -0.28 | -0.25 |
| 10 | 京 都 府 | 0.16 | -0.18 | 27 | 石 川 県 | -0.07 | -0.14 | 42 | 秋 田 県 | -0.28 | -0.31 |
| 12 | 大 分 県 | 0.11 | -0.15 | 27 | 岐 阜 県 | -0.07 | -0.30 | 44 | 福 島 県 | -0.29 | -0.36 |
| 13 | 熊 本 県 | 0.09 | -0.05 | 29 | 三 重 県 | -0.10 | -0.25 | 45 | 青 森 県 | -0.30 | -0.36 |
| 14 | 長 野 県 | 0.08 | -0.07 | 30 | 香 川 県 | -0.11 | -0.20 | 46 | 山 形 県 | -0.32 | -0.29 |
| 15 | 愛 知 県 | 0.06 | -0.11 | 31 | 山 口 県 | -0.12 | -0.25 | 46 | 福 井 県 | -0.32 | -0.25 |

注）　社会増減率（％）　＝　$\dfrac{\text{社会増減（前年10月～当年9月）}}{\text{前年10月1日現在人口}}$　×100

　　　社 会 増 減　　　　　＝　都道府県間転入超過数＋都道府県別入国超過数
　　　都道府県間転入超過数　＝　都道府県間転入者数－都道府県間転出者数
　　　都道府県別入国超過数　＝　都道府県別入国者数－都道府県別出国者数

図9　都道府県別人口の社会増減率

## 2　年齢別人口

### 15歳未満人口の割合が75歳以上人口の割合を上回るのは沖縄県のみ

　　年齢3区分別人口の割合を都道府県別にみると、15歳未満人口の割合は沖縄県が16.3％と最も高く、次いで滋賀県及び佐賀県が13.2％、熊本県が13.0％、宮崎県及び鹿児島県が12.9％などとなっている。一方、秋田県が9.3％と最も低く、次いで青森県が10.2％、北海道が10.3％、岩手県及び高知県が10.6％などとなっている。15歳未満人口の割合は総じて低下傾向にあり、前年に比べ全ての都道府県で低下している。　（表10）

表10　都道府県、年齢3区分別人口の割合（各年10月1日現在）

（単位　％）

| 都道府県 | 2022年 | | | | 2021年 | | | |
|---|---|---|---|---|---|---|---|---|
| | 15歳未満 | 15～64歳 | 65歳以上 | うち 75歳以上 | 15歳未満 | 15～64歳 | 65歳以上 | うち 75歳以上 |
| 全　　　国 | 11.6 | 59.4 | 29.0 | 15.5 | 11.8 | 59.4 | 28.9 | 14.9 |
| 北　海　道 | 10.3 | 56.9 | 32.8 | 17.3 | 10.5 | 57.0 | 32.5 | 16.7 |
| 青　森　県 | 10.2 | 55.0 | 34.8 | 18.0 | 10.4 | 55.3 | 34.3 | 17.3 |
| 岩　手　県 | 10.6 | 54.9 | 34.6 | 18.4 | 10.8 | 55.1 | 34.2 | 17.8 |
| 宮　城　県 | 11.3 | 59.8 | 28.9 | 14.6 | 11.5 | 59.9 | 28.6 | 14.1 |
| 秋　田　県 | 9.3 | 52.1 | 38.6 | 20.6 | 9.5 | 52.4 | 38.1 | 19.9 |
| 山　形　県 | 10.9 | 54.3 | 34.8 | 18.4 | 11.1 | 54.6 | 34.3 | 17.8 |
| 福　島　県 | 11.0 | 56.3 | 32.7 | 16.5 | 11.2 | 56.6 | 32.3 | 16.0 |
| 茨　城　県 | 11.3 | 58.3 | 30.4 | 15.6 | 11.5 | 58.4 | 30.1 | 14.9 |
| 栃　木　県 | 11.4 | 58.7 | 29.9 | 14.9 | 11.6 | 58.8 | 29.6 | 14.2 |
| 群　馬　県 | 11.3 | 57.9 | 30.8 | 16.3 | 11.5 | 58.0 | 30.5 | 15.5 |
| 埼　玉　県 | 11.5 | 61.1 | 27.4 | 14.5 | 11.7 | 61.0 | 27.2 | 13.8 |
| 千　葉　県 | 11.4 | 60.6 | 28.0 | 15.0 | 11.6 | 60.6 | 27.9 | 14.2 |
| 東　京　都 | 10.9 | 66.3 | 22.8 | 12.5 | 11.1 | 66.1 | 22.9 | 12.1 |
| 神　奈　川県 | 11.4 | 62.8 | 25.8 | 14.1 | 11.6 | 62.7 | 25.7 | 13.5 |
| 新　潟　県 | 10.9 | 55.5 | 33.5 | 17.7 | 11.1 | 55.7 | 33.2 | 17.0 |
| 富　山　県 | 10.9 | 56.1 | 33.0 | 18.2 | 11.1 | 56.1 | 32.8 | 17.1 |
| 石　川　県 | 11.8 | 57.9 | 30.3 | 16.2 | 12.0 | 57.9 | 30.1 | 15.3 |
| 福　井　県 | 12.2 | 56.6 | 31.2 | 16.5 | 12.3 | 56.7 | 31.0 | 15.9 |
| 山　梨　県 | 11.1 | 57.4 | 31.5 | 16.7 | 11.3 | 57.4 | 31.3 | 16.2 |
| 長　野　県 | 11.6 | 55.9 | 32.5 | 18.0 | 11.8 | 55.9 | 32.3 | 17.4 |
| 岐　阜　県 | 11.9 | 57.1 | 31.0 | 16.6 | 12.1 | 57.1 | 30.8 | 15.9 |
| 静　岡　県 | 11.7 | 57.6 | 30.7 | 16.4 | 11.9 | 57.6 | 30.5 | 15.7 |
| 愛　知　県 | 12.6 | 61.7 | 25.6 | 13.8 | 12.8 | 61.6 | 25.5 | 13.2 |
| 三　重　県 | 11.7 | 57.9 | 30.5 | 16.4 | 11.9 | 57.8 | 30.3 | 15.7 |
| 滋　賀　県 | 13.2 | 60.0 | 26.8 | 13.9 | 13.4 | 59.9 | 26.6 | 13.3 |
| 京　都　府 | 11.1 | 59.3 | 29.6 | 16.3 | 11.3 | 59.1 | 29.6 | 15.6 |
| 大　阪　府 | 11.4 | 60.9 | 27.7 | 15.4 | 11.6 | 60.7 | 27.7 | 14.7 |
| 兵　庫　県 | 11.9 | 58.3 | 29.8 | 16.1 | 12.1 | 58.3 | 29.6 | 15.4 |
| 奈　良　県 | 11.4 | 56.3 | 32.4 | 17.5 | 11.5 | 56.3 | 32.1 | 16.7 |
| 和　歌　山県 | 11.2 | 54.8 | 34.0 | 18.5 | 11.3 | 54.9 | 33.8 | 17.8 |
| 鳥　取　県 | 12.2 | 54.8 | 33.1 | 17.4 | 12.3 | 55.0 | 32.7 | 16.8 |
| 島　根　県 | 12.0 | 53.3 | 34.7 | 19.0 | 12.1 | 53.4 | 34.5 | 18.3 |
| 岡　山　県 | 12.1 | 57.1 | 30.8 | 17.0 | 12.2 | 57.1 | 30.6 | 16.3 |
| 広　島　県 | 12.3 | 57.7 | 29.9 | 16.3 | 12.5 | 57.8 | 29.7 | 15.5 |
| 山　口　県 | 11.2 | 53.6 | 35.2 | 19.3 | 11.3 | 53.6 | 35.0 | 18.5 |
| 徳　島　県 | 10.7 | 54.3 | 35.0 | 18.3 | 10.8 | 54.5 | 34.7 | 17.5 |
| 香　川　県 | 11.8 | 55.8 | 32.4 | 17.4 | 12.0 | 55.9 | 32.2 | 16.5 |
| 愛　媛　県 | 11.3 | 54.8 | 33.9 | 18.1 | 11.4 | 54.9 | 33.6 | 17.4 |
| 高　知　県 | 10.6 | 53.3 | 36.1 | 19.9 | 10.8 | 53.4 | 35.9 | 19.1 |
| 福　岡　県 | 12.8 | 58.9 | 28.3 | 14.6 | 12.9 | 58.9 | 28.2 | 14.1 |
| 佐　賀　県 | 13.2 | 55.4 | 31.4 | 16.1 | 13.3 | 55.5 | 31.1 | 15.6 |
| 長　崎　県 | 12.3 | 53.8 | 33.9 | 17.5 | 12.4 | 54.0 | 33.6 | 16.9 |
| 熊　本　県 | 13.0 | 54.9 | 32.1 | 16.9 | 13.1 | 55.0 | 31.9 | 16.4 |
| 大　分　県 | 11.8 | 54.2 | 33.9 | 18.1 | 12.0 | 54.3 | 33.7 | 17.5 |
| 宮　崎　県 | 12.9 | 53.7 | 33.4 | 17.3 | 13.0 | 53.8 | 33.1 | 16.8 |
| 鹿　児　島県 | 12.9 | 53.6 | 33.5 | 17.2 | 13.0 | 53.9 | 33.1 | 16.8 |
| 沖　縄　県 | 16.3 | 60.2 | 23.5 | 10.9 | 16.5 | 60.4 | 23.1 | 10.6 |

　15〜64歳人口の割合は、東京都が66.3%と最も高く、次いで神奈川県が62.8%、愛知県が61.7%、埼玉県が61.1%などとなっている。一方、秋田県が52.1%と最も低く、次いで島根県及び高知県が53.3%、山口県及び鹿児島県が53.6%などとなっている。15〜64歳人口の割合は前年に比べ、東京都、京都府及び大阪府など8都府県で増加、12県で同率、27道県で低下している。

　65歳以上人口の割合は、秋田県が38.6%と最も高く、次いで高知県が36.1%、山口県が35.2%などとなっており、33道県で30%以上となっている。一方、東京都が22.8%と最も低く、次いで沖縄県が23.5%、愛知県が25.6%などとなっている。

　また、75歳以上人口の割合をみると、最も高い秋田県が20.6%と初めて20%を上回り、最も低い沖縄県が10.9%となった。

　なお、15歳未満人口の割合が75歳以上人口の割合を下回ったのは、46都道府県となり、前年から1県(滋賀県)増加している。15歳未満人口の割合が75歳以上人口の割合を上回っているのは沖縄県のみとなっている。　　　　　　　　　　**(表10)**

### 15歳未満人口の対前年増減率は全ての都道府県で減少

　15歳未満人口の対前年増減率を都道府県別にみると、全ての都道府県で減少している。対前年減少率は秋田県が3.8%と最も高く、次いで岩手県が3.4%、青森県が3.1%などとなっている。

　対前年減少率が前年に比べ拡大したのは43都道府県で、うち岩手県(対前年差0.7ポイント)が最も拡大している。対前年減少率が前年に比べ縮小したのは奈良県(同0.1ポイント)のみで、富山県、長野県及び鳥取県は同率となっている。　　**(表11)**

表11　都道府県別15歳未満人口の対前年増減率

(単位 %)

| 都道府県 | 対前年増減率 | | 都道府県 | 対前年増減率 | | 都道府県 | 対前年増減率 | |
|---|---|---|---|---|---|---|---|---|
| | 2022年 | 2021年 | | 2022年 | 2021年 | | 2022年 | 2021年 |
| 全　国 | -1.9 | -1.6 | 富山県 | -2.2 | -2.2 | 島根県 | -2.0 | -1.5 |
| 北海道 | -2.6 | -2.2 | 石川県 | -2.3 | -1.9 | 岡山県 | -2.0 | -1.5 |
| 青森県 | -3.1 | -2.8 | 福井県 | -2.4 | -2.0 | 広島県 | -2.2 | -1.8 |
| 岩手県 | -3.4 | -2.7 | 山梨県 | -1.9 | -1.8 | 山口県 | -2.3 | -2.1 |
| 宮城県 | -2.3 | -1.9 | 長野県 | -2.2 | -2.2 | 徳島県 | -2.0 | -1.9 |
| 秋田県 | -3.8 | -3.2 | 岐阜県 | -2.5 | -2.3 | 香川県 | -2.3 | -1.7 |
| 山形県 | -2.9 | -2.8 | 静岡県 | -2.7 | -2.4 | 愛媛県 | -2.5 | -2.2 |
| 福島県 | -2.7 | -2.4 | 愛知県 | -1.9 | -1.5 | 高知県 | -2.6 | -2.0 |
| 茨城県 | -2.2 | -2.0 | 三重県 | -2.4 | -2.2 | 福岡県 | -1.1 | -0.9 |
| 栃木県 | -2.7 | -2.4 | 滋賀県 | -1.8 | -1.4 | 佐賀県 | -1.9 | -1.5 |
| 群馬県 | -2.5 | -2.3 | 京都府 | -2.2 | -2.0 | 長崎県 | -2.2 | -2.0 |
| 埼玉県 | -1.6 | -1.4 | 大阪府 | -1.6 | -1.4 | 熊本県 | -1.5 | -1.0 |
| 千葉県 | -1.4 | -1.3 | 兵庫県 | -1.8 | -1.7 | 大分県 | -2.1 | -1.9 |
| 東京都 | -1.2 | -1.0 | 奈良県 | -2.0 | -2.1 | 宮崎県 | -1.9 | -1.4 |
| 神奈川県 | -1.7 | -1.4 | 和歌山県 | -2.0 | -1.9 | 鹿児島県 | -1.8 | -1.2 |
| 新潟県 | -2.8 | -2.4 | 鳥取県 | -1.8 | -1.8 | 沖縄県 | -1.0 | -0.6 |

注)　対前年増減率(%) = $\left( \dfrac{\text{当年の15歳未満人口}}{\text{前年の15歳未満人口}} - 1 \right) \times 100$

## 対前年増加率は65歳以上人口では沖縄県、75歳以上人口では石川県が最も高い

65歳以上人口の対前年増減率を都道府県別にみると、21道県で増加、26都府県で減少している。対前年増加率は沖縄県が1.6%と最も高く、次いで宮城県が0.7%、滋賀県が0.6%、茨城県及び栃木県が0.5%などとなっている。全国平均（0.1%）を上回っているのは16県となっている。

また、75歳以上人口の対前年増減率をみると、全ての都道府県で増加している。対前年増加率は石川県が5.5%と最も高く、次いで埼玉県が5.3%、千葉県が5.1%などとなっている。全国平均（3.7%）を上回っているのは17府県となっている。

(表12)

### 表12　都道府県別65歳以上人口の対前年増減率

（単位　%）

| 都道府県 | 65歳以上 | うち75歳以上 | 都道府県 | 65歳以上 | うち75歳以上 | 都道府県 | 65歳以上 | うち75歳以上 |
|---|---|---|---|---|---|---|---|---|
| 全　　国 | 0.1 | 3.7 | 富 山 県 | -0.5 | 5.1 | 島 根 県 | -0.4 | 2.8 |
| 北 海 道 | 0.0 | 2.7 | 石 川 県 | 0.0 | 5.5 | 岡 山 県 | -0.1 | 3.5 |
| 青 森 県 | -0.1 | 2.7 | 福 井 県 | -0.2 | 2.8 | 広 島 県 | -0.1 | 4.4 |
| 岩 手 県 | -0.1 | 1.7 | 山 梨 県 | 0.3 | 3.0 | 山 口 県 | -0.6 | 3.2 |
| 宮 城 県 | 0.7 | 3.1 | 長 野 県 | -0.1 | 2.7 | 徳 島 県 | -0.3 | 3.3 |
| 秋 田 県 | -0.2 | 2.1 | 岐 阜 県 | -0.1 | 3.3 | 香 川 県 | -0.3 | 4.3 |
| 山 形 県 | -0.1 | 1.7 | 静 岡 県 | 0.2 | 3.4 | 愛 媛 県 | -0.2 | 3.0 |
| 福 島 県 | 0.3 | 2.0 | 愛 知 県 | 0.1 | 4.0 | 高 知 県 | -0.6 | 3.1 |
| 茨 城 県 | 0.5 | 4.2 | 三 重 県 | -0.2 | 3.2 | 福 岡 県 | 0.3 | 3.8 |
| 栃 木 県 | 0.5 | 4.1 | 滋 賀 県 | 0.6 | 4.5 | 佐 賀 県 | 0.2 | 2.5 |
| 群 馬 県 | 0.2 | 4.1 | 京 都 府 | -0.3 | 4.3 | 長 崎 県 | -0.1 | 2.4 |
| 埼 玉 県 | 0.4 | 5.3 | 大 阪 府 | -0.4 | 4.2 | 熊 本 県 | 0.2 | 2.4 |
| 千 葉 県 | 0.3 | 5.1 | 兵 庫 県 | -0.0 | 4.1 | 大 分 県 | -0.1 | 3.0 |
| 東 京 都 | -0.0 | 3.6 | 奈 良 県 | -0.0 | 4.6 | 宮 崎 県 | 0.1 | 2.3 |
| 神奈川県 | 0.3 | 4.4 | 和歌山県 | -0.5 | 2.9 | 鹿児島県 | 0.4 | 1.3 |
| 新 潟 県 | -0.1 | 2.9 | 鳥 取 県 | 0.1 | 2.6 | 沖 縄 県 | 1.6 | 2.6 |

注1）対前年増減率（%）　$\left( \dfrac{\text{当年の65（75）歳以上人口}}{\text{前年の65（75）歳以上人口}} - 1 \right) \times 100$

　　2）対前年増減率0.0は増加に含める。

## ＜参考＞

### 〔 ３大都市圏別人口 〕

　都道府県別人口を３大都市圏別に合算してみると、東京圏は3687万４千人、名古屋圏は1118万３千人、大阪圏は1804万１千人となっており、３大都市圏の人口は6609万７千人となっている。

　全国に占める割合をみると、前年に比べ東京圏で0.1ポイント上昇、名古屋圏及び大阪圏は同率となっている。３大都市圏では0.1ポイント上昇している。（**参考表３**）

参考表３　３大都市圏別人口の推移（1980年〜2022年）

| 年　次 | 人　口（千人） | | | | | 全国に占める割合（%） | | | | |
|---|---|---|---|---|---|---|---|---|---|---|
| | 全国 | 3大都市圏計 | 東京圏 | 名古屋圏 | 大阪圏 | 全国 | 3大都市圏計 | 東京圏 | 名古屋圏 | 大阪圏 |
| 1980年 | 117,060 | 55,922 | 28,699 | 9,869 | 17,355 | 100.0 | 47.8 | 24.5 | 8.4 | 14.8 |
| 1985 | 121,049 | 58,342 | 30,273 | 10,231 | 17,838 | 100.0 | 48.2 | 25.0 | 8.5 | 14.7 |
| 1990 | 123,611 | 60,464 | 31,797 | 10,550 | 18,117 | 100.0 | 48.9 | 25.7 | 8.5 | 14.7 |
| 1995 | 125,570 | 61,646 | 32,577 | 10,810 | 18,260 | 100.0 | 49.1 | 25.9 | 8.6 | 14.5 |
| 2000 | 126,926 | 62,870 | 33,418 | 11,008 | 18,443 | 100.0 | 49.5 | 26.3 | 8.7 | 14.5 |
| 2001 | 127,316 | 63,235 | 33,687 | 11,064 | 18,483 | 100.0 | 49.7 | 26.5 | 8.7 | 14.5 |
| 2002 | 127,486 | 63,494 | 33,905 | 11,104 | 18,486 | 100.0 | 49.8 | 26.6 | 8.7 | 14.5 |
| 2003 | 127,694 | 63,788 | 34,148 | 11,144 | 18,496 | 100.0 | 50.0 | 26.7 | 8.7 | 14.5 |
| 2004 | 127,787 | 64,006 | 34,328 | 11,183 | 18,495 | 100.0 | 50.1 | 26.9 | 8.8 | 14.5 |
| 2005 | 127,768 | 64,185 | 34,479 | 11,229 | 18,477 | 100.0 | 50.2 | 27.0 | 8.8 | 14.5 |
| 2006 | 127,901 | 64,480 | 34,713 | 11,283 | 18,484 | 100.0 | 50.4 | 27.1 | 8.8 | 14.5 |
| 2007 | 128,033 | 64,806 | 34,985 | 11,334 | 18,487 | 100.0 | 50.6 | 27.3 | 8.9 | 14.4 |
| 2008 | 128,084 | 65,083 | 35,227 | 11,370 | 18,486 | 100.0 | 50.8 | 27.5 | 8.9 | 14.4 |
| 2009 | 128,032 | 65,249 | 35,396 | 11,367 | 18,486 | 100.0 | 51.0 | 27.6 | 8.9 | 14.4 |
| 2010 | 128,057 | 65,455 | 35,619 | 11,346 | 18,490 | 100.0 | 51.1 | 27.8 | 8.9 | 14.4 |
| 2011 | 127,834 | 65,497 | 35,684 | 11,337 | 18,476 | 100.0 | 51.2 | 27.9 | 8.9 | 14.5 |
| 2012 | 127,593 | 65,508 | 35,721 | 11,334 | 18,452 | 100.0 | 51.3 | 28.0 | 8.9 | 14.5 |
| 2013 | 127,414 | 65,579 | 35,820 | 11,335 | 18,423 | 100.0 | 51.5 | 28.1 | 8.9 | 14.5 |
| 2014 | 127,237 | 65,674 | 35,958 | 11,332 | 18,384 | 100.0 | 51.6 | 28.3 | 8.9 | 14.4 |
| 2015 | 127,095 | 65,811 | 36,131 | 11,331 | 18,349 | 100.0 | 51.8 | 28.4 | 8.9 | 14.4 |
| 2016 | 127,042 | 66,002 | 36,328 | 11,341 | 18,332 | 100.0 | 52.0 | 28.6 | 8.9 | 14.4 |
| 2017 | 126,919 | 66,155 | 36,505 | 11,340 | 18,309 | 100.0 | 52.1 | 28.8 | 8.9 | 14.4 |
| 2018 | 126,749 | 66,296 | 36,682 | 11,335 | 18,279 | 100.0 | 52.3 | 28.9 | 8.9 | 14.4 |
| 2019 | 126,555 | 66,442 | 36,856 | 11,332 | 18,255 | 100.0 | 52.5 | 29.1 | 9.0 | 14.4 |
| 2020 | 126,146 | 66,411 | 36,914 | 11,291 | 18,205 | 100.0 | 52.6 | 29.3 | 9.0 | 14.4 |
| 2021 | 125,502 | 66,211 | 36,862 | 11,233 | 18,115 | 100.0 | 52.8 | 29.4 | 9.0 | 14.4 |
| 2022 | 124,947 | 66,097 | 36,874 | 11,183 | 18,041 | 100.0 | 52.9 | 29.5 | 9.0 | 14.4 |

注1）各年10月1日現在。1980年〜2000年、2005年、2010年、2015年及び2020年は国勢調査人口による。
　2）東京圏　　　東京都、神奈川県、埼玉県、千葉県
　　　名古屋圏　　愛知県、岐阜県、三重県
　　　大阪圏　　　大阪府、兵庫県、京都府、奈良県

# Summary of Results

## 1 Population for Japan

### [Total Population]

- The total population was 124,947 thousand, a decrease of 556 thousand compared with the previous year. The rate of decrease was 0.44 percent. The total population decreased for the twelfth year in a row.

- The male population was 60,758 thousand, a decrease of 261 thousand (0.43 percent), while the female population was 64,189 thousand, a decrease of 294 thousand (0.46 percent).

- The natural change of the male population was negative for the eighteenth year in a row, and that of the female population was negative for the fourteenth year in a row.

- The migration change of the Japanese population was negative for the two years in a row, and that of the foreign population was positive for the first time in two years.

### [Population by Age Group]

- The population under 15 years old was 14,503 thousand (11.6 percent of the total population).

- The population aged 15 to 64 was 74,208 thousand (59.4 percent of the total population).

- The population aged 65 years old and over was 36,236 thousand (29.0 percent of the total population).

Table 1    Composition of Population (as of October 1, 2022)

(Thousand persons, %)

|  | Population | Percentage distribution | Number of change over the year | (Rate) |
|---|---|---|---|---|
| Total | 124,947 | (100.0) | -556 | (-0.44) |
| Male | 60,758 | ( 48.6) | -261 | (-0.43) |
| Female | 64,189 | ( 51.4) | -294 | (-0.46) |
| Population under 15 years old | 14,503 | ( 11.6) | -282 | (-1.91) |
| Population aged 15 to 64 | 74,208 | ( 59.4) | -296 | (-0.40) |
| Population aged 65 years old and over | 36,236 | ( 29.0) | 22 | ( 0.06) |

Figure 1    Number and Rate of Population change

Figure 2    Population Pyramid

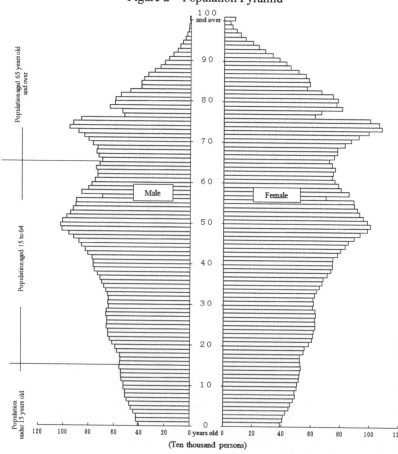

## 2 Population by Prefecture

### [Population]

- The top five prefectures in population were Tokyo-to, Kanagawa-ken, Osaka-fu, Aichi-ken and Saitama-ken. These prefectures account for 37.5 percent of the total population.
- Tokyo-to had the largest population in 2022 (11.2 percent of the total population).

Table 2  Population for Prefectures

| | Prefecture | Population (Thousand persons) | Percentage distribution (%) |
|---|---|---|---|
| | Japan | 124,947 | 100.0 |
| 1 | Tokyo-to | 14,038 | 11.2 |
| 2 | Kanagawa-ken | 9,232 | 7.4 |
| 3 | Osaka-fu | 8,782 | 7.0 |
| 4 | Aichi-ken | 7,495 | 6.0 |
| 5 | Saitama-ken | 7,337 | 5.9 |

Table 3  Rates of Population Change for Prefectures

(%)

| | Prefecture | Rates of Population Change | | | Prefecture | Rates of Population Change |
|---|---|---|---|---|---|---|
| | Japan | -0.44 | ⋮ | ⋮ | ⋮ | ⋮ |
| 1 | Tokyo-to | 0.20 | | 43 | Kochi-ken | -1.22 |
| 2 | Okinawa-ken | -0.01 | | 44 | Yamagata-ken | -1.31 |
| 3 | Kanagawa-ken | -0.04 | | 45 | Iwate-ken | -1.32 |
| 4 | Saitama-ken | -0.05 | | 46 | Aomori-ken | -1.39 |
| 5 | Shiga-ken | -0.11 | | 47 | Akita-ken | -1.59 |

### [Rates of Population Change]

- The population increased only in Tokyo-to.
- The population decreased in 46 prefectures. Akita-ken had the highest rate of decrease in population.

### [Population by Age Group]

- The percentage of the population under 15 years old was the highest in Okinawa-ken and lowest in Akita-ken.
- The percentage of the population aged 15 to 64 was the highest in Tokyo-to and lowest in Akita-ken.
- The percentage of the population aged 65 years old and over was the highest in Akita-ken and lowest in Tokyo-to, and it increased in 44 prefectures.

Figure 3  Rates of Population Change

| | | |
|---|---|---|
| 0.0% and more | (1) |
| -0.3～under 0.0% | (8) |
| -0.6～under -0.3% | (6) |
| -0.9～under -0.6% | (17) |
| under -0.9% | (15) |

Table 4  Percentage of Population by Age (3 Groups) for Prefectures

(%)

| | under 15 years old | | | | 15 to 64 years old | | | | 65 years old and over | | |
|---|---|---|---|---|---|---|---|---|---|---|---|
| | Prefecture | 2022 | 2021 | | Prefecture | 2022 | 2021 | | Prefecture | 2022 | 2021 |
| | Japan | 11.6 | 11.8 | | Japan | 59.4 | 59.4 | | Japan | 29.0 | 28.9 |
| 1 | Okinawa-ken | 16.3 | 16.5 | 1 | Tokyo-to | 66.3 | 66.1 | 1 | Akita-ken | 38.6 | 38.1 |
| 2 | Shiga-ken | 13.2 | 13.4 | 2 | Kanagawa-ken | 62.8 | 62.7 | 2 | Kochi-ken | 36.1 | 35.9 |
| 2 | Saga-ken | 13.2 | 13.3 | 3 | Aichi-ken | 61.7 | 61.6 | 3 | Yamaguchi-ken | 35.2 | 35.0 |
| 4 | Kumamoto-ken | 13.0 | 13.1 | 4 | Saitama-ken | 61.1 | 61.0 | 4 | Tokushima-ken | 35.0 | 34.7 |
| 5 | Miyazaki-ken | 12.9 | 13.0 | 5 | Osaka-fu | 60.9 | 60.7 | 5 | Aomori-ken | 34.8 | 34.3 |
| 5 | Kagoshima-ken | 12.9 | 13.0 | ⋮ | ⋮ | ⋮ | ⋮ | 5 | Yamagata-ken | 34.8 | 34.3 |
| ⋮ | ⋮ | ⋮ | ⋮ | ⋮ | ⋮ | ⋮ | ⋮ | ⋮ | ⋮ | ⋮ | ⋮ |
| 43 | Iwate-ken | 10.6 | 10.8 | 43 | Yamaguchi-ken | 53.6 | 53.6 | 43 | Shiga-ken | 26.8 | 26.6 |
| 43 | Kochi-ken | 10.6 | 10.8 | 43 | Kagoshima-ken | 53.6 | 53.9 | 44 | Kanagawa-ken | 25.8 | 25.7 |
| 45 | Hokkaido | 10.3 | 10.5 | 45 | Shimane-ken | 53.3 | 53.4 | 45 | Aichi-ken | 25.6 | 25.5 |
| 46 | Aomori-ken | 10.2 | 10.4 | 45 | Kochi-ken | 53.3 | 53.4 | 46 | Okinawa-ken | 23.5 | 23.1 |
| 47 | Akita-ken | 9.3 | 9.5 | 47 | Akita-ken | 52.1 | 52.4 | 47 | Tokyo-to | 22.8 | 22.9 |

# 統　　計　　表

## STATISTICAL　TABLES

〔注　意〕

単位未満は四捨五入してあるので、合計の数字と内訳の計は必ずしも一致しない。

Note : Figures may not add up to totals because of rounding.

第1表　年　齢　(各　歳)、男　女　別　人　口
Table 1.  Population by Age (Single Years), Sex and Sex ratio

(単位　千人)

| 年　齢<br>Age | 総　人　口　Total population | | | | 日本人人口　Japanese population | | | |
|---|---|---|---|---|---|---|---|---|
| | 男女計<br>Both sexes | 男<br>Male | 女<br>Female | 人口性比<br>Sex ratio<br>* | 男女計<br>Both sexes | 男<br>Male | 女<br>Female | 人口性比<br>Sex ratio<br>* |
| 総　数　Total | 124,947 | 60,758 | 64,189 | 94.7 | 122,031 | 59,314 | 62,717 | 94.6 |
| 0 歳 years old | 798 | 409 | 389 | 105.4 | 781 | 401 | 380 | 105.4 |
| 1 | 828 | 424 | 404 | 104.8 | 811 | 415 | 396 | 104.7 |
| 2 | 835 | 427 | 408 | 104.6 | 819 | 419 | 400 | 104.6 |
| 3 | 871 | 446 | 425 | 104.8 | 854 | 437 | 417 | 104.8 |
| 4 | 915 | 468 | 447 | 104.8 | 898 | 459 | 438 | 104.8 |
| 5 | 938 | 480 | 458 | 104.7 | 922 | 471 | 450 | 104.7 |
| 6 | 978 | 502 | 477 | 105.3 | 961 | 493 | 468 | 105.3 |
| 7 | 1,004 | 514 | 490 | 105.0 | 987 | 506 | 482 | 105.0 |
| 8 | 1,002 | 514 | 488 | 105.4 | 985 | 505 | 480 | 105.4 |
| 9 | 1,026 | 525 | 501 | 104.7 | 1,010 | 517 | 494 | 104.7 |
| 10 | 1,030 | 527 | 503 | 104.8 | 1,014 | 519 | 495 | 104.7 |
| 11 | 1,055 | 541 | 514 | 105.3 | 1,041 | 534 | 507 | 105.2 |
| 12 | 1,064 | 546 | 519 | 105.2 | 1,051 | 539 | 512 | 105.2 |
| 13 | 1,069 | 548 | 521 | 105.2 | 1,056 | 542 | 515 | 105.2 |
| 14 | 1,089 | 558 | 531 | 105.0 | 1,076 | 551 | 525 | 105.1 |
| 15 | 1,084 | 556 | 528 | 105.3 | 1,071 | 549 | 522 | 105.3 |
| 16 | 1,075 | 551 | 524 | 105.1 | 1,062 | 544 | 518 | 105.1 |
| 17 | 1,077 | 553 | 524 | 105.6 | 1,063 | 546 | 517 | 105.5 |
| 18 | 1,128 | 579 | 549 | 105.5 | 1,107 | 568 | 539 | 105.5 |
| 19 | 1,148 | 591 | 557 | 106.1 | 1,115 | 574 | 541 | 106.0 |
| 20 | 1,201 | 618 | 584 | 105.8 | 1,149 | 591 | 558 | 105.8 |
| 21 | 1,243 | 638 | 605 | 105.4 | 1,162 | 596 | 566 | 105.4 |
| 22 | 1,264 | 650 | 614 | 105.9 | 1,169 | 599 | 570 | 105.2 |
| 23 | 1,266 | 649 | 617 | 105.2 | 1,171 | 597 | 574 | 104.0 |
| 24 | 1,290 | 662 | 628 | 105.4 | 1,188 | 605 | 583 | 103.8 |
| 25 | 1,287 | 660 | 626 | 105.4 | 1,184 | 602 | 582 | 103.5 |
| 26 | 1,284 | 660 | 624 | 105.7 | 1,185 | 604 | 581 | 103.9 |
| 27 | 1,297 | 666 | 630 | 105.7 | 1,200 | 612 | 588 | 104.0 |
| 28 | 1,288 | 662 | 626 | 105.8 | 1,199 | 612 | 587 | 104.3 |
| 29 | 1,257 | 646 | 611 | 105.8 | 1,170 | 598 | 572 | 104.5 |
| 30 | 1,266 | 650 | 616 | 105.5 | 1,186 | 606 | 580 | 104.4 |
| 31 | 1,257 | 644 | 613 | 105.1 | 1,181 | 602 | 578 | 104.1 |
| 32 | 1,280 | 655 | 625 | 104.7 | 1,202 | 612 | 590 | 103.9 |
| 33 | 1,302 | 665 | 637 | 104.5 | 1,230 | 627 | 603 | 103.9 |
| 34 | 1,340 | 685 | 655 | 104.7 | 1,274 | 650 | 624 | 104.2 |
| 35 | 1,374 | 701 | 673 | 104.1 | 1,312 | 669 | 643 | 103.9 |
| 36 | 1,393 | 711 | 682 | 104.1 | 1,336 | 681 | 655 | 104.0 |
| 37 | 1,443 | 734 | 710 | 103.4 | 1,390 | 707 | 683 | 103.5 |
| 38 | 1,491 | 757 | 734 | 103.1 | 1,439 | 731 | 707 | 103.4 |
| 39 | 1,510 | 766 | 745 | 102.9 | 1,458 | 741 | 717 | 103.4 |
| 40 | 1,512 | 766 | 746 | 102.7 | 1,458 | 741 | 717 | 103.4 |
| 41 | 1,524 | 773 | 751 | 102.9 | 1,476 | 751 | 725 | 103.6 |
| 42 | 1,591 | 806 | 784 | 102.8 | 1,545 | 786 | 759 | 103.5 |
| 43 | 1,629 | 827 | 803 | 102.9 | 1,584 | 807 | 778 | 103.8 |
| 44 | 1,690 | 856 | 834 | 102.7 | 1,649 | 838 | 811 | 103.4 |
| 45 | 1,734 | 879 | 855 | 102.8 | 1,695 | 862 | 833 | 103.5 |
| 46 | 1,815 | 920 | 895 | 102.9 | 1,777 | 904 | 873 | 103.5 |
| 47 | 1,889 | 957 | 932 | 102.6 | 1,852 | 941 | 911 | 103.2 |
| 48 | 1,995 | 1,011 | 984 | 102.7 | 1,959 | 996 | 963 | 103.4 |
| 49 | 2,030 | 1,025 | 1,005 | 102.0 | 1,993 | 1,010 | 983 | 102.7 |

注)　＊ 女性100人に対する男性の数

及 び 人 口 性 比－総人口、日本人人口（2022年10月１日現在）
- Total population, Japanese population, October 1, 2022

(Thousand persons)

| 年　　齢<br>Age | 総　人　口　　　Total population | | | | 日　本　人　人　口　　Japanese population | | | |
|---|---|---|---|---|---|---|---|---|
| | 男女計<br>Both sexes | 男<br>Male | 女<br>Female | 人口性比<br>Sex ratio<br>* | 男　女　計<br>Both sexes | 男<br>Male | 女<br>Female | 人口性比<br>Sex ratio<br>* |
| 50 歳　　years old | 1,992 | 1,007 | 984 | 102.3 | 1,955 | 992 | 963 | 103.1 |
| 51 | 1,933 | 976 | 957 | 101.9 | 1,896 | 961 | 935 | 102.7 |
| 52 | 1,873 | 944 | 929 | 101.6 | 1,836 | 930 | 907 | 102.5 |
| 53 | 1,842 | 926 | 916 | 101.2 | 1,807 | 913 | 894 | 102.1 |
| 54 | 1,796 | 902 | 894 | 101.0 | 1,762 | 889 | 873 | 101.9 |
| 55 | 1,789 | 898 | 891 | 100.8 | 1,760 | 886 | 874 | 101.5 |
| 56 | 1,396 | 697 | 699 | 99.8 | 1,368 | 686 | 682 | 100.6 |
| 57 | 1,717 | 859 | 859 | 100.0 | 1,689 | 847 | 842 | 100.6 |
| 58 | 1,607 | 803 | 805 | 99.7 | 1,580 | 791 | 789 | 100.3 |
| 59 | 1,565 | 780 | 785 | 99.4 | 1,538 | 769 | 769 | 100.1 |
| 60 | 1,512 | 753 | 760 | 99.1 | 1,489 | 743 | 746 | 99.6 |
| 61 | 1,479 | 734 | 744 | 98.6 | 1,458 | 726 | 732 | 99.1 |
| 62 | 1,485 | 734 | 751 | 97.8 | 1,465 | 726 | 739 | 98.2 |
| 63 | 1,508 | 745 | 763 | 97.6 | 1,490 | 737 | 753 | 97.9 |
| 64 | 1,461 | 718 | 743 | 96.6 | 1,445 | 711 | 733 | 97.0 |
| 65 | 1,417 | 695 | 722 | 96.2 | 1,401 | 688 | 713 | 96.5 |
| 66 | 1,482 | 724 | 758 | 95.5 | 1,467 | 718 | 749 | 95.8 |
| 67 | 1,522 | 742 | 780 | 95.1 | 1,507 | 736 | 772 | 95.3 |
| 68 | 1,515 | 734 | 780 | 94.1 | 1,502 | 729 | 773 | 94.3 |
| 69 | 1,599 | 770 | 829 | 92.8 | 1,587 | 764 | 823 | 92.9 |
| 70 | 1,677 | 803 | 874 | 91.8 | 1,666 | 798 | 868 | 91.9 |
| 71 | 1,762 | 839 | 923 | 90.9 | 1,751 | 834 | 917 | 91.0 |
| 72 | 1,874 | 884 | 990 | 89.2 | 1,864 | 879 | 985 | 89.3 |
| 73 | 2,034 | 954 | 1,080 | 88.4 | 2,024 | 949 | 1,074 | 88.4 |
| 74 | 1,990 | 925 | 1,065 | 86.9 | 1,980 | 921 | 1,059 | 86.9 |
| 75 | 1,864 | 862 | 1,003 | 86.0 | 1,855 | 858 | 998 | 85.9 |
| 76 | 1,143 | 519 | 624 | 83.1 | 1,136 | 516 | 620 | 83.1 |
| 77 | 1,206 | 537 | 668 | 80.4 | 1,198 | 534 | 664 | 80.4 |
| 78 | 1,447 | 636 | 810 | 78.5 | 1,440 | 634 | 806 | 78.6 |
| 79 | 1,370 | 597 | 773 | 77.2 | 1,364 | 594 | 770 | 77.2 |
| 80 | 1,375 | 591 | 784 | 75.5 | 1,370 | 589 | 780 | 75.5 |
| 81 | 1,299 | 551 | 748 | 73.7 | 1,294 | 549 | 745 | 73.7 |
| 82 | 1,142 | 475 | 667 | 71.2 | 1,137 | 473 | 664 | 71.3 |
| 83 | 954 | 389 | 565 | 68.8 | 950 | 387 | 562 | 68.9 |
| 84 | 973 | 386 | 587 | 65.8 | 969 | 385 | 585 | 65.8 |
| 85 | 948 | 367 | 582 | 63.0 | 945 | 365 | 580 | 63.0 |
| 86 | 894 | 335 | 559 | 60.0 | 891 | 334 | 557 | 60.0 |
| 87 | 792 | 284 | 508 | 56.0 | 790 | 284 | 506 | 56.0 |
| 88 | 691 | 238 | 453 | 52.4 | 688 | 237 | 452 | 52.4 |
| 89 | 630 | 206 | 424 | 48.5 | 628 | 205 | 423 | 48.5 |
| 90 | 550 | 171 | 379 | 45.2 | 549 | 171 | 378 | 45.3 |
| 91 | 469 | 137 | 332 | 41.3 | 468 | 137 | 331 | 41.3 |
| 92 | 386 | 106 | 280 | 38.0 | 385 | 106 | 279 | 38.0 |
| 93 | 322 | 83 | 239 | 34.7 | 321 | 83 | 238 | 34.7 |
| 94 | 262 | 63 | 199 | 31.4 | 261 | 62 | 199 | 31.4 |
| 95 | 190 | 43 | 147 | 28.9 | 189 | 42 | 147 | 28.9 |
| 96 | 146 | 30 | 116 | 26.1 | 146 | 30 | 116 | 26.1 |
| 97 | 104 | 19 | 85 | 22.9 | 104 | 19 | 85 | 22.9 |
| 98 | 71 | 12 | 59 | 20.0 | 71 | 12 | 59 | 20.0 |
| 99 | 49 | 7 | 42 | 16.8 | 49 | 7 | 42 | 16.7 |
| 100 歳以上  and over | 87 | 10 | 77 | 13.6 | 87 | 10 | 77 | 13.6 |

Note) *  Males per 100 females

第2表　年　齢　（5　歳　階　級）、男　女、
Table 2.  Population by Age (Five-Year Groups) and Sex, Monthly Estimates

（単位　千人）

| 年　齢　階　級<br>Age groups | | | 男　女　計 | | | | |
|---|---|---|---|---|---|---|---|
| | | | 2021年10月<br>October 2021 | 2021年11月<br>November 2021 | 2021年12月<br>December 2021 | 2022年1月<br>January 2022 | 2022年2月<br>February 2022 |
| | | | | | 総　人　口 | | |
| 総　　　数 | Total | | 125,502 | 125,443 | 125,380 | 125,309 | 125,194 |
| 0 ～ 4 歳 | years old | | 4,389 | 4,378 | 4,370 | 4,359 | 4,345 |
| 5 ～ 9 | | | 5,038 | 5,031 | 5,024 | 5,018 | 5,008 |
| 10 ～ 14 | | | 5,357 | 5,353 | 5,348 | 5,342 | 5,337 |
| 15 ～ 19 | | | 5,580 | 5,568 | 5,562 | 5,561 | 5,550 |
| 20 ～ 24 | | | 6,263 | 6,254 | 6,245 | 6,235 | 6,218 |
| 25 ～ 29 | | | 6,379 | 6,378 | 6,375 | 6,367 | 6,363 |
| 30 ～ 34 | | | 6,556 | 6,543 | 6,531 | 6,518 | 6,502 |
| 35 ～ 39 | | | 7,354 | 7,342 | 7,333 | 7,323 | 7,308 |
| 40 ～ 44 | | | 8,173 | 8,155 | 8,136 | 8,116 | 8,096 |
| 45 ～ 49 | | | 9,732 | 9,713 | 9,694 | 9,676 | 9,642 |
| 50 ～ 54 | | | 9,252 | 9,305 | 9,345 | 9,379 | 9,362 |
| 55 ～ 59 | | | 7,824 | 7,813 | 7,808 | 7,812 | 7,838 |
| 60 ～ 64 | | | 7,391 | 7,386 | 7,381 | 7,390 | 7,385 |
| 65 ～ 69 | | | 7,869 | 7,850 | 7,824 | 7,795 | 7,753 |
| 70 ～ 74 | | | 9,672 | 9,652 | 9,635 | 9,640 | 9,603 |
| 75 ～ 79 | | | 6,712 | 6,722 | 6,728 | 6,725 | 6,748 |
| 80 ～ 84 | | | 5,563 | 5,587 | 5,611 | 5,631 | 5,659 |
| 85 ～ 89 | | | 3,872 | 3,877 | 3,883 | 3,881 | 3,907 |
| 90 ～ 94 | | | 1,904 | 1,910 | 1,914 | 1,913 | 1,929 |
| 95 ～ 99 | | | 537 | 541 | 544 | 544 | 553 |
| 100 歳 以 上 | and over | | 85 | 86 | 87 | 87 | 89 |
| （再掲） | Regrouped | | | | | | |
| 15 歳 未 満 | Under | | 14,784 | 14,762 | 14,742 | 14,718 | 14,689 |
| 15 ～ 64 | | | 74,504 | 74,458 | 74,411 | 74,375 | 74,264 |
| 65 歳 以 上 | and over | | 36,214 | 36,224 | 36,227 | 36,215 | 36,240 |
| うち 75 歳 以 上 | and over | | 18,674 | 18,722 | 18,768 | 18,780 | 18,884 |
| うち 85 歳 以 上 | and over | | 6,398 | 6,414 | 6,429 | 6,424 | 6,477 |
| | | | | | 日　本　人　人　口 | | |
| 総　　　数 | Total | | 122,780 | 122,728 | 122,674 | 122,638 | 122,530 |
| 0 ～ 4 歳 | years old | | 4,307 | 4,296 | 4,287 | 4,276 | 4,263 |
| 5 ～ 9 | | | 4,959 | 4,952 | 4,945 | 4,940 | 4,929 |
| 10 ～ 14 | | | 5,294 | 5,289 | 5,284 | 5,278 | 5,273 |
| 15 ～ 19 | | | 5,507 | 5,496 | 5,491 | 5,491 | 5,481 |
| 20 ～ 24 | | | 5,890 | 5,887 | 5,886 | 5,886 | 5,879 |
| 25 ～ 29 | | | 5,950 | 5,949 | 5,948 | 5,948 | 5,946 |
| 30 ～ 34 | | | 6,205 | 6,193 | 6,183 | 6,175 | 6,160 |
| 35 ～ 39 | | | 7,085 | 7,073 | 7,065 | 7,058 | 7,042 |
| 40 ～ 44 | | | 7,953 | 7,935 | 7,915 | 7,897 | 7,875 |
| 45 ～ 49 | | | 9,546 | 9,527 | 9,509 | 9,492 | 9,458 |
| 50 ～ 54 | | | 9,079 | 9,130 | 9,170 | 9,205 | 9,187 |
| 55 ～ 59 | | | 7,688 | 7,678 | 7,673 | 7,677 | 7,703 |
| 60 ～ 64 | | | 7,299 | 7,293 | 7,289 | 7,297 | 7,291 |
| 65 ～ 69 | | | 7,800 | 7,780 | 7,754 | 7,725 | 7,683 |
| 70 ～ 74 | | | 9,620 | 9,600 | 9,584 | 9,589 | 9,551 |
| 75 ～ 79 | | | 6,679 | 6,688 | 6,694 | 6,691 | 6,714 |
| 80 ～ 84 | | | 5,540 | 5,564 | 5,588 | 5,608 | 5,635 |
| 85 ～ 89 | | | 3,860 | 3,865 | 3,871 | 3,868 | 3,895 |
| 90 ～ 94 | | | 1,900 | 1,906 | 1,910 | 1,908 | 1,924 |
| 95 ～ 99 | | | 536 | 540 | 543 | 543 | 552 |
| 100 歳 以 上 | and over | | 85 | 86 | 87 | 87 | 89 |
| （再掲） | Regrouped | | | | | | |
| 15 歳 未 満 | Under | | 14,559 | 14,537 | 14,516 | 14,494 | 14,464 |
| 15 ～ 64 | | | 72,202 | 72,163 | 72,128 | 72,126 | 72,023 |
| 65 歳 以 上 | and over | | 36,019 | 36,028 | 36,031 | 36,018 | 36,042 |
| うち 75 歳 以 上 | and over | | 18,599 | 18,648 | 18,693 | 18,705 | 18,808 |
| うち 85 歳 以 上 | and over | | 6,381 | 6,396 | 6,411 | 6,406 | 6,459 |

月　別　人　口－総人口、日本人人口（各月１日現在）
- Total population, Japanese population, the First Day, Each Month

(Thousand persons)

| Both sexes | | | | | | | |
|---|---|---|---|---|---|---|---|
| 2022年3月 | 2022年4月 | 2022年5月 | 2022年6月 | 2022年7月 | 2022年8月 | 2022年9月 | 2022年10月 |
| March 2022 | April 2022 | May 2022 | June 2022 | July 2022 | August 2022 | September 2022 | October 2022 |
| **Total population** | | | | | | | |
| 125,103 | 125,071 | 125,072 | 125,104 | 125,125 | 125,082 | 124,971 | 124,947 |
| 4,332 | 4,320 | 4,308 | 4,292 | 4,281 | 4,268 | 4,256 | 4,247 |
| 4,998 | 4,995 | 4,988 | 4,983 | 4,984 | 4,972 | 4,956 | 4,948 |
| 5,337 | 5,334 | 5,327 | 5,322 | 5,325 | 5,322 | 5,311 | 5,308 |
| 5,541 | 5,538 | 5,540 | 5,543 | 5,548 | 5,543 | 5,528 | 5,512 |
| 6,208 | 6,212 | 6,244 | 6,269 | 6,275 | 6,270 | 6,249 | 6,263 |
| 6,358 | 6,363 | 6,374 | 6,397 | 6,405 | 6,405 | 6,406 | 6,412 |
| 6,494 | 6,484 | 6,477 | 6,477 | 6,470 | 6,457 | 6,448 | 6,446 |
| 7,295 | 7,292 | 7,283 | 7,277 | 7,267 | 7,251 | 7,230 | 7,212 |
| 8,080 | 8,062 | 8,034 | 8,013 | 7,999 | 7,979 | 7,961 | 7,946 |
| 9,609 | 9,585 | 9,564 | 9,548 | 9,535 | 9,514 | 9,485 | 9,462 |
| 9,356 | 9,345 | 9,347 | 9,357 | 9,377 | 9,395 | 9,414 | 9,435 |
| 7,865 | 7,903 | 7,929 | 7,962 | 7,994 | 8,026 | 8,052 | 8,075 |
| 7,392 | 7,401 | 7,408 | 7,413 | 7,415 | 7,422 | 7,430 | 7,445 |
| 7,712 | 7,676 | 7,652 | 7,632 | 7,612 | 7,588 | 7,563 | 7,535 |
| 9,588 | 9,562 | 9,540 | 9,512 | 9,479 | 9,436 | 9,385 | 9,337 |
| 6,763 | 6,785 | 6,817 | 6,850 | 6,888 | 6,935 | 6,983 | 7,030 |
| 5,673 | 5,677 | 5,690 | 5,696 | 5,707 | 5,723 | 5,735 | 5,743 |
| 3,917 | 3,926 | 3,933 | 3,935 | 3,938 | 3,942 | 3,947 | 3,955 |
| 1,939 | 1,958 | 1,964 | 1,970 | 1,975 | 1,980 | 1,983 | 1,989 |
| 557 | 564 | 564 | 564 | 563 | 563 | 561 | 561 |
| 90 | 91 | 91 | 90 | 90 | 89 | 88 | 87 |
| 14,667 | 14,649 | 14,623 | 14,597 | 14,589 | 14,563 | 14,523 | 14,503 |
| 74,197 | 74,184 | 74,200 | 74,257 | 74,285 | 74,263 | 74,203 | 74,208 |
| 36,238 | 36,238 | 36,249 | 36,250 | 36,251 | 36,256 | 36,245 | 36,236 |
| 18,939 | 19,001 | 19,058 | 19,106 | 19,160 | 19,233 | 19,297 | 19,364 |
| 6,503 | 6,539 | 6,552 | 6,559 | 6,565 | 6,574 | 6,579 | 6,592 |
| **Japanese population** | | | | | | | |
| 122,444 | 122,388 | 122,325 | 122,272 | 122,263 | 122,238 | 122,104 | 122,031 |
| 4,249 | 4,237 | 4,225 | 4,209 | 4,198 | 4,107 | 4,173 | 4,163 |
| 4,919 | 4,915 | 4,908 | 4,902 | 4,902 | 4,895 | 4,874 | 4,865 |
| 5,272 | 5,269 | 5,261 | 5,256 | 5,258 | 5,258 | 5,243 | 5,239 |
| 5,473 | 5,468 | 5,458 | 5,453 | 5,453 | 5,447 | 5,430 | 5,418 |
| 5,877 | 5,874 | 5,870 | 5,867 | 5,864 | 5,861 | 5,847 | 5,837 |
| 5,943 | 5,942 | 5,941 | 5,943 | 5,944 | 5,944 | 5,942 | 5,938 |
| 6,151 | 6,138 | 6,128 | 6,115 | 6,105 | 6,093 | 6,081 | 6,074 |
| 7,030 | 7,024 | 7,015 | 7,004 | 6,992 | 6,979 | 6,955 | 6,935 |
| 7,858 | 7,838 | 7,811 | 7,786 | 7,770 | 7,753 | 7,730 | 7,712 |
| 9,425 | 9,400 | 9,380 | 9,363 | 9,350 | 9,331 | 9,300 | 9,276 |
| 9,181 | 9,170 | 9,172 | 9,181 | 9,201 | 9,220 | 9,237 | 9,257 |
| 7,729 | 7,766 | 7,793 | 7,825 | 7,856 | 7,888 | 7,913 | 7,935 |
| 7,297 | 7,307 | 7,313 | 7,318 | 7,320 | 7,326 | 7,334 | 7,347 |
| 7,642 | 7,605 | 7,581 | 7,561 | 7,541 | 7,517 | 7,492 | 7,463 |
| 9,535 | 9,509 | 9,487 | 9,460 | 9,426 | 9,383 | 9,332 | 9,284 |
| 6,729 | 6,750 | 6,782 | 6,816 | 6,853 | 6,900 | 6,948 | 6,994 |
| 5,650 | 5,654 | 5,666 | 5,672 | 5,683 | 5,699 | 5,711 | 5,719 |
| 3,905 | 3,913 | 3,920 | 3,923 | 3,925 | 3,929 | 3,934 | 3,942 |
| 1,934 | 1,953 | 1,960 | 1,965 | 1,970 | 1,976 | 1,979 | 1,984 |
| 556 | 563 | 563 | 562 | 562 | 562 | 560 | 560 |
| 89 | 91 | 91 | 90 | 90 | 89 | 88 | 87 |
| 14,440 | 14,421 | 14,394 | 14,367 | 14,358 | 14,339 | 14,291 | 14,268 |
| 71,963 | 71,928 | 71,881 | 71,855 | 71,854 | 71,844 | 71,769 | 71,730 |
| 36,040 | 36,039 | 36,050 | 36,050 | 36,050 | 36,055 | 36,044 | 36,033 |
| 18,863 | 18,925 | 18,982 | 19,029 | 19,083 | 19,155 | 19,220 | 19,286 |
| 6,484 | 6,521 | 6,533 | 6,541 | 6,547 | 6,556 | 6,561 | 6,573 |

第 2 表　年　齢　（ 5　歳　階　級 ）、男　女、

Table 2.　Population by Age (Five-Year Groups) and Sex, Monthly Estimates

（単位　千人）

| 年 齢 階 級<br>Age groups | | | | 男 | | | | |
|---|---|---|---|---|---|---|---|---|
| | | | | 2021年10月<br>October 2021 | 2021年11月<br>November 2021 | 2021年12月<br>December 2021 | 2022年1月<br>January 2022 | 2022年2月<br>February 2022 |
| | | | | 総　人　口 | | | | |
| 総 | | 数 | Total | 61,019 | 60,987 | 60,953 | 60,918 | 60,858 |
| 0 | ～ | 4 歳 | years old | 2,246 | 2,240 | 2,236 | 2,230 | 2,223 |
| 5 | ～ | 9 | | 2,581 | 2,578 | 2,574 | 2,571 | 2,566 |
| 10 | ～ | 14 | | 2,746 | 2,744 | 2,741 | 2,738 | 2,736 |
| 15 | ～ | 19 | | 2,864 | 2,858 | 2,855 | 2,854 | 2,849 |
| 20 | ～ | 24 | | 3,205 | 3,200 | 3,195 | 3,189 | 3,181 |
| 25 | ～ | 29 | | 3,276 | 3,275 | 3,273 | 3,267 | 3,265 |
| 30 | ～ | 34 | | 3,352 | 3,345 | 3,339 | 3,332 | 3,324 |
| 35 | ～ | 39 | | 3,736 | 3,730 | 3,725 | 3,720 | 3,713 |
| 40 | ～ | 44 | | 4,144 | 4,135 | 4,125 | 4,115 | 4,105 |
| 45 | ～ | 49 | | 4,927 | 4,917 | 4,908 | 4,899 | 4,881 |
| 50 | ～ | 54 | | 4,658 | 4,685 | 4,705 | 4,720 | 4,715 |
| 55 | ～ | 59 | | 3,908 | 3,903 | 3,900 | 3,906 | 3,915 |
| 60 | ～ | 64 | | 3,654 | 3,652 | 3,650 | 3,653 | 3,653 |
| 65 | ～ | 69 | | 3,824 | 3,814 | 3,802 | 3,788 | 3,768 |
| 70 | ～ | 74 | | 4,565 | 4,556 | 4,548 | 4,548 | 4,532 |
| 75 | ～ | 79 | | 2,991 | 2,996 | 3,001 | 3,001 | 3,013 |
| 80 | ～ | 84 | | 2,310 | 2,321 | 2,331 | 2,339 | 2,353 |
| 85 | ～ | 89 | | 1,387 | 1,390 | 1,394 | 1,393 | 1,405 |
| 90 | ～ | 94 | | 531 | 533 | 535 | 535 | 541 |
| 95 | ～ | 99 | | 104 | 105 | 107 | 107 | 109 |
| 100 歳 | 以 | 上 | and over | 10 | 10 | 11 | 11 | 11 |
| （再掲） | | | Regrouped | | | | | |
| 15 歳 | 未 | 満 | Under | 7,573 | 7,562 | 7,552 | 7,540 | 7,525 |
| 15 | ～ | 64 | | 37,724 | 37,699 | 37,674 | 37,656 | 37,601 |
| 65 歳 | 以 | 上 | and over | 15,722 | 15,726 | 15,727 | 15,722 | 15,732 |
| うち 75 歳 | 以 | 上 | and over | 7,334 | 7,356 | 7,378 | 7,386 | 7,432 |
| うち 85 歳 | 以 | 上 | and over | 2,032 | 2,039 | 2,047 | 2,046 | 2,066 |
| | | | | 日　本　人　人　口 | | | | |
| 総 | | 数 | Total | 59,687 | 59,659 | 59,631 | 59,616 | 59,559 |
| 0 | ～ | 4 歳 | years old | 2,203 | 2,197 | 2,193 | 2,188 | 2,181 |
| 5 | ～ | 9 | | 2,540 | 2,537 | 2,533 | 2,531 | 2,525 |
| 10 | ～ | 14 | | 2,714 | 2,711 | 2,708 | 2,706 | 2,703 |
| 15 | ～ | 19 | | 2,827 | 2,821 | 2,818 | 2,818 | 2,813 |
| 20 | ～ | 24 | | 3,006 | 3,005 | 3,005 | 3,005 | 3,002 |
| 25 | ～ | 29 | | 3,036 | 3,035 | 3,035 | 3,035 | 3,033 |
| 30 | ～ | 34 | | 3,163 | 3,157 | 3,152 | 3,149 | 3,141 |
| 35 | ～ | 39 | | 3,604 | 3,598 | 3,593 | 3,591 | 3,583 |
| 40 | ～ | 44 | | 4,046 | 4,037 | 4,027 | 4,018 | 4,007 |
| 45 | ～ | 49 | | 4,849 | 4,839 | 4,829 | 4,821 | 4,804 |
| 50 | ～ | 54 | | 4,590 | 4,616 | 4,636 | 4,652 | 4,646 |
| 55 | ～ | 59 | | 3,853 | 3,848 | 3,846 | 3,852 | 3,861 |
| 60 | ～ | 64 | | 3,616 | 3,613 | 3,611 | 3,615 | 3,614 |
| 65 | ～ | 69 | | 3,794 | 3,784 | 3,771 | 3,758 | 3,737 |
| 70 | ～ | 74 | | 4,541 | 4,531 | 4,523 | 4,523 | 4,508 |
| 75 | ～ | 79 | | 2,976 | 2,982 | 2,986 | 2,986 | 2,998 |
| 80 | ～ | 84 | | 2,301 | 2,312 | 2,322 | 2,330 | 2,344 |
| 85 | ～ | 89 | | 1,383 | 1,386 | 1,390 | 1,389 | 1,401 |
| 90 | ～ | 94 | | 529 | 532 | 534 | 534 | 540 |
| 95 | ～ | 99 | | 104 | 105 | 107 | 107 | 109 |
| 100 歳 | 以 | 上 | and over | 10 | 10 | 11 | 11 | 11 |
| （再掲） | | | Regrouped | | | | | |
| 15 歳 | 未 | 満 | Under | 7,457 | 7,445 | 7,435 | 7,424 | 7,409 |
| 15 | ～ | 64 | | 36,591 | 36,571 | 36,553 | 36,554 | 36,503 |
| 65 歳 | 以 | 上 | and over | 15,639 | 15,643 | 15,644 | 15,638 | 15,647 |
| うち 75 歳 | 以 | 上 | and over | 7,304 | 7,327 | 7,349 | 7,356 | 7,402 |
| うち 85 歳 | 以 | 上 | and over | 2,027 | 2,033 | 2,041 | 2,040 | 2,060 |

月　別　人　口－総人口、日本人人口（各月１日現在）（続き）
- Total population, Japanese population, the First Day, Each Month - Continued

(Thousand persons)

Male

| | 2022年3月<br>March 2022 | 2022年4月<br>April 2022 | 2022年5月<br>May 2022 | 2022年6月<br>June 2022 | 2022年7月<br>July 2022 | 2022年8月<br>August 2022 | 2022年9月<br>September 2022 | 2022年10月<br>October 2022 |
|---|---|---|---|---|---|---|---|---|
| **Total population** | | | | | | | | |
| | 60,811 | 60,795 | 60,801 | 60,824 | 60,832 | 60,813 | 60,767 | 60,758 |
| | 2,217 | 2,211 | 2,205 | 2,197 | 2,191 | 2,185 | 2,179 | 2,174 |
| | 2,561 | 2,560 | 2,556 | 2,553 | 2,552 | 2,547 | 2,538 | 2,535 |
| | 2,736 | 2,734 | 2,731 | 2,728 | 2,729 | 2,728 | 2,722 | 2,720 |
| | 2,844 | 2,843 | 2,843 | 2,845 | 2,847 | 2,844 | 2,838 | 2,830 |
| | 3,176 | 3,179 | 3,199 | 3,214 | 3,218 | 3,217 | 3,208 | 3,216 |
| | 3,262 | 3,265 | 3,271 | 3,285 | 3,290 | 3,290 | 3,290 | 3,295 |
| | 3,320 | 3,315 | 3,313 | 3,314 | 3,311 | 3,305 | 3,301 | 3,300 |
| | 3,707 | 3,705 | 3,701 | 3,699 | 3,693 | 3,686 | 3,677 | 3,668 |
| | 4,096 | 4,087 | 4,073 | 4,062 | 4,054 | 4,044 | 4,036 | 4,028 |
| | 4,865 | 4,853 | 4,842 | 4,834 | 4,826 | 4,815 | 4,803 | 4,792 |
| | 4,712 | 4,707 | 4,709 | 4,714 | 4,724 | 4,734 | 4,745 | 4,756 |
| | 3,929 | 3,948 | 3,962 | 3,979 | 3,994 | 4,011 | 4,025 | 4,036 |
| | 3,656 | 3,661 | 3,664 | 3,667 | 3,669 | 3,672 | 3,677 | 3,684 |
| | 3,748 | 3,731 | 3,720 | 3,711 | 3,701 | 3,690 | 3,678 | 3,665 |
| | 4,524 | 4,512 | 4,501 | 4,488 | 4,472 | 4,451 | 4,428 | 4,405 |
| | 3,022 | 3,033 | 3,049 | 3,065 | 3,084 | 3,107 | 3,129 | 3,151 |
| | 2,361 | 2,364 | 2,369 | 2,372 | 2,377 | 2,384 | 2,389 | 2,392 |
| | 1,410 | 1,415 | 1,418 | 1,420 | 1,421 | 1,423 | 1,426 | 1,429 |
| | 544 | 551 | 553 | 555 | 556 | 558 | 559 | 560 |
| | 110 | 112 | 112 | 112 | 112 | 112 | 111 | 111 |
| | 11 | 11 | 11 | 11 | 11 | 11 | 11 | 10 |
| | 7,513 | 7,504 | 7,491 | 7,478 | 7,473 | 7,459 | 7,439 | 7,428 |
| | 37,568 | 37,562 | 37,577 | 37,612 | 37,626 | 37,618 | 37,598 | 37,605 |
| | 15,730 | 15,729 | 15,734 | 15,734 | 15,734 | 15,736 | 15,729 | 15,725 |
| | 7,458 | 7,486 | 7,513 | 7,535 | 7,561 | 7,595 | 7,624 | 7,655 |
| | 2,075 | 2,088 | 2,094 | 2,098 | 2,100 | 2,104 | 2,106 | 2,111 |
| **Japanese population** | | | | | | | | |
| | 59,515 | 59,486 | 59,457 | 59,428 | 59,419 | 59,405 | 59,347 | 59,314 |
| | 2,174 | 2,168 | 2,162 | 2,154 | 2,148 | 2,143 | 2,136 | 2,131 |
| | 2,520 | 2,518 | 2,514 | 2,511 | 2,511 | 2,507 | 2,497 | 2,492 |
| | 2,702 | 2,700 | 2,697 | 2,694 | 2,695 | 2,694 | 2,687 | 2,684 |
| | 2,809 | 2,806 | 2,801 | 2,798 | 2,798 | 2,795 | 2,787 | 2,781 |
| | 3,002 | 3,001 | 3,000 | 2,999 | 2,997 | 2,996 | 2,990 | 2,987 |
| | 3,031 | 3,031 | 3,030 | 3,031 | 3,031 | 3,031 | 3,030 | 3,028 |
| | 3,137 | 3,130 | 3,125 | 3,119 | 3,114 | 3,107 | 3,101 | 3,098 |
| | 3,577 | 3,573 | 3,569 | 3,563 | 3,556 | 3,550 | 3,539 | 3,529 |
| | 3,997 | 3,987 | 3,973 | 3,960 | 3,951 | 3,942 | 3,932 | 3,923 |
| | 4,787 | 4,775 | 4,764 | 4,755 | 4,747 | 4,737 | 4,724 | 4,712 |
| | 4,643 | 4,638 | 4,640 | 4,645 | 4,655 | 4,664 | 4,675 | 4,685 |
| | 3,874 | 3,893 | 3,907 | 3,924 | 3,939 | 3,956 | 3,969 | 3,980 |
| | 3,617 | 3,622 | 3,625 | 3,627 | 3,629 | 3,633 | 3,637 | 3,644 |
| | 3,718 | 3,701 | 3,690 | 3,680 | 3,670 | 3,659 | 3,647 | 3,634 |
| | 4,500 | 4,487 | 4,477 | 4,464 | 4,448 | 4,427 | 4,403 | 4,381 |
| | 3,007 | 3,018 | 3,034 | 3,050 | 3,068 | 3,091 | 3,114 | 3,136 |
| | 2,352 | 2,355 | 2,360 | 2,363 | 2,368 | 2,375 | 2,380 | 2,383 |
| | 1,405 | 1,410 | 1,414 | 1,416 | 1,417 | 1,419 | 1,421 | 1,425 |
| | 543 | 549 | 552 | 553 | 555 | 557 | 557 | 559 |
| | 110 | 112 | 112 | 112 | 112 | 112 | 111 | 111 |
| | 11 | 11 | 11 | 11 | 11 | 11 | 11 | 10 |
| | 7,396 | 7,387 | 7,373 | 7,359 | 7,354 | 7,344 | 7,320 | 7,307 |
| | 36,474 | 36,456 | 36,435 | 36,421 | 36,416 | 36,411 | 36,383 | 36,368 |
| | 15,645 | 15,644 | 15,649 | 15,649 | 15,648 | 15,650 | 15,644 | 15,639 |
| | 7,428 | 7,456 | 7,482 | 7,505 | 7,530 | 7,564 | 7,593 | 7,624 |
| | 2,069 | 2,083 | 2,088 | 2,092 | 2,094 | 2,098 | 2,100 | 2,105 |

第 2 表　年　齢　（ 5 　歳　階　級 ）、男　女、

Table 2.  Population by Age (Five-Year Groups) and Sex, Monthly Estimates

（単位　千人）

| 年　齢　階　級<br>Age groups | | | 女 | | | | |
|---|---|---|---|---|---|---|---|
| | | | 2021年10月<br>October 2021 | 2021年11月<br>November 2021 | 2021年12月<br>December 2021 | 2022年1月<br>January 2022 | 2022年2月<br>February 2022 |
| | | | 総　人　口 | | | | |
| 総　　　　数 | Total | | 64,483 | 64,457 | 64,426 | 64,391 | 64,336 |
| 0 ～ 4 歳 | years old | | 2,144 | 2,138 | 2,134 | 2,128 | 2,121 |
| 5 ～ 9 | | | 2,457 | 2,453 | 2,450 | 2,447 | 2,442 |
| 10 ～ 14 | | | 2,611 | 2,609 | 2,607 | 2,603 | 2,601 |
| 15 ～ 19 | | | 2,716 | 2,710 | 2,707 | 2,707 | 2,702 |
| 20 ～ 24 | | | 3,058 | 3,054 | 3,050 | 3,046 | 3,037 |
| 25 ～ 29 | | | 3,103 | 3,103 | 3,102 | 3,099 | 3,098 |
| 30 ～ 34 | | | 3,204 | 3,198 | 3,193 | 3,186 | 3,178 |
| 35 ～ 39 | | | 3,618 | 3,613 | 3,608 | 3,602 | 3,595 |
| 40 ～ 44 | | | 4,029 | 4,020 | 4,010 | 4,001 | 3,991 |
| 45 ～ 49 | | | 4,804 | 4,795 | 4,786 | 4,777 | 4,760 |
| 50 ～ 54 | | | 4,594 | 4,620 | 4,640 | 4,659 | 4,647 |
| 55 ～ 59 | | | 3,916 | 3,911 | 3,908 | 3,906 | 3,922 |
| 60 ～ 64 | | | 3,737 | 3,734 | 3,732 | 3,737 | 3,732 |
| 65 ～ 69 | | | 4,045 | 4,035 | 4,022 | 4,006 | 3,985 |
| 70 ～ 74 | | | 5,106 | 5,096 | 5,088 | 5,093 | 5,071 |
| 75 ～ 79 | | | 3,722 | 3,725 | 3,727 | 3,724 | 3,734 |
| 80 ～ 84 | | | 3,253 | 3,266 | 3,280 | 3,292 | 3,305 |
| 85 ～ 89 | | | 2,485 | 2,487 | 2,489 | 2,487 | 2,502 |
| 90 ～ 94 | | | 1,374 | 1,377 | 1,379 | 1,378 | 1,388 |
| 95 ～ 99 | | | 433 | 435 | 437 | 437 | 444 |
| 100 歳 以 上 | and over | | 75 | 76 | 76 | 76 | 78 |
| （再掲） | Regrouped | | | | | | |
| 15 歳 未 満 | Under | | 7,212 | 7,201 | 7,190 | 7,179 | 7,164 |
| 15 ～ 64 | | | 36,780 | 36,759 | 36,736 | 36,719 | 36,663 |
| 65 歳 以 上 | and over | | 20,492 | 20,497 | 20,500 | 20,493 | 20,508 |
| うち 75 歳 以 上 | and over | | 11,340 | 11,366 | 11,390 | 11,394 | 11,452 |
| うち 85 歳 以 上 | and over | | 4,366 | 4,375 | 4,382 | 4,378 | 4,412 |
| | | | 日　本　人　人　口 | | | | |
| 総　　　　数 | Total | | 63,094 | 63,069 | 63,043 | 63,022 | 62,971 |
| 0 ～ 4 歳 | years old | | 2,104 | 2,098 | 2,094 | 2,089 | 2,082 |
| 5 ～ 9 | | | 2,419 | 2,415 | 2,411 | 2,409 | 2,404 |
| 10 ～ 14 | | | 2,580 | 2,578 | 2,576 | 2,573 | 2,570 |
| 15 ～ 19 | | | 2,681 | 2,675 | 2,673 | 2,673 | 2,668 |
| 20 ～ 24 | | | 2,884 | 2,882 | 2,881 | 2,881 | 2,877 |
| 25 ～ 29 | | | 2,914 | 2,914 | 2,913 | 2,913 | 2,913 |
| 30 ～ 34 | | | 3,041 | 3,036 | 3,031 | 3,027 | 3,019 |
| 35 ～ 39 | | | 3,481 | 3,475 | 3,471 | 3,467 | 3,460 |
| 40 ～ 44 | | | 3,907 | 3,898 | 3,888 | 3,879 | 3,869 |
| 45 ～ 49 | | | 4,697 | 4,688 | 4,679 | 4,671 | 4,654 |
| 50 ～ 54 | | | 4,488 | 4,514 | 4,533 | 4,553 | 4,541 |
| 55 ～ 59 | | | 3,835 | 3,830 | 3,827 | 3,826 | 3,842 |
| 60 ～ 64 | | | 3,683 | 3,680 | 3,677 | 3,682 | 3,678 |
| 65 ～ 69 | | | 4,006 | 3,996 | 3,983 | 3,967 | 3,946 |
| 70 ～ 74 | | | 5,079 | 5,069 | 5,060 | 5,065 | 5,043 |
| 75 ～ 79 | | | 3,703 | 3,706 | 3,708 | 3,705 | 3,715 |
| 80 ～ 84 | | | 3,239 | 3,252 | 3,266 | 3,278 | 3,291 |
| 85 ～ 89 | | | 2,477 | 2,479 | 2,481 | 2,479 | 2,494 |
| 90 ～ 94 | | | 1,370 | 1,374 | 1,376 | 1,375 | 1,385 |
| 95 ～ 99 | | | 432 | 434 | 437 | 436 | 443 |
| 100 歳 以 上 | and over | | 75 | 76 | 76 | 76 | 78 |
| （再掲） | Regrouped | | | | | | |
| 15 歳 未 満 | Under | | 7,103 | 7,091 | 7,081 | 7,070 | 7,056 |
| 15 ～ 64 | | | 35,611 | 35,593 | 35,575 | 35,572 | 35,520 |
| 65 歳 以 上 | and over | | 20,380 | 20,385 | 20,387 | 20,380 | 20,395 |
| うち 75 歳 以 上 | and over | | 11,295 | 11,321 | 11,344 | 11,348 | 11,406 |
| うち 85 歳 以 上 | and over | | 4,354 | 4,362 | 4,370 | 4,366 | 4,400 |

月　別　人　口－総人口、日本人人口（各月１日現在）（続き）
- Total population, Japanese population, the First Day, Each Month - Continued

(Thousand persons)

Female

| | 2022年3月 March 2022 | 2022年4月 April 2022 | 2022年5月 May 2022 | 2022年6月 June 2022 | 2022年7月 July 2022 | 2022年8月 August 2022 | 2022年9月 September 2022 | 2022年10月 October 2022 |
|---|---|---|---|---|---|---|---|---|
| **Total population** | | | | | | | | |
| | 64,292 | 64,276 | 64,271 | 64,280 | 64,293 | 64,269 | 64,205 | 64,189 |
| | 2,115 | 2,109 | 2,103 | 2,096 | 2,090 | 2,084 | 2,077 | 2,073 |
| | 2,437 | 2,435 | 2,432 | 2,430 | 2,431 | 2,425 | 2,417 | 2,413 |
| | 2,601 | 2,600 | 2,596 | 2,594 | 2,595 | 2,595 | 2,589 | 2,588 |
| | 2,697 | 2,696 | 2,697 | 2,698 | 2,701 | 2,699 | 2,691 | 2,682 |
| | 3,032 | 3,033 | 3,046 | 3,055 | 3,057 | 3,054 | 3,041 | 3,047 |
| | 3,096 | 3,098 | 3,103 | 3,112 | 3,115 | 3,116 | 3,116 | 3,118 |
| | 3,174 | 3,169 | 3,165 | 3,163 | 3,159 | 3,152 | 3,147 | 3,146 |
| | 3,588 | 3,587 | 3,583 | 3,579 | 3,574 | 3,565 | 3,553 | 3,544 |
| | 3,984 | 3,975 | 3,961 | 3,951 | 3,945 | 3,935 | 3,925 | 3,918 |
| | 4,744 | 4,732 | 4,722 | 4,715 | 4,709 | 4,699 | 4,682 | 4,671 |
| | 4,644 | 4,638 | 4,638 | 4,642 | 4,653 | 4,662 | 4,669 | 4,680 |
| | 3,935 | 3,954 | 3,967 | 3,983 | 3,999 | 4,015 | 4,027 | 4,038 |
| | 3,736 | 3,740 | 3,744 | 3,746 | 3,747 | 3,750 | 3,754 | 3,761 |
| | 3,964 | 3,945 | 3,932 | 3,921 | 3,911 | 3,898 | 3,885 | 3,870 |
| | 5,064 | 5,050 | 5,038 | 5,024 | 5,007 | 4,984 | 4,957 | 4,932 |
| | 3,741 | 3,751 | 3,767 | 3,785 | 3,804 | 3,828 | 3,854 | 3,878 |
| | 3,313 | 3,313 | 3,320 | 3,324 | 3,330 | 3,339 | 3,346 | 3,350 |
| | 2,507 | 2,511 | 2,515 | 2,515 | 2,517 | 2,518 | 2,521 | 2,525 |
| | 1,394 | 1,407 | 1,411 | 1,415 | 1,418 | 1,422 | 1,425 | 1,429 |
| | 447 | 452 | 452 | 452 | 451 | 451 | 450 | 449 |
| | 79 | 80 | 80 | 79 | 79 | 79 | 78 | 77 |
| | 7,153 | 7,145 | 7,132 | 7,120 | 7,116 | 7,104 | 7,084 | 7,074 |
| | 36,629 | 36,622 | 36,624 | 36,644 | 36,659 | 36,645 | 36,605 | 36,604 |
| | 20,509 | 20,510 | 20,515 | 20,516 | 20,517 | 20,520 | 20,516 | 20,511 |
| | 11,481 | 11,515 | 11,545 | 11,571 | 11,599 | 11,638 | 11,673 | 11,709 |
| | 4,428 | 4,450 | 4,458 | 4,462 | 4,465 | 4,470 | 4,473 | 4,480 |
| **Japanese population** | | | | | | | | |
| | 62,928 | 62,902 | 62,860 | 62,844 | 62,844 | 62,833 | 62,757 | 62,717 |
| | 2,075 | 2,069 | 2,063 | 2,055 | 2,049 | 2,044 | 2,037 | 2,032 |
| | 2,399 | 2,397 | 2,394 | 2,391 | 2,392 | 2,388 | 2,378 | 2,373 |
| | 2,570 | 2,569 | 2,565 | 2,562 | 2,563 | 2,563 | 2,556 | 2,555 |
| | 2,664 | 2,662 | 2,658 | 2,655 | 2,656 | 2,653 | 2,644 | 2,637 |
| | 2,875 | 2,873 | 2,870 | 2,868 | 2,867 | 2,865 | 2,857 | 2,850 |
| | 2,911 | 2,911 | 2,911 | 2,912 | 2,913 | 2,913 | 2,912 | 2,910 |
| | 3,014 | 3,008 | 3,002 | 2,996 | 2,991 | 2,986 | 2,979 | 2,976 |
| | 3,453 | 3,451 | 3,447 | 3,441 | 3,436 | 3,429 | 3,416 | 3,405 |
| | 3,861 | 3,851 | 3,837 | 3,826 | 3,819 | 3,811 | 3,798 | 3,790 |
| | 4,638 | 4,626 | 4,616 | 4,608 | 4,603 | 4,594 | 4,576 | 4,564 |
| | 4,538 | 4,532 | 4,532 | 4,536 | 4,547 | 4,556 | 4,563 | 4,572 |
| | 3,854 | 3,873 | 3,885 | 3,901 | 3,917 | 3,932 | 3,944 | 3,955 |
| | 3,681 | 3,685 | 3,688 | 3,691 | 3,691 | 3,694 | 3,697 | 3,704 |
| | 3,924 | 3,905 | 3,892 | 3,881 | 3,871 | 3,858 | 3,845 | 3,829 |
| | 5,036 | 5,022 | 5,010 | 4,996 | 4,979 | 4,956 | 4,929 | 4,903 |
| | 3,722 | 3,732 | 3,748 | 3,766 | 3,785 | 3,809 | 3,834 | 3,858 |
| | 3,298 | 3,299 | 3,306 | 3,309 | 3,315 | 3,325 | 3,331 | 3,336 |
| | 2,499 | 2,503 | 2,507 | 2,507 | 2,508 | 2,510 | 2,513 | 2,517 |
| | 1,391 | 1,404 | 1,408 | 1,412 | 1,415 | 1,419 | 1,421 | 1,425 |
| | 446 | 451 | 451 | 451 | 450 | 450 | 449 | 449 |
| | 79 | 80 | 80 | 79 | 79 | 78 | 78 | 77 |
| | 7,044 | 7,035 | 7,021 | 7,008 | 7,004 | 6,995 | 6,971 | 6,960 |
| | 35,489 | 35,472 | 35,447 | 35,434 | 35,438 | 35,433 | 35,386 | 35,362 |
| | 20,395 | 20,395 | 20,401 | 20,401 | 20,402 | 20,405 | 20,400 | 20,394 |
| | 11,435 | 11,469 | 11,499 | 11,524 | 11,553 | 11,591 | 11,626 | 11,662 |
| | 4,415 | 4,438 | 4,445 | 4,449 | 4,453 | 4,458 | 4,461 | 4,468 |

第3表　年　齢　（5　歳　階　級）、男　女　別
Table 3.　Population and Percentage distribution by Age (Five-Year Groups) and Sex

| 年 齢 階 級 Age groups | 男 女 計 Both sexes | | | | |
|---|---|---|---|---|---|
| | 2010年 1) | 2015年 1) | 2020年 2) | 2021年 | 2022年 |
| | 人　口（単位　千人）　Population（Thousand persons） | | | | |
| 総　　数 Total | 128,057 | 127,095 | 126,146 | 125,502 | 124,947 |
| 0 ～ 4 歳 years old | 5,308 | 5,006 | 4,541 | 4,389 | 4,247 |
| 5 ～ 9 | 5,598 | 5,319 | 5,114 | 5,038 | 4,948 |
| 10 ～ 14 | 5,933 | 5,620 | 5,376 | 5,357 | 5,308 |
| 15 ～ 19 | 6,093 | 6,054 | 5,706 | 5,580 | 5,512 |
| 20 ～ 24 | 6,525 | 6,091 | 6,320 | 6,263 | 6,263 |
| 25 ～ 29 | 7,391 | 6,532 | 6,384 | 6,379 | 6,412 |
| 30 ～ 34 | 8,421 | 7,396 | 6,714 | 6,556 | 6,446 |
| 35 ～ 39 | 9,864 | 8,417 | 7,498 | 7,354 | 7,212 |
| 40 ～ 44 | 8,809 | 9,847 | 8,476 | 8,173 | 7,946 |
| 45 ～ 49 | 8,093 | 8,766 | 9,868 | 9,732 | 9,462 |
| 50 ～ 54 | 7,700 | 8,024 | 8,738 | 9,252 | 9,435 |
| 55 ～ 59 | 8,728 | 7,601 | 7,940 | 7,824 | 8,075 |
| 60 ～ 64 | 10,112 | 8,552 | 7,442 | 7,391 | 7,445 |
| 65 ～ 69 | 8,272 | 9,759 | 8,236 | 7,869 | 7,535 |
| 70 ～ 74 | 7,018 | 7,787 | 9,189 | 9,672 | 9,337 |
| 75 ～ 79 | 5,992 | 6,354 | 7,065 | 6,712 | 7,030 |
| 80 ～ 84 | 4,376 | 5,026 | 5,404 | 5,563 | 5,743 |
| 85 ～ 89 | 2,454 | 3,156 | 3,742 | 3,872 | 3,955 |
| 90 ～ 94 | 1,029 | 1,363 | 1,811 | 1,904 | 1,989 |
| 95 ～ 99 | 298 | 362 | 500 | 537 | 561 |
| 100 歳 以 上 and over | 44 | 62 | 80 | 85 | 87 |
| （再掲） Regrouped | | | | | |
| 15 歳 未 満 Under | 16,839 | 15,945 | 15,032 | 14,784 | 14,503 |
| 15 ～ 64 | 81,735 | 77,282 | 75,088 | 74,504 | 74,208 |
| 65 歳 以 上 and over | 29,484 | 33,868 | 36,027 | 36,214 | 36,236 |
| 65 ～ 74 歳 years old | 15,290 | 17,546 | 17,425 | 17,541 | 16,872 |
| 75 歳 以 上 and over | 14,194 | 16,322 | 18,602 | 18,674 | 19,364 |
| | 割　合（％）　Percentage distribution | | | | |
| 総　　数 Total | 100.00 | 100.00 | 100.00 | 100.00 | 100.00 |
| 0 ～ 4 歳 years old | 4.15 | 3.94 | 3.60 | 3.50 | 3.40 |
| 5 ～ 9 | 4.37 | 4.19 | 4.05 | 4.01 | 3.96 |
| 10 ～ 14 | 4.63 | 4.42 | 4.26 | 4.27 | 4.25 |
| 15 ～ 19 | 4.76 | 4.76 | 4.52 | 4.45 | 4.41 |
| 20 ～ 24 | 5.10 | 4.79 | 5.01 | 4.99 | 5.01 |
| 25 ～ 29 | 5.77 | 5.14 | 5.06 | 5.08 | 5.13 |
| 30 ～ 34 | 6.58 | 5.82 | 5.32 | 5.22 | 5.16 |
| 35 ～ 39 | 7.70 | 6.62 | 5.94 | 5.86 | 5.77 |
| 40 ～ 44 | 6.88 | 7.75 | 6.72 | 6.51 | 6.36 |
| 45 ～ 49 | 6.32 | 6.90 | 7.82 | 7.75 | 7.57 |
| 50 ～ 54 | 6.01 | 6.31 | 6.93 | 7.37 | 7.55 |
| 55 ～ 59 | 6.82 | 5.98 | 6.29 | 6.23 | 6.46 |
| 60 ～ 64 | 7.90 | 6.73 | 5.90 | 5.89 | 5.96 |
| 65 ～ 69 | 6.46 | 7.68 | 6.53 | 6.27 | 6.03 |
| 70 ～ 74 | 5.48 | 6.13 | 7.28 | 7.71 | 7.47 |
| 75 ～ 79 | 4.68 | 5.00 | 5.60 | 5.35 | 5.63 |
| 80 ～ 84 | 3.42 | 3.95 | 4.28 | 4.43 | 4.60 |
| 85 ～ 89 | 1.92 | 2.48 | 2.97 | 3.09 | 3.17 |
| 90 ～ 94 | 0.80 | 1.07 | 1.44 | 1.52 | 1.59 |
| 95 ～ 99 | 0.23 | 0.28 | 0.40 | 0.43 | 0.45 |
| 100 歳 以 上 and over | 0.03 | 0.05 | 0.00 | 0.07 | 0.07 |
| （再掲） Regrouped | | | | | |
| 15 歳 未 満 Under | 13.15 | 12.55 | 11.92 | 11.78 | 11.61 |
| 15 ～ 64 | 63.83 | 60.81 | 59.52 | 59.36 | 59.39 |
| 65 歳 以 上 and over | 23.02 | 26.65 | 28.56 | 28.86 | 29.00 |
| 65 ～ 74 歳 years old | 11.94 | 13.81 | 13.81 | 13.98 | 13.50 |
| 75 歳 以 上 and over | 11.08 | 12.84 | 14.75 | 14.88 | 15.50 |

注　1)　総務省統計局「国勢調査」（年齢不詳の人口を各歳別にあん分した人口）
　　2)　総務省統計局「国勢調査」（不詳補完値）

人　口　及　び　割　合－総人口（各年10月1日現在）
- Total population, October 1, Each Year

| 年　齢　階　級<br>Age groups | | 男　　　　Male | | | | |
|---|---|---|---|---|---|---|
| | | 2010年<br>1) | 2015年<br>1) | 2020年<br>2) | 2021年 | 2022年 |
| | | 人　口　（単位　千人）　　Population　(Thousand persons) | | | | |
| 総　　　　数　Total | | 62,328 | 61,842 | 61,350 | 61,019 | 60,758 |
| 0 ～ 4 歳 years old | | 2,717 | 2,561 | 2,325 | 2,246 | 2,174 |
| 5 ～ 9 | | 2,866 | 2,725 | 2,620 | 2,581 | 2,535 |
| 10 ～ 14 | | 3,039 | 2,879 | 2,756 | 2,746 | 2,720 |
| 15 ～ 19 | | 3,127 | 3,112 | 2,928 | 2,864 | 2,830 |
| 20 ～ 24 | | 3,327 | 3,122 | 3,234 | 3,205 | 3,216 |
| 25 ～ 29 | | 3,755 | 3,333 | 3,279 | 3,276 | 3,295 |
| 30 ～ 34 | | 4,273 | 3,751 | 3,431 | 3,352 | 3,300 |
| 35 ～ 39 | | 5,002 | 4,268 | 3,806 | 3,736 | 3,668 |
| 40 ～ 44 | | 4,446 | 4,988 | 4,299 | 4,144 | 4,028 |
| 45 ～ 49 | | 4,069 | 4,422 | 4,994 | 4,927 | 4,792 |
| 50 ～ 54 | | 3,847 | 4,029 | 4,394 | 4,658 | 4,756 |
| 55 ～ 59 | | 4,330 | 3,784 | 3,967 | 3,908 | 4,036 |
| 60 ～ 64 | | 4,965 | 4,210 | 3,677 | 3,654 | 3,684 |
| 65 ～ 69 | | 3,953 | 4,723 | 3,999 | 3,824 | 3,665 |
| 70 ～ 74 | | 3,249 | 3,625 | 4,337 | 4,565 | 4,405 |
| 75 ～ 79 | | 2,601 | 2,817 | 3,146 | 2,991 | 3,151 |
| 80 ～ 84 | | 1,705 | 2,015 | 2,232 | 2,310 | 2,392 |
| 85 ～ 89 | | 750 | 1,068 | 1,324 | 1,387 | 1,429 |
| 90 ～ 94 | | 244 | 337 | 499 | 531 | 560 |
| 95 ～ 99 | | 56 | 64 | 93 | 104 | 111 |
| 100 歳 以 上 and over | | 6 | 8 | 10 | 10 | 10 |
| （再掲）　Regrouped | | | | | | |
| 15 歳 未 満 Under | | 8,621 | 8,164 | 7,700 | 7,573 | 7,428 |
| 15 ～ 64 | | 41,141 | 39,021 | 38,009 | 37,724 | 37,605 |
| 65 歳 以 上 and over | | 12,565 | 14,657 | 15,641 | 15,722 | 15,725 |
| 65 ～ 74 歳 years old | | 7,203 | 8,348 | 8,336 | 8,389 | 8,070 |
| 75 歳 以 上 and over | | 5,362 | 6,309 | 7,305 | 7,334 | 7,655 |
| | | 割　　合　（%）　　Percentage distribution | | | | |
| 総　　　　数　Total | | 100.00 | 100.00 | 100.00 | 100.00 | 100.00 |
| 0 ～ 4 歳 years old | | 4.36 | 4.14 | 3.79 | 3.68 | 3.58 |
| 5 ～ 9 | | 4.60 | 4.41 | 4.27 | 4.23 | 4.17 |
| 10 ～ 14 | | 4.88 | 4.66 | 4.49 | 4.50 | 4.48 |
| 15 ～ 19 | | 5.02 | 5.03 | 4.77 | 4.69 | 4.66 |
| 20 ～ 24 | | 5.34 | 5.05 | 5.27 | 5.25 | 5.29 |
| 25 ～ 29 | | 6.02 | 5.39 | 5.35 | 5.37 | 5.42 |
| 30 ～ 34 | | 6.86 | 6.07 | 5.59 | 5.49 | 5.43 |
| 35 ～ 39 | | 8.03 | 6.90 | 6.20 | 6.12 | 6.04 |
| 40 ～ 44 | | 7.13 | 8.07 | 7.01 | 6.79 | 6.63 |
| 45 ～ 49 | | 6.53 | 7.15 | 8.14 | 8.07 | 7.89 |
| 50 ～ 54 | | 6.17 | 6.52 | 7.16 | 7.63 | 7.83 |
| 55 ～ 59 | | 6.95 | 6.12 | 6.47 | 6.40 | 6.64 |
| 60 ～ 64 | | 7.97 | 6.81 | 5.99 | 5.99 | 6.06 |
| 65 ～ 69 | | 6.34 | 7.64 | 6.52 | 6.27 | 6.03 |
| 70 ～ 74 | | 5.21 | 5.86 | 7.07 | 7.48 | 7.25 |
| 75 ～ 79 | | 4.17 | 4.56 | 5.13 | 4.90 | 5.19 |
| 80 ～ 84 | | 2.74 | 3.26 | 3.64 | 3.79 | 3.94 |
| 85 ～ 89 | | 1.20 | 1.73 | 2.16 | 2.27 | 2.35 |
| 90 ～ 94 | | 0.39 | 0.54 | 0.81 | 0.87 | 0.92 |
| 95 ～ 99 | | 0.09 | 0.10 | 0.15 | 0.17 | 0.18 |
| 100 歳 以 上 and over | | 0.01 | 0.01 | 0.02 | 0.02 | 0.02 |
| （再掲）　Regrouped | | | | | | |
| 15 歳 未 満 Under | | 13.83 | 13.20 | 12.55 | 12.41 | 12.23 |
| 15 ～ 64 | | 66.01 | 63.10 | 61.95 | 61.82 | 61.89 |
| 65 歳 以 上 and over | | 20.16 | 23.70 | 25.49 | 25.77 | 25.88 |
| 65 ～ 74 歳 years old | | 11.56 | 13.50 | 13.59 | 13.75 | 13.28 |
| 75 歳 以 上 and over | | 8.60 | 10.20 | 11.91 | 12.02 | 12.60 |

Note 1) Statistics Bureau, Ministry of Internal Affairs and Communications, "Population Census"
　　　　(Unknown age population is included after being prorated to each age population.)
　　 2) Statistics Bureau, Ministry of Internal Affairs and Communications, "Population Census" (Result with Imputation)

第3表　年齢（5歳階級）、男女別人口及び割合－総人口（各年10月1日現在）（続き）
Table 3.　Population and Percentage distribution by Age (Five-Year Groups) and Sex
− Total population, October 1, Each Year - Continued

| 年 齢 階 級<br>Age groups | | 女　　Female | | | | |
|---|---|---|---|---|---|---|
| | | 2010年<br>1) | 2015年<br>1) | 2020年<br>2) | 2021年 | 2022年 |
| | | 人　口（単位　千人）　Population（Thousand persons） | | | | |
| 総　　　　数 | Total | 65,730 | 65,253 | 64,797 | 64,483 | 64,189 |
| 0 ～ 4 歳 | years old | 2,592 | 2,445 | 2,217 | 2,144 | 2,073 |
| 5 ～ 9 | | 2,731 | 2,594 | 2,494 | 2,457 | 2,413 |
| 10 ～ 14 | | 2,895 | 2,741 | 2,620 | 2,611 | 2,588 |
| 15 ～ 19 | | 2,966 | 2,942 | 2,779 | 2,716 | 2,682 |
| 20 ～ 24 | | 3,197 | 2,969 | 3,086 | 3,058 | 3,047 |
| 25 ～ 29 | | 3,636 | 3,199 | 3,105 | 3,103 | 3,118 |
| 30 ～ 34 | | 4,148 | 3,645 | 3,283 | 3,204 | 3,146 |
| 35 ～ 39 | | 4,862 | 4,149 | 3,692 | 3,618 | 3,544 |
| 40 ～ 44 | | 4,363 | 4,859 | 4,178 | 4,029 | 3,918 |
| 45 ～ 49 | | 4,024 | 4,344 | 4,875 | 4,804 | 4,671 |
| 50 ～ 54 | | 3,853 | 3,995 | 4,344 | 4,594 | 4,680 |
| 55 ～ 59 | | 4,398 | 3,817 | 3,973 | 3,916 | 4,038 |
| 60 ～ 64 | | 5,147 | 4,342 | 3,766 | 3,737 | 3,761 |
| 65 ～ 69 | | 4,318 | 5,036 | 4,237 | 4,045 | 3,870 |
| 70 ～ 74 | | 3,769 | 4,162 | 4,852 | 5,106 | 4,932 |
| 75 ～ 79 | | 3,391 | 3,537 | 3,918 | 3,722 | 3,878 |
| 80 ～ 84 | | 2,671 | 3,011 | 3,172 | 3,253 | 3,350 |
| 85 ～ 89 | | 1,704 | 2,088 | 2,418 | 2,485 | 2,525 |
| 90 ～ 94 | | 785 | 1,026 | 1,312 | 1,374 | 1,429 |
| 95 ～ 99 | | 242 | 298 | 407 | 433 | 449 |
| 100 歳 以 上 | and over | 38 | 53 | 71 | 75 | 77 |
| （再掲） | Regrouped | | | | | |
| 15 歳 未 満 | Under | 8,218 | 7,781 | 7,332 | 7,212 | 7,074 |
| 15 ～ 64 | | 40,593 | 38,261 | 37,079 | 36,780 | 36,604 |
| 65 歳 以 上 | and over | 16,919 | 19,211 | 20,386 | 20,492 | 20,511 |
| 65 ～ 74 歳 | years old | 8,087 | 9,198 | 9,089 | 9,152 | 8,802 |
| 75 歳 以 上 | and over | 8,831 | 10,013 | 11,297 | 11,340 | 11,709 |
| | | 割　合（%）　Percentage distribution | | | | |
| 総　　　　数 | Total | 100.00 | 100.00 | 100.00 | 100.00 | 100.00 |
| 0 ～ 4 歳 | years old | 3.94 | 3.75 | 3.42 | 3.32 | 3.23 |
| 5 ～ 9 | | 4.16 | 3.98 | 3.85 | 3.81 | 3.76 |
| 10 ～ 14 | | 4.40 | 4.20 | 4.04 | 4.05 | 4.03 |
| 15 ～ 19 | | 4.51 | 4.51 | 4.29 | 4.21 | 4.18 |
| 20 ～ 24 | | 4.86 | 4.55 | 4.76 | 4.74 | 4.75 |
| 25 ～ 29 | | 5.53 | 4.90 | 4.79 | 4.81 | 4.86 |
| 30 ～ 34 | | 6.31 | 5.59 | 5.07 | 4.97 | 4.90 |
| 35 ～ 39 | | 7.40 | 6.36 | 5.70 | 5.61 | 5.52 |
| 40 ～ 44 | | 6.64 | 7.45 | 6.45 | 6.25 | 6.10 |
| 45 ～ 49 | | 6.12 | 6.66 | 7.52 | 7.45 | 7.28 |
| 50 ～ 54 | | 5.86 | 6.12 | 6.70 | 7.12 | 7.29 |
| 55 ～ 59 | | 6.69 | 5.85 | 6.13 | 6.07 | 6.29 |
| 60 ～ 64 | | 7.83 | 6.65 | 5.81 | 5.80 | 5.86 |
| 65 ～ 69 | | 6.57 | 7.72 | 6.54 | 6.27 | 6.03 |
| 70 ～ 74 | | 5.73 | 6.38 | 7.49 | 7.92 | 7.68 |
| 75 ～ 79 | | 5.16 | 5.42 | 6.05 | 5.77 | 6.04 |
| 80 ～ 84 | | 4.06 | 4.61 | 4.90 | 5.04 | 5.22 |
| 85 ～ 89 | | 2.59 | 3.20 | 3.73 | 3.85 | 3.93 |
| 90 ～ 94 | | 1.19 | 1.57 | 2.02 | 2.13 | 2.23 |
| 95 ～ 99 | | 0.37 | 0.46 | 0.63 | 0.67 | 0.70 |
| 100 歳 以 上 | and over | 0.06 | 0.08 | 0.11 | 0.12 | 0.12 |
| （再掲） | Regrouped | | | | | |
| 15 歳 未 満 | Under | 12.50 | 11.92 | 11.31 | 11.18 | 11.02 |
| 15 ～ 64 | | 61.76 | 58.63 | 57.22 | 57.04 | 57.02 |
| 65 歳 以 上 | and over | 25.74 | 29.44 | 31.46 | 31.78 | 31.95 |
| 65 ～ 74 歳 | years old | 12.30 | 14.10 | 14.03 | 14.19 | 13.71 |
| 75 歳 以 上 | and over | 13.44 | 15.35 | 17.43 | 17.59 | 18.24 |

注　1) 総務省統計局「国勢調査」
　　　（年齢不詳の人口を各歳別にあん分した人口）
　　2) 総務省統計局「国勢調査」（不詳補完値）

Note　1) Statistics Bureau, Ministry of Internal Affairs and Communications, "Population Census"
　　　　（Unknown age population is included after being prorated to each age population.）
　　　2) Statistics Bureau, Ministry of Internal Affairs and Communications, "Population Census"
　　　　（Result with Imputation）

第4表　都道府県、男女別人口及び人口性比－総人口、日本人人口（2022年10月１日現在）
Table 4.  Population by Sex and Sex ratio for Prefectures－Total population, Japanese population, October 1, 2022

（単位　千人）　　　　　　　　　　　　　　　　　　　　　　　　　　　　　　　　　（Thousand persons）

| 都　道　府　県　Prefectures | 総　人　口　Total population | | | | 日　本　人　人　口　Japanese population | | | |
|---|---|---|---|---|---|---|---|---|
| | 男女計 Both sexes | 男 Male | 女 Female | 人口性比 Sex ratio * | 男女計 Both sexes | 男 Male | 女 Female | 人口性比 Sex ratio * |
| 全　　　　　　国　Japan | 124,947 | 60,758 | 64,189 | 94.7 | 122,031 | 59,314 | 62,717 | 94.6 |
| 01 北　海　道　Hokkaido | 5,140 | 2,427 | 2,714 | 89.4 | 5,098 | 2,407 | 2,692 | 89.4 |
| 02 青　森　県　Aomori-ken | 1,204 | 568 | 636 | 89.2 | 1,198 | 565 | 633 | 89.4 |
| 03 岩　手　県　Iwate-ken | 1,181 | 570 | 611 | 93.3 | 1,173 | 566 | 606 | 93.4 |
| 04 宮　城　県　Miyagi-ken | 2,280 | 1,112 | 1,168 | 95.2 | 2,256 | 1,100 | 1,156 | 95.2 |
| 05 秋　田　県　Akita-ken | 930 | 439 | 491 | 89.5 | 926 | 438 | 488 | 89.6 |
| 06 山　形　県　Yamagata-ken | 1,041 | 505 | 536 | 94.1 | 1,033 | 502 | 532 | 94.3 |
| 07 福　島　県　Fukushima-ken | 1,790 | 884 | 906 | 97.6 | 1,776 | 878 | 898 | 97.7 |
| 08 茨　城　県　Ibaraki-ken | 2,840 | 1,418 | 1,422 | 99.7 | 2,767 | 1,380 | 1,387 | 99.5 |
| 09 栃　木　県　Tochigi-ken | 1,909 | 952 | 956 | 99.6 | 1,865 | 930 | 934 | 99.6 |
| 10 群　馬　県　Gumma-ken | 1,913 | 947 | 966 | 98.0 | 1,850 | 914 | 936 | 97.7 |
| 11 埼　玉　県　Saitama-ken | 7,337 | 3,643 | 3,694 | 98.6 | 7,136 | 3,542 | 3,594 | 98.5 |
| 12 千　葉　県　Chiba-ken | 6,266 | 3,104 | 3,162 | 98.2 | 6,100 | 3,024 | 3,076 | 98.3 |
| 13 東　京　都　Tokyo-to | 14,038 | 6,889 | 7,149 | 96.4 | 13,443 | 6,595 | 6,848 | 96.3 |
| 14 神　奈　川　県　Kanagawa-ken | 9,232 | 4,579 | 4,653 | 98.4 | 8,991 | 4,459 | 4,531 | 98.4 |
| 15 新　潟　県　Niigata-ken | 2,153 | 1,046 | 1,107 | 94.5 | 2,136 | 1,039 | 1,097 | 94.7 |
| 16 富　山　県　Toyama-ken | 1,017 | 495 | 522 | 94.8 | 998 | 485 | 513 | 94.6 |
| 17 石　川　県　Ishikawa-ken | 1,118 | 543 | 575 | 94.4 | 1,102 | 534 | 568 | 94.1 |
| 18 福　井　県　Fukui-ken | 753 | 368 | 385 | 95.6 | 738 | 361 | 377 | 95.8 |
| 19 山　梨　県　Yamanashi-ken | 802 | 394 | 408 | 96.6 | 784 | 385 | 398 | 96.7 |
| 20 長　野　県　Nagano-ken | 2,020 | 988 | 1,032 | 95.7 | 1,984 | 971 | 1,012 | 95.9 |
| 21 岐　阜　県　Gifu-ken | 1,946 | 945 | 1,001 | 94.4 | 1,888 | 916 | 972 | 94.3 |
| 22 静　岡　県　Shizuoka-ken | 3,582 | 1,766 | 1,816 | 97.3 | 3,484 | 1,718 | 1,766 | 97.3 |
| 23 愛　知　県　Aichi-ken | 7,495 | 3,734 | 3,761 | 99.3 | 7,228 | 3,601 | 3,627 | 99.3 |
| 24 三　重　県　Mie-ken | 1,742 | 851 | 891 | 95.6 | 1,689 | 824 | 865 | 95.3 |
| 25 滋　賀　県　Shiga-ken | 1,409 | 695 | 714 | 97.4 | 1,373 | 676 | 697 | 96.9 |
| 26 京　都　府　Kyoto-fu | 2,550 | 1,217 | 1,333 | 91.3 | 2,485 | 1,185 | 1,300 | 91.1 |
| 27 大　阪　府　Osaka-fu | 8,782 | 4,202 | 4,580 | 91.7 | 8,524 | 4,074 | 4,450 | 91.5 |
| 28 兵　庫　県　Hyogo-ken | 5,402 | 2,567 | 2,835 | 90.5 | 5,287 | 2,510 | 2,777 | 90.4 |
| 29 奈　良　県　Nara-ken | 1,306 | 614 | 691 | 88.9 | 1,291 | 607 | 684 | 88.8 |
| 30 和　歌　山　県　Wakayama-ken | 903 | 426 | 477 | 89.2 | 896 | 423 | 473 | 89.3 |
| 31 鳥　取　県　Tottori-ken | 544 | 260 | 284 | 91.7 | 539 | 258 | 281 | 92.0 |
| 32 島　根　県　Shimane-ken | 658 | 318 | 340 | 93.8 | 648 | 314 | 334 | 93.8 |
| 33 岡　山　県　Okayama-ken | 1,862 | 896 | 966 | 92.7 | 1,832 | 881 | 951 | 92.6 |
| 34 広　島　県　Hiroshima-ken | 2,760 | 1,338 | 1,422 | 94.1 | 2,708 | 1,312 | 1,396 | 94.0 |
| 35 山　口　県　Yamaguchi-ken | 1,313 | 624 | 689 | 90.6 | 1,297 | 616 | 681 | 90.5 |
| 36 徳　島　県　Tokushima-ken | 704 | 336 | 368 | 91.5 | 698 | 334 | 364 | 91.8 |
| 37 香　川　県　Kagawa-ken | 934 | 451 | 483 | 93.5 | 920 | 444 | 476 | 93.4 |
| 38 愛　媛　県　Ehime-ken | 1,306 | 620 | 686 | 90.4 | 1,294 | 614 | 680 | 90.2 |
| 39 高　知　県　Kochi-ken | 676 | 320 | 356 | 89.7 | 671 | 317 | 354 | 89.5 |
| 40 福　岡　県　Fukuoka-ken | 5,116 | 2,423 | 2,693 | 90.0 | 5,030 | 2,378 | 2,653 | 89.6 |
| 41 佐　賀　県　Saga-ken | 801 | 380 | 421 | 90.3 | 793 | 377 | 417 | 90.4 |
| 42 長　崎　県　Nagasaki-ken | 1,283 | 604 | 679 | 88.9 | 1,272 | 599 | 674 | 88.9 |
| 43 熊　本　県　Kumamoto-ken | 1,718 | 814 | 904 | 90.1 | 1,699 | 806 | 894 | 90.2 |
| 44 大　分　県　Oita-ken | 1,107 | 526 | 581 | 90.6 | 1,092 | 519 | 573 | 90.6 |
| 45 宮　崎　県　Miyazaki-ken | 1,052 | 497 | 555 | 89.5 | 1,044 | 494 | 551 | 89.7 |
| 46 鹿　児　島　県　Kagoshima-ken | 1,563 | 738 | 825 | 89.5 | 1,550 | 733 | 817 | 89.7 |
| 47 沖　縄　県　Okinawa-ken | 1,468 | 723 | 746 | 96.9 | 1,446 | 710 | 736 | 96.5 |

注）　＊ 女性100人に対する男性の数　　　　　　　　Note)　＊ Males per 100 females

第5表　都道府県、男女別
Table 5.  Population by Sex for Prefectures

（単位　千人）

| 都 道 府 県<br>Prefectures | 総 人 口<br>Total population | | 男 女 計<br>Both sexes | | |
|---|---|---|---|---|---|
| | 2010年<br>* | 2015年<br>* | 2020年<br>* | 2021年 | 2022年 |
| 全　　　　　国　Japan | 128,057 | 127,095 | 126,146 | 125,502 | 124,947 |
| 01 北 海 道　Hokkaido | 5,506 | 5,382 | 5,225 | 5,183 | 5,140 |
| 02 青 森 県　Aomori-ken | 1,373 | 1,308 | 1,238 | 1,221 | 1,204 |
| 03 岩 手 県　Iwate-ken | 1,330 | 1,280 | 1,211 | 1,196 | 1,181 |
| 04 宮 城 県　Miyagi-ken | 2,348 | 2,334 | 2,302 | 2,290 | 2,280 |
| 05 秋 田 県　Akita-ken | 1,086 | 1,023 | 960 | 945 | 930 |
| 06 山 形 県　Yamagata-ken | 1,169 | 1,124 | 1,068 | 1,055 | 1,041 |
| 07 福 島 県　Fukushima-ken | 2,029 | 1,914 | 1,833 | 1,812 | 1,790 |
| 08 茨 城 県　Ibaraki-ken | 2,970 | 2,917 | 2,867 | 2,852 | 2,840 |
| 09 栃 木 県　Tochigi-ken | 2,008 | 1,974 | 1,933 | 1,921 | 1,909 |
| 10 群 馬 県　Gumma-ken | 2,008 | 1,973 | 1,939 | 1,927 | 1,913 |
| 11 埼 玉 県　Saitama-ken | 7,195 | 7,267 | 7,345 | 7,340 | 7,337 |
| 12 千 葉 県　Chiba-ken | 6,216 | 6,223 | 6,284 | 6,275 | 6,266 |
| 13 東 京 都　Tokyo-to | 13,159 | 13,515 | 14,048 | 14,010 | 14,038 |
| 14 神 奈 川 県　Kanagawa-ken | 9,048 | 9,126 | 9,237 | 9,236 | 9,232 |
| 15 新 潟 県　Niigata-ken | 2,374 | 2,304 | 2,201 | 2,177 | 2,153 |
| 16 富 山 県　Toyama-ken | 1,093 | 1,066 | 1,035 | 1,025 | 1,017 |
| 17 石 川 県　Ishikawa-ken | 1,170 | 1,154 | 1,133 | 1,125 | 1,118 |
| 18 福 井 県　Fukui-ken | 806 | 787 | 767 | 760 | 753 |
| 19 山 梨 県　Yamanashi-ken | 863 | 835 | 810 | 805 | 802 |
| 20 長 野 県　Nagano-ken | 2,152 | 2,099 | 2,048 | 2,033 | 2,020 |
| 21 岐 阜 県　Gifu-ken | 2,081 | 2,032 | 1,979 | 1,961 | 1,946 |
| 22 静 岡 県　Shizuoka-ken | 3,765 | 3,700 | 3,633 | 3,608 | 3,582 |
| 23 愛 知 県　Aichi-ken | 7,411 | 7,483 | 7,542 | 7,517 | 7,495 |
| 24 三 重 県　Mie-ken | 1,855 | 1,816 | 1,770 | 1,756 | 1,742 |
| 25 滋 賀 県　Shiga-ken | 1,411 | 1,413 | 1,414 | 1,411 | 1,409 |
| 26 京 都 府　Kyoto-fu | 2,636 | 2,610 | 2,578 | 2,561 | 2,550 |
| 27 大 阪 府　Osaka-fu | 8,865 | 8,839 | 8,838 | 8,806 | 8,782 |
| 28 兵 庫 県　Hyogo-ken | 5,588 | 5,535 | 5,465 | 5,432 | 5,402 |
| 29 奈 良 県　Nara-ken | 1,401 | 1,364 | 1,324 | 1,315 | 1,306 |
| 30 和 歌 山 県　Wakayama-ken | 1,002 | 964 | 923 | 914 | 903 |
| 31 鳥 取 県　Tottori-ken | 589 | 573 | 553 | 549 | 544 |
| 32 島 根 県　Shimane-ken | 717 | 694 | 671 | 665 | 658 |
| 33 岡 山 県　Okayama-ken | 1,945 | 1,922 | 1,888 | 1,876 | 1,862 |
| 34 広 島 県　Hiroshima-ken | 2,861 | 2,844 | 2,800 | 2,780 | 2,760 |
| 35 山 口 県　Yamaguchi-ken | 1,451 | 1,405 | 1,342 | 1,328 | 1,313 |
| 36 徳 島 県　Tokushima-ken | 785 | 756 | 720 | 712 | 704 |
| 37 香 川 県　Kagawa-ken | 996 | 976 | 950 | 942 | 934 |
| 38 愛 媛 県　Ehime-ken | 1,431 | 1,385 | 1,335 | 1,321 | 1,306 |
| 39 高 知 県　Kochi-ken | 764 | 728 | 692 | 684 | 676 |
| 40 福 岡 県　Fukuoka-ken | 5,072 | 5,102 | 5,135 | 5,124 | 5,116 |
| 41 佐 賀 県　Saga-ken | 850 | 833 | 811 | 806 | 801 |
| 42 長 崎 県　Nagasaki-ken | 1,427 | 1,377 | 1,312 | 1,297 | 1,283 |
| 43 熊 本 県　Kumamoto-ken | 1,817 | 1,786 | 1,738 | 1,728 | 1,718 |
| 44 大 分 県　Oita-ken | 1,197 | 1,166 | 1,124 | 1,114 | 1,107 |
| 45 宮 崎 県　Miyazaki-ken | 1,135 | 1,104 | 1,070 | 1,061 | 1,052 |
| 46 鹿 児 島 県　Kagoshima-ken | 1,706 | 1,648 | 1,588 | 1,576 | 1,563 |
| 47 沖 縄 県　Okinawa-ken | 1,393 | 1,434 | 1,467 | 1,468 | 1,468 |

注)　＊　総務省統計局「国勢調査」

人　口－総人口、日本人人口（各年10月1日現在）
- Total population, Japanese population, October 1, Each Year

(Thousand persons)

| 都　道　府　県 Prefectures | | | 総　人　口 Total population | | | 男 Male | |
|---|---|---|---|---|---|---|---|
| | | | 2010年 * | 2015年 * | 2020年 * | 2021年 | 2022年 |
| 全 | 国 | Japan | 62,328 | 61,842 | 61,350 | 61,019 | 60,758 |
| 01 北　海　道 | | Hokkaido | 2,603 | 2,537 | 2,465 | 2,446 | 2,427 |
| 02 青　森 | 県 | Aomori-ken | 646 | 615 | 583 | 575 | 568 |
| 03 岩　手 | 県 | Iwate-ken | 635 | 616 | 583 | 577 | 570 |
| 04 宮　城 | 県 | Miyagi-ken | 1,140 | 1,140 | 1,123 | 1,117 | 1,112 |
| 05 秋　田 | 県 | Akita-ken | 510 | 480 | 452 | 446 | 439 |
| 06 山　形 | 県 | Yamagata-ken | 561 | 540 | 516 | 511 | 505 |
| 07 福　島 | 県 | Fukushima-ken | 985 | 946 | 904 | 894 | 884 |
| 08 茨　城 | 県 | Ibaraki-ken | 1,480 | 1,454 | 1,431 | 1,423 | 1,418 |
| 09 栃　木 | 県 | Tochigi-ken | 997 | 982 | 965 | 958 | 952 |
| 10 群　馬 | 県 | Gumma-ken | 988 | 973 | 959 | 953 | 947 |
| 11 埼　玉 | 県 | Saitama-ken | 3,609 | 3,628 | 3,652 | 3,646 | 3,643 |
| 12 千　葉 | 県 | Chiba-ken | 3,098 | 3,096 | 3,118 | 3,111 | 3,104 |
| 13 東　京 | 都 | Tokyo-to | 6,512 | 6,667 | 6,898 | 6,875 | 6,889 |
| 14 神　奈　川 | 県 | Kanagawa-ken | 4,545 | 4,559 | 4,588 | 4,584 | 4,579 |
| 15 新　潟 | 県 | Niigata-ken | 1,148 | 1,115 | 1,069 | 1,057 | 1,046 |
| 16 富　山 | 県 | Toyama-ken | 527 | 515 | 503 | 498 | 495 |
| 17 石　川 | 県 | Ishikawa-ken | 565 | 559 | 550 | 546 | 543 |
| 18 福　井 | 県 | Fukui-ken | 390 | 381 | 374 | 371 | 368 |
| 19 山　梨 | 県 | Yamanashi-ken | 423 | 408 | 397 | 395 | 394 |
| 20 長　野 | 県 | Nagano-ken | 1,046 | 1,022 | 1,000 | 994 | 988 |
| 21 岐　阜 | 県 | Gifu-ken | 1,006 | 984 | 960 | 952 | 945 |
| 22 静　岡 | 県 | Shizuoka-ken | 1,854 | 1,821 | 1,791 | 1,778 | 1,766 |
| 23 愛　知 | 県 | Aichi-ken | 3,704 | 3,741 | 3,762 | 3,746 | 3,734 |
| 24 三　重 | 県 | Mie-ken | 903 | 884 | 864 | 857 | 851 |
| 25 滋　賀 | 県 | Shiga-ken | 697 | 697 | 697 | 696 | 695 |
| 26 京　都 | 府 | Kyoto-fu | 1,265 | 1,249 | 1,231 | 1,223 | 1,217 |
| 27 大　阪 | 府 | Osaka-fu | 4,286 | 4,256 | 4,236 | 4,216 | 4,202 |
| 28 兵　庫 | 県 | Hyogo-ken | 2,673 | 2,642 | 2,600 | 2,582 | 2,567 |
| 29 奈　良 | 県 | Nara-ken | 663 | 644 | 624 | 619 | 614 |
| 30 和　歌　山 | 県 | Wakayama-ken | 471 | 453 | 435 | 431 | 426 |
| 31 鳥　取 | 県 | Tottori-ken | 281 | 274 | 264 | 262 | 260 |
| 32 島　根 | 県 | Shimane-ken | 343 | 333 | 324 | 322 | 318 |
| 33 岡　山 | 県 | Okayama-ken | 933 | 922 | 908 | 902 | 896 |
| 34 広　島 | 県 | Hiroshima-ken | 1,381 | 1,376 | 1,357 | 1,347 | 1,338 |
| 35 山　口 | 県 | Yamaguchi-ken | 684 | 665 | 637 | 630 | 624 |
| 36 徳　島 | 県 | Tokushima-ken | 373 | 360 | 343 | 340 | 336 |
| 37 香　川 | 県 | Kagawa-ken | 480 | 472 | 459 | 455 | 451 |
| 38 愛　媛 | 県 | Ehime-ken | 673 | 654 | 633 | 627 | 620 |
| 39 高　知 | 県 | Kochi-ken | 359 | 343 | 327 | 323 | 320 |
| 40 福　岡 | 県 | Fukuoka-ken | 2,394 | 2,410 | 2,431 | 2,425 | 2,423 |
| 41 佐　賀 | 県 | Saga-ken | 400 | 393 | 384 | 382 | 380 |
| 42 長　崎 | 県 | Nagasaki-ken | 666 | 646 | 617 | 610 | 604 |
| 43 熊　本 | 県 | Kumamoto-ken | 854 | 841 | 822 | 818 | 814 |
| 44 大　分 | 県 | Oita-ken | 565 | 552 | 533 | 529 | 526 |
| 45 宮　崎 | 県 | Miyazaki-ken | 533 | 519 | 505 | 501 | 497 |
| 46 鹿　児　島 | 県 | Kagoshima-ken | 797 | 773 | 748 | 743 | 738 |
| 47 沖　縄 | 県 | Okinawa-ken | 683 | 705 | 723 | 723 | 723 |

Note) * Statistics Bureau, Ministry of Internal Affairs and Communications, "Population Census"

（単位 千人）

| 都　道　府　県<br>Prefectures | 総 人 口<br>Total population | | | 女<br>Female | |
|---|---|---|---|---|---|
| | 2010年<br>* | 2015年<br>* | 2020年<br>* | 2021年 | 2022年 |
| 全　　　　　　　国　Japan | 65,730 | 65,253 | 64,797 | 64,483 | 64,189 |
| 01 北 海 道　Hokkaido | 2,903 | 2,845 | 2,760 | 2,737 | 2,714 |
| 02 青 森 県　Aomori-ken | 727 | 694 | 655 | 646 | 636 |
| 03 岩 手 県　Iwate-ken | 695 | 664 | 628 | 620 | 611 |
| 04 宮 城 県　Miyagi-ken | 1,209 | 1,194 | 1,179 | 1,174 | 1,168 |
| 05 秋 田 県　Akita-ken | 576 | 543 | 507 | 499 | 491 |
| 06 山 形 県　Yamagata-ken | 608 | 584 | 552 | 544 | 536 |
| 07 福 島 県　Fukushima-ken | 1,044 | 968 | 929 | 918 | 906 |
| 08 茨 城 県　Ibaraki-ken | 1,490 | 1,463 | 1,436 | 1,428 | 1,422 |
| 09 栃 木 県　Tochigi-ken | 1,011 | 993 | 968 | 963 | 956 |
| 10 群 馬 県　Gumma-ken | 1,020 | 1,000 | 980 | 974 | 966 |
| 11 埼 玉 県　Saitama-ken | 3,586 | 3,638 | 3,693 | 3,694 | 3,694 |
| 12 千 葉 県　Chiba-ken | 3,118 | 3,127 | 3,166 | 3,164 | 3,162 |
| 13 東 京 都　Tokyo-to | 6,647 | 6,849 | 7,149 | 7,135 | 7,149 |
| 14 神 奈 川 県　Kanagawa-ken | 4,504 | 4,567 | 4,649 | 4,652 | 4,653 |
| 15 新 潟 県　Niigata-ken | 1,226 | 1,189 | 1,133 | 1,120 | 1,107 |
| 16 富 山 県　Toyama-ken | 567 | 551 | 532 | 527 | 522 |
| 17 石 川 県　Ishikawa-ken | 605 | 595 | 583 | 579 | 575 |
| 18 福 井 県　Fukui-ken | 417 | 405 | 393 | 389 | 385 |
| 19 山 梨 県　Yamanashi-ken | 441 | 427 | 413 | 410 | 408 |
| 20 長 野 県　Nagano-ken | 1,106 | 1,077 | 1,048 | 1,040 | 1,032 |
| 21 岐 阜 県　Gifu-ken | 1,075 | 1,048 | 1,018 | 1,009 | 1,001 |
| 22 静 岡 県　Shizuoka-ken | 1,911 | 1,879 | 1,842 | 1,829 | 1,816 |
| 23 愛 知 県　Aichi-ken | 3,706 | 3,742 | 3,781 | 3,771 | 3,761 |
| 24 三 重 県　Mie-ken | 951 | 932 | 906 | 898 | 891 |
| 25 滋 賀 県　Shiga-ken | 714 | 716 | 716 | 715 | 714 |
| 26 京 都 府　Kyoto-fu | 1,371 | 1,361 | 1,347 | 1,339 | 1,333 |
| 27 大 阪 府　Osaka-fu | 4,580 | 4,583 | 4,602 | 4,590 | 4,580 |
| 28 兵 庫 県　Hyogo-ken | 2,915 | 2,893 | 2,865 | 2,850 | 2,835 |
| 29 奈 良 県　Nara-ken | 737 | 720 | 701 | 696 | 691 |
| 30 和 歌 山 県　Wakayama-ken | 531 | 510 | 488 | 483 | 477 |
| 31 鳥 取 県　Tottori-ken | 308 | 300 | 289 | 286 | 284 |
| 32 島 根 県　Shimane-ken | 374 | 361 | 347 | 343 | 340 |
| 33 岡 山 県　Okayama-ken | 1,012 | 999 | 980 | 974 | 966 |
| 34 広 島 県　Hiroshima-ken | 1,480 | 1,468 | 1,443 | 1,432 | 1,422 |
| 35 山 口 県　Yamaguchi-ken | 767 | 740 | 705 | 697 | 689 |
| 36 徳 島 県　Tokushima-ken | 413 | 396 | 376 | 372 | 368 |
| 37 香 川 県　Kagawa-ken | 516 | 504 | 491 | 487 | 483 |
| 38 愛 媛 県　Ehime-ken | 758 | 731 | 702 | 694 | 686 |
| 39 高 知 県　Kochi-ken | 405 | 386 | 365 | 361 | 356 |
| 40 福 岡 県　Fukuoka-ken | 2,678 | 2,691 | 2,704 | 2,698 | 2,693 |
| 41 佐 賀 県　Saga-ken | 450 | 440 | 427 | 424 | 421 |
| 42 長 崎 県　Nagasaki-ken | 761 | 731 | 695 | 687 | 679 |
| 43 熊 本 県　Kumamoto-ken | 964 | 945 | 916 | 910 | 904 |
| 44 大 分 県　Oita-ken | 632 | 614 | 590 | 585 | 581 |
| 45 宮 崎 県　Miyazaki-ken | 602 | 585 | 565 | 560 | 555 |
| 46 鹿 児 島 県　Kagoshima-ken | 909 | 875 | 840 | 833 | 825 |
| 47 沖 縄 県　Okinawa-ken | 709 | 729 | 745 | 745 | 746 |

注) ＊ 総務省統計局「国勢調査」　　　Note) ＊ Statistics Bureau, Ministry of Internal Affairs and Communications, "Population Census"

人　口－総人口、日本人人口（各年10月 1 日現在）（続き）
- Total population, Japanese population, October 1, Each Year - Continued

(Thousand persons)

| 都　道　府　県 Prefectures | 日 本 人 人 口 Japanese population | | | 男 女 計 Both sexes | |
| --- | --- | --- | --- | --- | --- |
| | 2010年 1) | 2015年 1) | 2020年 2) | 2021年 | 2022年 |
| 全　　　　　国　Japan | 126,382 | 125,319 | 123,399 | 122,780 | 122,031 |
| 01 北　海　道　Hokkaido | 5,488 | 5,360 | 5,188 | 5,147 | 5,098 |
| 02 青　森　県　Aomori-ken | 1,370 | 1,305 | 1,232 | 1,216 | 1,198 |
| 03 岩　手　県　Iwate-ken | 1,325 | 1,275 | 1,203 | 1,189 | 1,173 |
| 04 宮　城　県　Miyagi-ken | 2,336 | 2,320 | 2,280 | 2,269 | 2,256 |
| 05 秋　田　県　Akita-ken | 1,083 | 1,020 | 956 | 941 | 926 |
| 06 山　形　県　Yamagata-ken | 1,163 | 1,118 | 1,061 | 1,048 | 1,033 |
| 07 福　島　県　Fukushima-ken | 2,020 | 1,905 | 1,819 | 1,799 | 1,776 |
| 08 茨　城　県　Ibaraki-ken | 2,929 | 2,875 | 2,802 | 2,785 | 2,767 |
| 09 栃　木　県　Tochigi-ken | 1,981 | 1,948 | 1,891 | 1,880 | 1,865 |
| 10 群　馬　県　Gumma-ken | 1,972 | 1,936 | 1,880 | 1,866 | 1,850 |
| 11 埼　玉　県　Saitama-ken | 7,105 | 7,160 | 7,159 | 7,152 | 7,136 |
| 12 千　葉　県　Chiba-ken | 6,135 | 6,131 | 6,122 | 6,114 | 6,100 |
| 13 東　京　都　Tokyo-to | 12,834 | 13,131 | 13,484 | 13,459 | 13,443 |
| 14 神　奈　川　県　Kanagawa-ken | 8,921 | 8,979 | 9,007 | 9,007 | 8,991 |
| 15 新　潟　県　Niigata-ken | 2,362 | 2,293 | 2,185 | 2,161 | 2,136 |
| 16 富　山　県　Toyama-ken | 1,082 | 1,056 | 1,017 | 1,008 | 998 |
| 17 石　川　県　Ishikawa-ken | 1,160 | 1,145 | 1,117 | 1,111 | 1,102 |
| 18 福　井　県　Fukui-ken | 795 | 777 | 752 | 746 | 738 |
| 19 山　梨　県　Yamanashi-ken | 851 | 824 | 794 | 789 | 784 |
| 20 長　野　県　Nagano-ken | 2,123 | 2,072 | 2,014 | 1,999 | 1,984 |
| 21 岐　阜　県　Gifu-ken | 2,043 | 1,996 | 1,925 | 1,907 | 1,888 |
| 22 静　岡　県　Shizuoka-ken | 3,703 | 3,640 | 3,541 | 3,515 | 3,484 |
| 23 愛　知　県　Aichi-ken | 7,247 | 7,315 | 7,283 | 7,261 | 7,228 |
| 24 三　重　県　Mie-ken | 1,822 | 1,784 | 1,719 | 1,705 | 1,689 |
| 25 滋　賀　県　Shiga-ken | 1,389 | 1,393 | 1,380 | 1,377 | 1,373 |
| 26 京　都　府　Kyoto-fu | 2,593 | 2,566 | 2,520 | 2,505 | 2,485 |
| 27 大　阪　府　Osaka-fu | 8,698 | 8,684 | 8,595 | 8,565 | 8,524 |
| 28 兵　庫　県　Hyogo-ken | 5,508 | 5,456 | 5,357 | 5,324 | 5,287 |
| 29 奈　良　県　Nara-ken | 1,391 | 1,356 | 1,312 | 1,302 | 1,291 |
| 30 和　歌　山　県　Wakayama-ken | 997 | 959 | 916 | 907 | 896 |
| 31 鳥　取　県　Tottori-ken | 585 | 570 | 549 | 544 | 539 |
| 32 島　根　県　Shimane-ken | 713 | 689 | 662 | 655 | 648 |
| 33 岡　山　県　Okayama-ken | 1,926 | 1,904 | 1,859 | 1,847 | 1,832 |
| 34 広　島　県　Hiroshima-ken | 2,828 | 2,809 | 2,747 | 2,729 | 2,708 |
| 35 山　口　県　Yamaguchi-ken | 1,439 | 1,393 | 1,326 | 1,312 | 1,297 |
| 36 徳　島　県　Tokushima-ken | 781 | 752 | 714 | 706 | 698 |
| 37 香　川　県　Kagawa-ken | 989 | 969 | 937 | 930 | 920 |
| 38 愛　媛　県　Ehime-ken | 1,423 | 1,377 | 1,322 | 1,309 | 1,294 |
| 39 高　知　県　Kochi-ken | 761 | 725 | 687 | 680 | 671 |
| 40 福　岡　県　Fukuoka-ken | 5,031 | 5,054 | 5,055 | 5,045 | 5,030 |
| 41 佐　賀　県　Saga-ken | 846 | 829 | 805 | 800 | 793 |
| 42 長　崎　県　Nagasaki-ken | 1,420 | 1,369 | 1,303 | 1,288 | 1,272 |
| 43 熊　本　県　Kumamoto-ken | 1,810 | 1,778 | 1,722 | 1,712 | 1,699 |
| 44 大　分　県　Oita-ken | 1,188 | 1,158 | 1,112 | 1,102 | 1,092 |
| 45 宮　崎　県　Miyazaki-ken | 1,131 | 1,100 | 1,063 | 1,054 | 1,044 |
| 46 鹿　児　島　県　Kagoshima-ken | 1,701 | 1,642 | 1,577 | 1,565 | 1,550 |
| 47 沖　縄　県　Okinawa-ken | 1,385 | 1,422 | 1,447 | 1,449 | 1,446 |

注　1)　総務省統計局「国勢調査」
　　　　（国籍不詳をあん分した人口）
　　2)　総務省統計局「国勢調査」
　　　　（不詳補完値）

Note  1)  Statistics Bureau, Ministry of Internal Affairs and Communications, "Population Census"
　　　　(Unknown nationality population is included after being prorated to each nationality population.)
　　2)  Statistics Bureau, Ministry of Internal Affairs and Communications, "Population Census"
　　　　(Result with Imputation)

36

（単位　千人）

| 都　道　府　県 Prefectures | 日 本 人 人 口 Japanese population | | 男 Male | | |
| | 2010年 1) | 2015年 1) | 2020年 2) | 2021年 | 2022年 |
|---|---|---|---|---|---|
| 全　　　　　国　Japan | 61,572 | 61,023 | 60,003 | 59,687 | 59,314 |
| 01 北 海 道　Hokkaido | 2,596 | 2,528 | 2,449 | 2,429 | 2,407 |
| 02 青 森 県　Aomori-ken | 645 | 613 | 581 | 573 | 565 |
| 03 岩 手 県　Iwate-ken | 634 | 614 | 580 | 574 | 566 |
| 04 宮 城 県　Miyagi-ken | 1,135 | 1,134 | 1,112 | 1,107 | 1,100 |
| 05 秋 田 県　Akita-ken | 509 | 479 | 451 | 444 | 438 |
| 06 山 形 県　Yamagata-ken | 559 | 539 | 514 | 508 | 502 |
| 07 福 島 県　Fukushima-ken | 982 | 943 | 898 | 888 | 878 |
| 08 茨 城 県　Ibaraki-ken | 1,461 | 1,434 | 1,397 | 1,389 | 1,380 |
| 09 栃 木 県　Tochigi-ken | 985 | 970 | 944 | 938 | 930 |
| 10 群 馬 県　Gumma-ken | 972 | 955 | 929 | 922 | 914 |
| 11 埼 玉 県　Saitama-ken | 3,569 | 3,580 | 3,560 | 3,552 | 3,542 |
| 12 千 葉 県　Chiba-ken | 3,064 | 3,056 | 3,039 | 3,033 | 3,024 |
| 13 東 京 都　Tokyo-to | 6,360 | 6,482 | 6,624 | 6,606 | 6,595 |
| 14 神 奈 川 県　Kanagawa-ken | 4,486 | 4,490 | 4,475 | 4,471 | 4,459 |
| 15 新 潟 県　Niigata-ken | 1,144 | 1,111 | 1,062 | 1,051 | 1,039 |
| 16 富 山 県　Toyama-ken | 522 | 511 | 494 | 490 | 485 |
| 17 石 川 県　Ishikawa-ken | 560 | 554 | 542 | 538 | 534 |
| 18 福 井 県　Fukui-ken | 385 | 378 | 367 | 364 | 361 |
| 19 山 梨 県　Yamanashi-ken | 417 | 404 | 390 | 388 | 385 |
| 20 長 野 県　Nagano-ken | 1,034 | 1,011 | 985 | 978 | 971 |
| 21 岐 阜 県　Gifu-ken | 990 | 968 | 934 | 926 | 916 |
| 22 静 岡 県　Shizuoka-ken | 1,824 | 1,793 | 1,746 | 1,733 | 1,718 |
| 23 愛 知 県　Aichi-ken | 3,628 | 3,662 | 3,633 | 3,619 | 3,601 |
| 24 三 重 県　Mie-ken | 887 | 869 | 838 | 831 | 824 |
| 25 滋 賀 県　Shiga-ken | 686 | 687 | 680 | 678 | 676 |
| 26 京 都 府　Kyoto-fu | 1,245 | 1,228 | 1,203 | 1,195 | 1,185 |
| 27 大 阪 府　Osaka-fu | 4,208 | 4,183 | 4,117 | 4,097 | 4,074 |
| 28 兵 庫 県　Hyogo-ken | 2,636 | 2,605 | 2,547 | 2,529 | 2,510 |
| 29 奈 良 県　Nara-ken | 659 | 640 | 618 | 613 | 607 |
| 30 和 歌 山 県　Wakayama-ken | 470 | 452 | 432 | 428 | 423 |
| 31 鳥 取 県　Tottori-ken | 280 | 273 | 263 | 261 | 258 |
| 32 島 根 県　Shimane-ken | 341 | 331 | 320 | 317 | 314 |
| 33 岡 山 県　Okayama-ken | 925 | 915 | 894 | 888 | 881 |
| 34 広 島 県　Hiroshima-ken | 1,365 | 1,360 | 1,330 | 1,322 | 1,312 |
| 35 山 口 県　Yamaguchi-ken | 679 | 660 | 629 | 623 | 616 |
| 36 徳 島 県　Tokushima-ken | 371 | 359 | 341 | 338 | 334 |
| 37 香 川 県　Kagawa-ken | 477 | 469 | 452 | 449 | 444 |
| 38 愛 媛 県　Ehime-ken | 670 | 651 | 627 | 621 | 614 |
| 39 高 知 県　Kochi-ken | 358 | 341 | 324 | 321 | 317 |
| 40 福 岡 県　Fukuoka-ken | 2,375 | 2,387 | 2,389 | 2,384 | 2,378 |
| 41 佐 賀 県　Saga-ken | 399 | 392 | 382 | 379 | 377 |
| 42 長 崎 県　Nagasaki-ken | 663 | 642 | 612 | 606 | 599 |
| 43 熊 本 県　Kumamoto-ken | 851 | 838 | 815 | 811 | 806 |
| 44 大 分 県　Oita-ken | 561 | 548 | 528 | 523 | 519 |
| 45 宮 崎 県　Miyazaki-ken | 531 | 518 | 502 | 498 | 494 |
| 46 鹿 児 島 県　Kagoshima-ken | 795 | 771 | 744 | 739 | 733 |
| 47 沖 縄 県　Okinawa-ken | 679 | 698 | 711 | 712 | 710 |

注　1)　総務省統計局「国勢調査」（国籍不祥をあん分した人口）
　　2)　総務省統計局「国勢調査」（不詳補完値）

人　口－総人口、日本人人口（各年10月１日現在）（続き）
－ Total population, Japanese population, October 1, Each Year － Continued

(Thousand persons)

| 都　道　府　県<br>Prefectures | | | 日 本 人 人 口<br>Japanese population<br>2010年<br>1) | 2015年<br>1) | 2020年<br>2) | 女<br>Female<br>2021年 | 2022年 |
|---|---|---|---|---|---|---|---|
| 全 | | 国 Japan | 64,810 | 64,297 | 63,396 | 63,094 | 62,717 |
| 01 北 海 道 | | Hokkaido | 2,892 | 2,832 | 2,740 | 2,717 | 2,692 |
| 02 青 森 県 | | Aomori-ken | 725 | 691 | 651 | 642 | 633 |
| 03 岩 手 県 | | Iwate-ken | 691 | 661 | 623 | 615 | 606 |
| 04 宮 城 県 | | Miyagi-ken | 1,201 | 1,186 | 1,168 | 1,162 | 1,156 |
| 05 秋 田 県 | | Akita-ken | 574 | 541 | 505 | 497 | 488 |
| 06 山 形 県 | | Yamagata-ken | 603 | 579 | 547 | 540 | 532 |
| 07 福 島 県 | | Fukushima-ken | 1,038 | 963 | 921 | 911 | 898 |
| 08 茨 城 県 | | Ibaraki-ken | 1,468 | 1,442 | 1,405 | 1,396 | 1,387 |
| 09 栃 木 県 | | Tochigi-ken | 996 | 978 | 948 | 942 | 934 |
| 10 群 馬 県 | | Gumma-ken | 1,001 | 981 | 951 | 944 | 936 |
| 11 埼 玉 県 | | Saitama-ken | 3,536 | 3,580 | 3,599 | 3,599 | 3,594 |
| 12 千 葉 県 | | Chiba-ken | 3,072 | 3,075 | 3,083 | 3,081 | 3,076 |
| 13 東 京 都 | | Tokyo-to | 6,474 | 6,649 | 6,860 | 6,853 | 6,848 |
| 14 神 奈 川 県 | | Kanagawa-ken | 4,435 | 4,489 | 4,532 | 4,536 | 4,531 |
| 15 新 潟 県 | | Niigata-ken | 1,219 | 1,181 | 1,123 | 1,110 | 1,097 |
| 16 富 山 県 | | Toyama-ken | 560 | 545 | 523 | 518 | 513 |
| 17 石 川 県 | | Ishikawa-ken | 599 | 590 | 576 | 572 | 568 |
| 18 福 井 県 | | Fukui-ken | 410 | 399 | 385 | 381 | 377 |
| 19 山 梨 県 | | Yamanashi-ken | 433 | 420 | 404 | 402 | 398 |
| 20 長 野 県 | | Nagano-ken | 1,089 | 1,061 | 1,028 | 1,021 | 1,012 |
| 21 岐 阜 県 | | Gifu-ken | 1,053 | 1,028 | 990 | 981 | 972 |
| 22 静 岡 県 | | Shizuoka-ken | 1,878 | 1,847 | 1,795 | 1,782 | 1,766 |
| 23 愛 知 県 | | Aichi-ken | 3,619 | 3,653 | 3,651 | 3,642 | 3,627 |
| 24 三 重 県 | | Mie-ken | 934 | 916 | 881 | 873 | 865 |
| 25 滋 賀 県 | | Shiga-ken | 703 | 706 | 701 | 699 | 697 |
| 26 京 都 府 | | Kyoto-fu | 1,348 | 1,338 | 1,317 | 1,310 | 1,300 |
| 27 大 阪 府 | | Osaka-fu | 4,490 | 4,501 | 4,479 | 4,468 | 4,450 |
| 28 兵 庫 県 | | Hyogo-ken | 2,872 | 2,851 | 2,810 | 2,795 | 2,777 |
| 29 奈 良 県 | | Nara-ken | 732 | 716 | 694 | 689 | 684 |
| 30 和 歌 山 県 | | Wakayama-ken | 528 | 507 | 484 | 479 | 473 |
| 31 鳥 取 県 | | Tottori-ken | 305 | 297 | 286 | 283 | 281 |
| 32 島 根 県 | | Shimane-ken | 371 | 358 | 342 | 338 | 334 |
| 33 岡 山 県 | | Okayama-ken | 1,001 | 989 | 965 | 959 | 951 |
| 34 広 島 県 | | Hiroshima-ken | 1,463 | 1,449 | 1,417 | 1,407 | 1,396 |
| 35 山 口 県 | | Yamaguchi-ken | 760 | 733 | 697 | 689 | 681 |
| 36 徳 島 県 | | Tokushima-ken | 410 | 393 | 373 | 368 | 364 |
| 37 香 川 県 | | Kagawa-ken | 512 | 500 | 485 | 481 | 476 |
| 38 愛 媛 県 | | Ehime-ken | 754 | 727 | 696 | 688 | 680 |
| 39 高 知 県 | | Kochi-ken | 404 | 384 | 363 | 359 | 354 |
| 40 福 岡 県 | | Fukuoka-ken | 2,656 | 2,667 | 2,666 | 2,661 | 2,653 |
| 41 佐 賀 県 | | Saga-ken | 447 | 437 | 423 | 420 | 417 |
| 42 長 崎 県 | | Nagasaki-ken | 757 | 728 | 691 | 682 | 674 |
| 43 熊 本 県 | | Kumamoto-ken | 959 | 940 | 907 | 901 | 894 |
| 44 大 分 県 | | Oita-ken | 626 | 610 | 584 | 579 | 573 |
| 45 宮 崎 県 | | Miyazaki-ken | 600 | 583 | 561 | 556 | 551 |
| 46 鹿 児 島 県 | | Kagoshima-ken | 905 | 871 | 833 | 826 | 817 |
| 47 沖 縄 県 | | Okinawa-ken | 706 | 724 | 736 | 737 | 736 |

Note 1) Statistics Bureau, Ministry of Internal Affairs and Communications, "Population Census"
　　　　(Unknown nationality population is included after being prorated to each nationality population.)
　　　2) Statistics Bureau, Ministry of Internal Affairs and Communications, "Population Census" (Result with Imputation)

第6表　都 道 府 県 別 人 口 の 割 合－総人口（各年10月1日現在）
Table 6.　Percentage of Population by Prefectures－Total population, October 1, Each Year

(%)

| 都　道　府　県<br>Prefectures | 2010年<br>* | 2015年<br>* | 2020年<br>* | 2021年 | 2022年 |
|---|---|---|---|---|---|
| 全　　　　　　国　Japan | 100.00 | 100.00 | 100.00 | 100.00 | 100.00 |
| 01 北　海　道　Hokkaido | 4.30 | 4.23 | 4.14 | 4.13 | 4.11 |
| 02 青　森　県　Aomori-ken | 1.07 | 1.03 | 0.98 | 0.97 | 0.96 |
| 03 岩　手　県　Iwate-ken | 1.04 | 1.01 | 0.96 | 0.95 | 0.94 |
| 04 宮　城　県　Miyagi-ken | 1.83 | 1.84 | 1.82 | 1.82 | 1.82 |
| 05 秋　田　県　Akita-ken | 0.85 | 0.81 | 0.76 | 0.75 | 0.74 |
| 06 山　形　県　Yamagata-ken | 0.91 | 0.88 | 0.85 | 0.84 | 0.83 |
| 07 福　島　県　Fukushima-ken | 1.58 | 1.51 | 1.45 | 1.44 | 1.43 |
| 08 茨　城　県　Ibaraki-ken | 2.32 | 2.30 | 2.27 | 2.27 | 2.27 |
| 09 栃　木　県　Tochigi-ken | 1.57 | 1.55 | 1.53 | 1.53 | 1.53 |
| 10 群　馬　県　Gumma-ken | 1.57 | 1.55 | 1.54 | 1.54 | 1.53 |
| 11 埼　玉　県　Saitama-ken | 5.62 | 5.72 | 5.82 | 5.85 | 5.87 |
| 12 千　葉　県　Chiba-ken | 4.85 | 4.90 | 4.98 | 5.00 | 5.01 |
| 13 東　京　都　Tokyo-to | 10.28 | 10.63 | 11.14 | 11.16 | 11.24 |
| 14 神　奈　川　県　Kanagawa-ken | 7.07 | 7.18 | 7.32 | 7.36 | 7.39 |
| 15 新　潟　県　Niigata-ken | 1.85 | 1.81 | 1.75 | 1.73 | 1.72 |
| 16 富　山　県　Toyama-ken | 0.85 | 0.84 | 0.82 | 0.82 | 0.81 |
| 17 石　川　県　Ishikawa-ken | 0.91 | 0.91 | 0.90 | 0.90 | 0.89 |
| 18 福　井　県　Fukui-ken | 0.63 | 0.62 | 0.61 | 0.61 | 0.60 |
| 19 山　梨　県　Yamanashi-ken | 0.67 | 0.66 | 0.64 | 0.64 | 0.64 |
| 20 長　野　県　Nagano-ken | 1.68 | 1.65 | 1.62 | 1.62 | 1.62 |
| 21 岐　阜　県　Gifu-ken | 1.62 | 1.60 | 1.57 | 1.56 | 1.56 |
| 22 静　岡　県　Shizuoka-ken | 2.94 | 2.91 | 2.88 | 2.87 | 2.87 |
| 23 愛　知　県　Aichi-ken | 5.79 | 5.89 | 5.98 | 5.99 | 6.00 |
| 24 三　重　県　Mie-ken | 1.45 | 1.43 | 1.40 | 1.40 | 1.39 |
| 25 滋　賀　県　Shiga-ken | 1.10 | 1.11 | 1.12 | 1.12 | 1.13 |
| 26 京　都　府　Kyoto-fu | 2.06 | 2.05 | 2.04 | 2.04 | 2.04 |
| 27 大　阪　府　Osaka-fu | 6.92 | 6.96 | 7.01 | 7.02 | 7.03 |
| 28 兵　庫　県　Hyogo-ken | 4.36 | 4.35 | 4.33 | 4.33 | 4.32 |
| 29 奈　良　県　Nara-ken | 1.09 | 1.07 | 1.05 | 1.05 | 1.05 |
| 30 和　歌　山　県　Wakayama-ken | 0.78 | 0.76 | 0.73 | 0.73 | 0.72 |
| 31 鳥　取　県　Tottori-ken | 0.46 | 0.45 | 0.44 | 0.44 | 0.44 |
| 32 島　根　県　Shimane-ken | 0.56 | 0.55 | 0.53 | 0.53 | 0.53 |
| 33 岡　山　県　Okayama-ken | 1.52 | 1.51 | 1.50 | 1.50 | 1.49 |
| 34 広　島　県　Hiroshima-ken | 2.23 | 2.24 | 2.22 | 2.21 | 2.21 |
| 35 山　口　県　Yamaguchi-ken | 1.13 | 1.11 | 1.06 | 1.06 | 1.05 |
| 36 徳　島　県　Tokushima-ken | 0.61 | 0.59 | 0.57 | 0.57 | 0.56 |
| 37 香　川　県　Kagawa-ken | 0.78 | 0.77 | 0.75 | 0.75 | 0.75 |
| 38 愛　媛　県　Ehime-ken | 1.12 | 1.09 | 1.06 | 1.05 | 1.05 |
| 39 高　知　県　Kochi-ken | 0.60 | 0.57 | 0.55 | 0.55 | 0.54 |
| 40 福　岡　県　Fukuoka-ken | 3.96 | 4.01 | 4.07 | 4.08 | 4.09 |
| 41 佐　賀　県　Saga-ken | 0.66 | 0.66 | 0.64 | 0.64 | 0.64 |
| 42 長　崎　県　Nagasaki-ken | 1.11 | 1.08 | 1.04 | 1.03 | 1.03 |
| 43 熊　本　県　Kumamoto-ken | 1.42 | 1.41 | 1.38 | 1.38 | 1.38 |
| 44 大　分　県　Oita-ken | 0.93 | 0.92 | 0.89 | 0.89 | 0.89 |
| 45 宮　崎　県　Miyazaki-ken | 0.89 | 0.87 | 0.85 | 0.85 | 0.84 |
| 46 鹿　児　島　県　Kagoshima-ken | 1.33 | 1.30 | 1.26 | 1.26 | 1.25 |
| 47 沖　縄　県　Okinawa-ken | 1.09 | 1.13 | 1.16 | 1.17 | 1.18 |

注）　＊ 総務省統計局「国勢調査」　　　　Note)　＊　Statistics Bureau, Ministry of Internal Affairs and Communications, "Population Census"

## 第7表　都 道 府 県 別 人 口 増 減 率<sup>1)</sup>－総人口
## Table 7.  Rates of Population Change by Prefectures[1] － Total population

(‰)

| 都　道　府　県<br>Prefectures | 2017年10月<br>～2018年9月<br>October 2017<br>to September 2018<br>2) | 2018年10月<br>～2019年9月<br>October 2018<br>to September 2019<br>2) | 2019年10月<br>～2020年9月<br>October 2019<br>to September 2020<br>2) | 2020年10月<br>～2021年9月<br>October 2020<br>to September 2021 | 2021年10月<br>～2022年9月<br>October 2021<br>to September 2022 |
|---|---|---|---|---|---|
| 全　　　　　　国　Japan | -1.3 | -1.5 | -3.2 | -5.1 | -4.4 |
| 01 北　海　道　Hokkaido | -6.0 | -6.4 | -6.6 | -8.0 | -8.2 |
| 02 青　森　県　Aomori-ken | -11.0 | -11.9 | -11.6 | -13.5 | -13.9 |
| 03 岩　手　県　Iwate-ken | -11.5 | -11.6 | -12.3 | -11.6 | -13.2 |
| 04 宮　城　県　Miyagi-ken | -2.8 | -3.5 | -4.2 | -5.1 | -4.4 |
| 05 秋　田　県　Akita-ken | -13.3 | -13.4 | -13.0 | -15.2 | -15.9 |
| 06 山　形　県　Yamagata-ken | -9.9 | -11.1 | -10.9 | -12.3 | -13.1 |
| 07 福　島　県　Fukushima-ken | -9.0 | -9.1 | -10.1 | -11.6 | -12.0 |
| 08 茨　城　県　Ibaraki-ken | -3.6 | -4.4 | -4.2 | -5.3 | -4.3 |
| 09 栃　木　県　Tochigi-ken | -4.4 | -5.1 | -5.2 | -6.1 | -6.5 |
| 10 群　馬　県　Gumma-ken | -3.2 | -4.3 | -5.0 | -6.5 | -6.9 |
| 11 埼　玉　県　Saitama-ken | 2.5 | 2.3 | 0.4 | -0.6 | -0.5 |
| 12 千　葉　県　Chiba-ken | 2.4 | 1.6 | 0.3 | -1.5 | -1.5 |
| 13 東　京　都　Tokyo-to | 8.7 | 8.6 | 2.9 | -2.7 | 2.0 |
| 14 神　奈　川　県　Kanagawa-ken | 2.6 | 3.0 | 1.4 | -0.1 | -0.4 |
| 15 新　潟　県　Niigata-ken | -9.1 | -10.0 | -10.2 | -11.0 | -11.2 |
| 16 富　山　県　Toyama-ken | -5.3 | -6.8 | -8.1 | -9.1 | -8.7 |
| 17 石　川　県　Ishikawa-ken | -3.2 | -4.8 | -6.0 | -6.5 | -6.7 |
| 18 福　井　県　Fukui-ken | -4.8 | -6.8 | -5.9 | -8.4 | -10.0 |
| 19 山　梨　県　Yamanashi-ken | -5.8 | -6.8 | -6.3 | -5.7 | -4.3 |
| 20 長　野　県　Nagano-ken | -4.6 | -5.6 | -6.3 | -7.2 | -6.5 |
| 21 岐　阜　県　Gifu-ken | -5.1 | -4.5 | -6.9 | -9.0 | -7.7 |
| 22 静　岡　県　Shizuoka-ken | -3.8 | -3.7 | -5.4 | -7.0 | -7.0 |
| 23 愛　知　県　Aichi-ken | 1.7 | 2.1 | -1.9 | -3.4 | -2.9 |
| 24 三　重　県　Mie-ken | -4.4 | -5.7 | -6.9 | -8.2 | -7.7 |
| 25 滋　賀　県　Shiga-ken | 0.3 | 1.3 | -1.7 | -2.2 | -1.1 |
| 26 京　都　府　Kyoto-fu | -2.4 | -2.3 | -5.2 | -6.5 | -4.5 |
| 27 大　阪　府　Osaka-fu | -0.3 | 0.4 | -0.5 | -3.6 | -2.7 |
| 28 兵　庫　県　Hyogo-ken | -2.5 | -2.5 | -4.1 | -6.0 | -5.5 |
| 29 奈　良　県　Nara-ken | -5.8 | -6.2 | -6.5 | -6.9 | -7.2 |
| 30 和　歌　山　県　Wakayama-ken | -9.1 | -8.8 | -9.3 | -9.7 | -11.3 |
| 31 鳥　取　県　Tottori-ken | -7.6 | -7.9 | -7.1 | -8.6 | -9.1 |
| 32 島　根　県　Shimane-ken | -6.0 | -7.3 | -9.3 | -9.3 | -10.5 |
| 33 岡　山　県　Okayama-ken | -3.9 | -3.6 | -4.4 | -6.4 | -7.4 |
| 34 広　島　県　Hiroshima-ken | -3.4 | -4.0 | -4.6 | -7.2 | -7.2 |
| 35 山　口　県　Yamaguchi-ken | -9.4 | -9.3 | -10.7 | -10.8 | -10.6 |
| 36 徳　島　県　Tokushima-ken | -10.0 | -11.3 | -11.3 | -10.5 | -11.4 |
| 37 香　川　県　Kagawa-ken | -5.3 | -5.7 | -7.8 | -8.4 | -8.7 |
| 38 愛　媛　県　Ehime-ken | -7.8 | -8.1 | -8.5 | -10.4 | -10.9 |
| 39 高　知　県　Kochi-ken | -10.2 | -11.1 | -11.1 | -10.8 | -12.2 |
| 40 福　岡　県　Fukuoka-ken | 1.6 | 0.6 | 0.2 | -2.2 | -1.5 |
| 41 佐　賀　県　Saga-ken | -5.0 | -5.1 | -6.3 | -6.7 | -6.4 |
| 42 長　崎　県　Nagasaki-ken | -9.9 | -10.6 | -11.1 | -11.8 | -10.6 |
| 43 熊　本　県　Kumamoto-ken | -4.5 | -5.2 | -6.4 | -5.8 | -5.7 |
| 44 大　分　県　Oita-ken | -7.8 | -7.4 | -9.4 | -8.4 | -6.8 |
| 45 宮　崎　県　Miyazaki-ken | -6.6 | -6.1 | -7.0 | -7.8 | -8.4 |
| 46 鹿　児　島　県　Kagoshima-ken | -7.1 | -7.7 | -8.5 | -7.5 | -8.7 |
| 47 沖　縄　県　Okinawa-ken | 4.5 | 5.1 | 4.1 | 0.7 | -0.1 |

注　1）増減数を期首人口で除したもの（千人比、‰）
　　2）期首人口は平成27年及び令和2年国勢調査結果
　　　による補間補正人口

Note  1) Obtained by dividing the number of the net change by the population
　　as of the beginning of the period concerned.
　　2) The population as of the beginning of the period concerned is the intercensal
　　adjustment by the results of the 2015 and 2020 Population Censuses.

第8表　都 道 府 県 別 自 然 増 減 率[1] －総人口

Table 8.  Rates of Natural Change by Prefectures [1] – Total population

(‰)

| 都　道　府　県<br>Prefectures | 2017年10月<br>～2018年9月<br>October 2017<br>to September 2018<br>2) | 2018年10月<br>～2019年9月<br>October 2018<br>to September 2019<br>2) | 2019年10月<br>～2020年9月<br>October 2019<br>to September 2020<br>2) | 2020年10月<br>～2021年9月<br>October 2020<br>to September 2021 | 2021年10月<br>～2022年9月<br>October 2021<br>to September 2022 |
|---|---|---|---|---|---|
| 全　　　　　　国　Japan | -3.3 | -3.8 | -4.0 | -4.8 | -5.8 |
| 01 北　海　道　Hokkaido | -5.7 | -6.4 | -6.5 | -7.7 | -8.5 |
| 02 青　森　県　Aomori-ken | -7.8 | -8.6 | -8.7 | -9.9 | -10.9 |
| 03 岩　手　県　Iwate-ken | -7.7 | -8.4 | -8.5 | -9.2 | -10.4 |
| 04 宮　城　県　Miyagi-ken | -3.4 | -4.2 | -4.3 | -5.1 | -6.0 |
| 05 秋　田　県　Akita-ken | -10.3 | -11.0 | -11.3 | -12.1 | -13.1 |
| 06 山　形　県　Yamagata-ken | -7.6 | -8.3 | -8.2 | -9.4 | -10.0 |
| 07 福　島　県　Fukushima-ken | -6.4 | -7.0 | -7.1 | -8.0 | -9.2 |
| 08 茨　城　県　Ibaraki-ken | -4.4 | -5.2 | -5.1 | -5.8 | -6.9 |
| 09 栃　木　県　Tochigi-ken | -4.1 | -4.6 | -4.9 | -5.6 | -6.9 |
| 10 群　馬　県　Gumma-ken | -4.8 | -5.4 | -5.5 | -6.5 | -7.4 |
| 11 埼　玉　県　Saitama-ken | -2.0 | -2.5 | -2.7 | -3.8 | -4.7 |
| 12 千　葉　県　Chiba-ken | -2.4 | -3.0 | -3.2 | -4.1 | -5.0 |
| 13 東　京　都　Tokyo-to | -0.7 | -1.1 | -1.2 | -2.1 | -3.0 |
| 14 神　奈　川　県　Kanagawa-ken | -1.5 | -2.0 | -2.2 | -3.2 | -4.0 |
| 15 新　潟　県　Niigata-ken | -6.8 | -7.3 | -7.4 | -8.2 | -9.0 |
| 16 富　山　県　Toyama-ken | -5.8 | -6.1 | -6.2 | -7.2 | -8.1 |
| 17 石　川　県　Ishikawa-ken | -3.7 | -4.2 | -4.3 | -5.1 | -6.0 |
| 18 福　井　県　Fukui-ken | -4.6 | -5.0 | -5.0 | -5.8 | -6.8 |
| 19 山　梨　県　Yamanashi-ken | -5.0 | -5.8 | -5.7 | -6.1 | -7.2 |
| 20 長　野　県　Nagano-ken | -5.4 | -5.8 | -6.0 | -6.6 | -7.3 |
| 21 岐　阜　県　Gifu-ken | -4.3 | -5.1 | -5.0 | -6.0 | -7.0 |
| 22 静　岡　県　Shizuoka-ken | -4.4 | -4.9 | -5.0 | -5.8 | -6.7 |
| 23 愛　知　県　Aichi-ken | -0.8 | -1.3 | -1.6 | -2.3 | -3.5 |
| 24 三　重　県　Mie-ken | -4.4 | -4.9 | -5.0 | -5.8 | -6.7 |
| 25 滋　賀　県　Shiga-ken | -1.3 | -1.6 | -1.6 | -2.4 | -3.1 |
| 26 京　都　府　Kyoto-fu | -3.4 | -3.7 | -4.1 | -4.7 | -6.1 |
| 27 大　阪　府　Osaka-fu | -2.7 | -3.1 | -3.2 | -4.3 | -5.2 |
| 28 兵　庫　県　Hyogo-ken | -3.2 | -3.6 | -3.7 | -4.9 | -5.7 |
| 29 奈　良　県　Nara-ken | -4.2 | -4.7 | -4.9 | -5.8 | -7.0 |
| 30 和　歌　山　県　Wakayama-ken | -7.2 | -7.5 | -7.2 | -7.8 | -9.5 |
| 31 鳥　取　県　Tottori-ken | -5.3 | -6.4 | -6.0 | -6.8 | -7.6 |
| 32 島　根　県　Shimane-ken | -7.1 | -7.1 | -7.5 | -7.9 | -8.8 |
| 33 岡　山　県　Okayama-ken | -4.0 | -4.3 | -4.2 | -5.0 | -6.1 |
| 34 広　島　県　Hiroshima-ken | -3.4 | -3.8 | -3.7 | -4.4 | -5.6 |
| 35 山　口　県　Yamaguchi-ken | -7.0 | -7.4 | -7.6 | -8.3 | -9.5 |
| 36 徳　島　県　Tokushima-ken | -6.7 | -7.3 | -7.3 | -8.2 | -9.3 |
| 37 香　川　県　Kagawa-ken | -5.2 | -5.6 | -6.0 | -6.4 | -7.6 |
| 38 愛　媛　県　Ehime-ken | -6.5 | -7.0 | -7.3 | -8.0 | -9.0 |
| 39 高　知　県　Kochi-ken | -7.9 | -8.4 | -8.5 | -8.9 | -10.8 |
| 40 福　岡　県　Fukuoka-ken | -2.0 | -2.6 | -2.7 | -3.5 | -4.6 |
| 41 佐　賀　県　Saga-ken | -4.2 | -4.6 | -4.6 | -5.2 | -6.4 |
| 42 長　崎　県　Nagasaki-ken | -5.6 | -5.7 | -6.2 | -7.0 | -8.2 |
| 43 熊　本　県　Kumamoto-ken | -4.0 | -4.5 | -4.7 | -5.2 | -6.7 |
| 44 大　分　県　Oita-ken | -5.4 | -5.8 | -5.9 | -6.9 | -7.9 |
| 45 宮　崎　県　Miyazaki-ken | -5.0 | -5.1 | -5.7 | -6.4 | -7.9 |
| 46 鹿　児　島　県　Kagoshima-ken | -5.6 | -5.9 | -6.1 | -6.6 | -8.1 |
| 47 沖　縄　県　Okinawa-ken | 2.6 | 2.0 | 1.9 | 0.9 | -0.5 |

注) 1) 増減数を期首人口で除したもの（千人比、‰）
　　2) 期首人口は平成27年及び令和２年国勢調査結果
　　　による補間補正人口

Note) 1) Obtained by dividing the number of the net change by the population
　　　as of the beginning of the period concerned.
　　2) The population as of the beginning of the period concerned is the intercensal
　　　adjustment by the results of the 2015 and 2020 Population Censuses.

## 第 9 表　都 道 府 県 別 社 会 増 減 率 [1] －総人口
### Table 9.　Rates of Net Migration by Prefectures [1] － Total population

(‰)

| 都　道　府　県<br>Prefectures | 2017年10月<br>～2018年9月<br>October 2017<br>to September 2018<br>2) | 2018年10月<br>～2019年9月<br>October 2018<br>to September 2019<br>2) | 2019年10月<br>～2020年9月<br>October 2019<br>to September 2020<br>2) | 2020年10月<br>～2021年9月<br>October 2020<br>to September 2021 | 2021年10月<br>～2022年9月<br>October 2021<br>to September 2022 |
|---|---|---|---|---|---|
| 全　　　　　国　Japan | 1.3 | 1.6 | 0.3 | -0.3 | 1.4 |
| 01 北　海　道　Hokkaido | -0.7 | -0.4 | -0.4 | -0.3 | 0.3 |
| 02 青　森　県　Aomori-ken | -4.4 | -4.4 | -3.8 | -3.6 | -3.0 |
| 03 岩　手　県　Iwate-ken | -3.5 | -2.8 | -3.3 | -2.5 | -2.8 |
| 04 宮　城　県　Miyagi-ken | 0.1 | 0.2 | -0.2 | -0.0 | 1.6 |
| 05 秋　田　県　Akita-ken | -4.4 | -3.7 | -3.0 | -3.1 | -2.8 |
| 06 山　形　県　Yamagata-ken | -2.7 | -3.2 | -3.0 | -2.9 | -3.2 |
| 07 福　島　県　Fukushima-ken | -3.4 | -2.7 | -3.4 | -3.6 | -2.9 |
| 08 茨　城　県　Ibaraki-ken | -0.8 | -0.7 | -0.3 | 0.4 | 2.6 |
| 09 栃　木　県　Tochigi-ken | -1.4 | -1.5 | -1.0 | -0.5 | 0.4 |
| 10 群　馬　県　Gumma-ken | 0.9 | 0.5 | 0.1 | -0.0 | 0.5 |
| 11 埼　玉　県　Saitama-ken | 4.7 | 5.2 | 3.8 | 3.2 | 4.2 |
| 12 千　葉　県　Chiba-ken | 3.8 | 3.8 | 3.0 | 2.6 | 3.5 |
| 13 東　京　都　Tokyo-to | 7.8 | 8.2 | 2.8 | -0.5 | 5.0 |
| 14 神　奈　川　県　Kanagawa-ken | 3.5 | 4.4 | 3.3 | 3.1 | 3.6 |
| 15 新　潟　県　Niigata-ken | -2.4 | -2.7 | -2.6 | -2.8 | -2.2 |
| 16 富　山　県　Toyama-ken | 0.6 | -0.5 | -1.6 | -1.9 | -0.6 |
| 17 石　川　県　Ishikawa-ken | 0.2 | -0.8 | -1.7 | -1.4 | -0.7 |
| 18 福　井　県　Fukui-ken | -1.3 | -2.8 | -1.6 | -2.5 | -3.2 |
| 19 山　梨　県　Yamanashi-ken | -2.1 | -2.2 | -1.5 | 0.4 | 2.9 |
| 20 長　野　県　Nagano-ken | -0.6 | -1.2 | -1.5 | -0.7 | 0.8 |
| 21 岐　阜　県　Gifu-ken | -1.5 | -0.0 | -2.1 | -3.0 | -0.7 |
| 22 静　岡　県　Shizuoka-ken | -0.1 | 0.6 | -0.8 | -1.3 | -0.3 |
| 23 愛　知　県　Aichi-ken | 2.4 | 3.4 | -0.1 | -1.1 | 0.6 |
| 24 三　重　県　Mie-ken | -0.2 | -1.0 | -1.8 | -2.5 | -1.0 |
| 25 滋　賀　県　Shiga-ken | 1.3 | 2.6 | 0.0 | 0.2 | 2.0 |
| 26 京　都　府　Kyoto-fu | 0.2 | 0.7 | -1.5 | -1.8 | 1.6 |
| 27 大　阪　府　Osaka-fu | 1.5 | 2.7 | 2.2 | 0.7 | 2.6 |
| 28 兵　庫　県　Hyogo-ken | -0.2 | 0.3 | -0.9 | -1.1 | 0.2 |
| 29 奈　良　県　Nara-ken | -2.1 | -1.9 | -1.7 | -1.1 | -0.2 |
| 30 和　歌　山　県　Wakayama-ken | -3.5 | -2.9 | -3.4 | -2.0 | -1.8 |
| 31 鳥　取　県　Tottori-ken | -3.0 | -2.2 | -1.7 | -1.8 | -1.5 |
| 32 島　根　県　Shimane-ken | 0.1 | -1.2 | -2.5 | -1.4 | -1.7 |
| 33 岡　山　県　Okayama-ken | -0.8 | -0.2 | -0.8 | -1.4 | -1.3 |
| 34 広　島　県　Hiroshima-ken | -0.7 | -0.8 | -1.3 | -2.7 | -1.6 |
| 35 山　口　県　Yamaguchi-ken | -2.0 | -1.5 | -2.3 | -2.5 | -1.2 |
| 36 徳　島　県　Tokushima-ken | -3.2 | -3.5 | -3.1 | -2.4 | -2.1 |
| 37 香　川　県　Kagawa-ken | -0.4 | -0.3 | -1.6 | -2.0 | -1.1 |
| 38 愛　媛　県　Ehime-ken | -2.5 | -2.3 | -2.0 | -2.4 | -1.9 |
| 39 高　知　県　Kochi-ken | -2.7 | -3.1 | -2.7 | -2.0 | -1.4 |
| 40 福　岡　県　Fukuoka-ken | 2.1 | 1.9 | 1.8 | 1.2 | 3.1 |
| 41 佐　賀　県　Saga-ken | -1.3 | -0.9 | -1.8 | -1.6 | 0.0 |
| 42 長　崎　県　Nagasaki-ken | -4.3 | -4.8 | -4.6 | -4.8 | -2.3 |
| 43 熊　本　県　Kumamoto-ken | -0.8 | -0.9 | -1.6 | -0.5 | 0.9 |
| 44 大　分　県　Oita-ken | -2.2 | -1.3 | -2.9 | -1.5 | 1.1 |
| 45 宮　崎　県　Miyazaki-ken | -2.3 | -1.7 | -1.8 | -1.4 | -0.4 |
| 46 鹿　児　島　県　Kagoshima-ken | -1.5 | -1.5 | -1.8 | -0.9 | -0.6 |
| 47 沖　縄　県　Okinawa-ken | 0.5 | 1.9 | 1.2 | -0.2 | 0.4 |

注) 1) 増減数を期首人口で除したもの（千人比、‰）
　　2) 期首人口は平成27年及び令和2年国勢調査結果
　　　による補間補正人口

Note) 1) Obtained by dividing the number of the net change by the population
　　　　as of the beginning of the period concerned.
　　2) The population as of the beginning of the period concerned is the intercensal
　　　　adjustment by the results of the 2015 and 2020 Population Censuses.

第10表　都 道 府 県 、年 齢 （ 5 歳 階 級 ）、
Table 10.　Population by Age (Five-Year Groups) and Sex

（単位　千人）

| 都　道　府　県　Prefectures | 総　数 Total | 0〜4歳 years old | 5〜9 | 10〜14 | 15〜19 | 20〜24 | 25〜29 | 30〜34 |
|---|---|---|---|---|---|---|---|---|
| 全　　　　　国　Japan | 124,947 | 4,247 | 4,948 | 5,308 | 5,512 | 6,263 | 6,412 | 6,446 |
| 01 北　海　道　Hokkaido | 5,140 | 150 | 181 | 199 | 213 | 227 | 226 | 240 |
| 02 青　森　県　Aomori-ken | 1,204 | 34 | 42 | 47 | 50 | 45 | 45 | 50 |
| 03 岩　手　県　Iwate-ken | 1,181 | 34 | 43 | 48 | 50 | 45 | 46 | 51 |
| 04 宮　城　県　Miyagi-ken | 2,280 | 73 | 89 | 96 | 102 | 123 | 115 | 118 |
| 05 秋　田　県　Akita-ken | 930 | 23 | 29 | 34 | 36 | 29 | 31 | 36 |
| 06 山　形　県　Yamagata-ken | 1,041 | 31 | 39 | 43 | 46 | 40 | 40 | 46 |
| 07 福　島　県　Fukushima-ken | 1,790 | 55 | 69 | 73 | 79 | 70 | 75 | 85 |
| 08 茨　城　県　Ibaraki-ken | 2,840 | 90 | 109 | 121 | 129 | 134 | 133 | 140 |
| 09 栃　木　県　Tochigi-ken | 1,909 | 61 | 74 | 82 | 87 | 85 | 88 | 96 |
| 10 群　馬　県　Gumma-ken | 1,913 | 61 | 73 | 82 | 89 | 90 | 89 | 92 |
| 11 埼　玉　県　Saitama-ken | 7,337 | 249 | 290 | 308 | 323 | 387 | 397 | 396 |
| 12 千　葉　県　Chiba-ken | 6,266 | 212 | 244 | 262 | 274 | 326 | 333 | 333 |
| 13 東　京　都　Tokyo-to | 14,038 | 480 | 533 | 522 | 535 | 852 | 1,014 | 936 |
| 14 神 奈 川 県　Kanagawa-ken | 9,232 | 312 | 359 | 382 | 400 | 511 | 532 | 504 |
| 15 新　潟　県　Niigata-ken | 2,153 | 65 | 80 | 89 | 94 | 88 | 87 | 97 |
| 16 富　山　県　Toyama-ken | 1,017 | 32 | 38 | 42 | 45 | 43 | 45 | 45 |
| 17 石　川　県　Ishikawa-ken | 1,118 | 38 | 45 | 49 | 53 | 59 | 53 | 53 |
| 18 福　井　県　Fukui-ken | 753 | 27 | 31 | 34 | 36 | 31 | 34 | 36 |
| 19 山　梨　県　Yamanashi-ken | 802 | 26 | 30 | 33 | 38 | 39 | 36 | 37 |
| 20 長　野　県　Nagano-ken | 2,020 | 67 | 79 | 88 | 93 | 79 | 85 | 91 |
| 21 岐　阜　県　Gifu-ken | 1,946 | 64 | 78 | 88 | 93 | 92 | 85 | 89 |
| 22 静　岡　県　Shizuoka-ken | 3,582 | 116 | 142 | 159 | 163 | 152 | 162 | 172 |
| 23 愛　知　県　Aichi-ken | 7,495 | 282 | 322 | 344 | 350 | 411 | 425 | 420 |
| 24 三　重　県　Mie-ken | 1,742 | 58 | 69 | 77 | 81 | 79 | 81 | 84 |
| 25 滋　賀　県　Shiga-ken | 1,409 | 54 | 64 | 68 | 70 | 76 | 71 | 73 |
| 26 京　都　府　Kyoto-fu | 2,550 | 82 | 96 | 104 | 116 | 158 | 138 | 123 |
| 27 大　阪　府　Osaka-fu | 8,782 | 304 | 336 | 361 | 383 | 495 | 499 | 474 |
| 28 兵　庫　県　Hyogo-ken | 5,402 | 186 | 219 | 238 | 247 | 262 | 248 | 258 |
| 29 奈　良　県　Nara-ken | 1,306 | 42 | 51 | 56 | 61 | 63 | 53 | 57 |
| 30 和 歌 山 県　Wakayama-ken | 903 | 29 | 34 | 38 | 40 | 34 | 35 | 39 |
| 31 鳥　取　県　Tottori-ken | 544 | 20 | 23 | 24 | 25 | 22 | 22 | 25 |
| 32 島　根　県　Shimane-ken | 658 | 23 | 27 | 29 | 30 | 25 | 26 | 29 |
| 33 岡　山　県　Okayama-ken | 1,862 | 67 | 76 | 82 | 86 | 97 | 91 | 91 |
| 34 広　島　県　Hiroshima-ken | 2,760 | 98 | 116 | 126 | 127 | 133 | 132 | 136 |
| 35 山　口　県　Yamaguchi-ken | 1,313 | 42 | 50 | 56 | 58 | 55 | 52 | 55 |
| 36 徳　島　県　Tokushima-ken | 704 | 22 | 26 | 28 | 29 | 30 | 28 | 30 |
| 37 香　川　県　Kagawa-ken | 934 | 32 | 38 | 41 | 43 | 39 | 39 | 43 |
| 38 愛　媛　県　Ehime-ken | 1,306 | 41 | 50 | 56 | 57 | 51 | 52 | 58 |
| 39 高　知　県　Kochi-ken | 676 | 21 | 24 | 27 | 29 | 27 | 25 | 27 |
| 40 福　岡　県　Fukuoka-ken | 5,116 | 196 | 224 | 234 | 232 | 279 | 267 | 265 |
| 41 佐　賀　県　Saga-ken | 801 | 31 | 36 | 39 | 39 | 35 | 34 | 36 |
| 42 長　崎　県　Nagasaki-ken | 1,283 | 46 | 54 | 58 | 58 | 49 | 49 | 55 |
| 43 熊　本　県　Kumamoto-ken | 1,718 | 66 | 76 | 81 | 79 | 74 | 73 | 80 |
| 44 大　分　県　Oita-ken | 1,107 | 38 | 45 | 49 | 50 | 47 | 45 | 49 |
| 45 宮　崎　県　Miyazaki-ken | 1,052 | 39 | 46 | 50 | 48 | 40 | 41 | 46 |
| 46 鹿 児 島 県　Kagoshima-ken | 1,563 | 58 | 69 | 74 | 70 | 61 | 61 | 69 |
| 47 沖　縄　県　Okinawa-ken | 1,468 | 74 | 82 | 84 | 78 | 72 | 76 | 82 |

男　女　別　人　口－総人口、日本人人口（2022年10月1日現在）
for Prefectures - Total population, Japanese population, October 1, 2022

(Thousand persons)

| | | | | Total population | | Both sexes | | | | |
|---|---|---|---|---|---|---|---|---|---|---|
| 35～39 | 40～44 | 45～49 | 50～54 | 55～59 | 60～64 | 65～69 | 70～74 | 75～79 | 80～84 | 85歳以上 and over |
| 7,212 | 7,946 | 9,462 | 9,435 | 8,075 | 7,445 | 7,535 | 9,337 | 7,030 | 5,743 | 6,592 |
| 278 | 315 | 380 | 372 | 338 | 335 | 358 | 441 | 314 | 259 | 314 |
| 62 | 72 | 84 | 86 | 82 | 88 | 94 | 108 | 75 | 63 | 79 |
| 61 | 71 | 82 | 80 | 77 | 83 | 90 | 102 | 70 | 63 | 84 |
| 136 | 152 | 171 | 161 | 142 | 143 | 152 | 175 | 115 | 96 | 120 |
| 45 | 54 | 63 | 61 | 60 | 70 | 78 | 89 | 61 | 54 | 76 |
| 55 | 63 | 70 | 67 | 65 | 73 | 80 | 91 | 61 | 54 | 77 |
| 99 | 109 | 125 | 121 | 117 | 128 | 138 | 154 | 98 | 84 | 112 |
| 161 | 180 | 214 | 211 | 180 | 174 | 192 | 229 | 169 | 132 | 141 |
| 112 | 124 | 146 | 141 | 121 | 120 | 132 | 155 | 108 | 82 | 94 |
| 103 | 118 | 145 | 145 | 122 | 115 | 125 | 153 | 117 | 91 | 103 |
| 432 | 481 | 583 | 592 | 483 | 410 | 413 | 528 | 426 | 334 | 306 |
| 370 | 408 | 490 | 502 | 407 | 352 | 358 | 457 | 369 | 288 | 281 |
| 972 | 1,018 | 1,135 | 1,140 | 950 | 751 | 651 | 789 | 637 | 526 | 598 |
| 552 | 613 | 741 | 777 | 647 | 522 | 476 | 605 | 489 | 398 | 415 |
| 115 | 132 | 156 | 150 | 138 | 140 | 155 | 186 | 128 | 109 | 144 |
| 52 | 60 | 78 | 76 | 63 | 61 | 65 | 85 | 68 | 52 | 65 |
| 59 | 67 | 86 | 82 | 69 | 67 | 68 | 89 | 68 | 51 | 62 |
| 41 | 45 | 54 | 53 | 48 | 48 | 49 | 62 | 42 | 35 | 47 |
| 41 | 46 | 57 | 59 | 55 | 52 | 55 | 64 | 47 | 39 | 48 |
| 104 | 121 | 150 | 148 | 130 | 127 | 131 | 162 | 124 | 103 | 137 |
| 102 | 117 | 144 | 144 | 125 | 120 | 123 | 159 | 117 | 96 | 108 |
| 200 | 222 | 268 | 270 | 233 | 223 | 229 | 285 | 214 | 175 | 197 |
| 456 | 490 | 589 | 591 | 483 | 413 | 390 | 498 | 395 | 319 | 317 |
| 94 | 105 | 131 | 131 | 114 | 108 | 109 | 137 | 104 | 84 | 97 |
| 83 | 92 | 108 | 104 | 87 | 81 | 81 | 101 | 74 | 57 | 66 |
| 136 | 153 | 191 | 192 | 161 | 144 | 142 | 197 | 154 | 124 | 139 |
| 502 | 543 | 679 | 712 | 580 | 482 | 458 | 623 | 508 | 426 | 417 |
| 295 | 329 | 411 | 420 | 356 | 325 | 324 | 415 | 321 | 259 | 289 |
| 66 | 75 | 95 | 98 | 86 | 80 | 84 | 110 | 85 | 70 | 74 |
| 46 | 51 | 64 | 66 | 60 | 60 | 62 | 78 | 59 | 49 | 60 |
| 30 | 33 | 38 | 35 | 32 | 35 | 40 | 46 | 31 | 26 | 38 |
| 34 | 38 | 45 | 42 | 38 | 42 | 46 | 58 | 40 | 33 | 52 |
| 102 | 110 | 137 | 131 | 109 | 109 | 114 | 145 | 113 | 89 | 113 |
| 154 | 170 | 209 | 204 | 168 | 161 | 166 | 211 | 167 | 129 | 154 |
| 66 | 75 | 93 | 91 | 78 | 81 | 90 | 118 | 89 | 73 | 91 |
| 36 | 42 | 49 | 48 | 44 | 46 | 52 | 65 | 44 | 36 | 49 |
| 51 | 57 | 71 | 66 | 56 | 57 | 61 | 79 | 58 | 45 | 59 |
| 68 | 77 | 95 | 91 | 81 | 85 | 91 | 115 | 82 | 67 | 88 |
| 34 | 39 | 49 | 46 | 41 | 44 | 48 | 61 | 46 | 37 | 52 |
| 305 | 334 | 376 | 355 | 301 | 298 | 315 | 385 | 268 | 220 | 261 |
| 45 | 49 | 54 | 51 | 48 | 53 | 57 | 65 | 43 | 37 | 49 |
| 66 | 74 | 85 | 85 | 81 | 89 | 98 | 113 | 74 | 65 | 85 |
| 95 | 104 | 114 | 107 | 104 | 112 | 123 | 139 | 95 | 82 | 114 |
| 59 | 66 | 77 | 72 | 65 | 71 | 79 | 96 | 68 | 57 | 75 |
| 56 | 64 | 72 | 66 | 63 | 70 | 79 | 91 | 60 | 52 | 71 |
| 84 | 93 | 100 | 96 | 96 | 109 | 123 | 132 | 84 | 76 | 108 |
| 94 | 96 | 108 | 100 | 88 | 90 | 93 | 91 | 49 | 49 | 62 |

第10表　都　道　府　県　、年　齢　（5　歳　階　級）、
Table 10.　Population by Age (Five-Year Groups) and Sex

（単位　千人）

| 都　道　府　県<br><br>Prefectures | 総 人 口　男 | | | | | | | |
|---|---|---|---|---|---|---|---|---|
| | 総　数<br><br>Total | 0〜4歳<br><br>years old | 5〜9 | 10〜14 | 15〜19 | 20〜24 | 25〜29 | 30〜34 |
| 全　　　　　　　国　Japan | 60,758 | 2,174 | 2,535 | 2,720 | 2,830 | 3,216 | 3,295 | 3,300 |
| 01 北　海　道　Hokkaido | 2,427 | 77 | 93 | 102 | 110 | 118 | 116 | 121 |
| 02 青　森　県　Aomori-ken | 568 | 17 | 21 | 24 | 26 | 24 | 24 | 26 |
| 03 岩　手　県　Iwate-ken | 570 | 17 | 22 | 25 | 26 | 24 | 24 | 27 |
| 04 宮　城　県　Miyagi-ken | 1,112 | 37 | 46 | 49 | 52 | 64 | 60 | 60 |
| 05 秋　田　県　Akita-ken | 439 | 12 | 15 | 18 | 18 | 16 | 16 | 18 |
| 06 山　形　県　Yamagata-ken | 505 | 16 | 20 | 22 | 24 | 22 | 21 | 23 |
| 07 福　島　県　Fukushima-ken | 884 | 28 | 35 | 37 | 41 | 38 | 40 | 45 |
| 08 茨　城　県　Ibaraki-ken | 1,418 | 46 | 56 | 62 | 66 | 72 | 72 | 75 |
| 09 栃　木　県　Tochigi-ken | 952 | 31 | 38 | 42 | 45 | 45 | 48 | 51 |
| 10 群　馬　県　Gumma-ken | 947 | 31 | 37 | 42 | 46 | 47 | 48 | 49 |
| 11 埼　玉　県　Saitama-ken | 3,643 | 128 | 148 | 158 | 166 | 198 | 203 | 205 |
| 12 千　葉　県　Chiba-ken | 3,104 | 108 | 125 | 134 | 141 | 168 | 172 | 173 |
| 13 東　京　都　Tokyo-to | 6,889 | 245 | 272 | 268 | 273 | 426 | 511 | 474 |
| 14 神　奈　川　県　Kanagawa-ken | 4,579 | 160 | 184 | 196 | 206 | 262 | 277 | 262 |
| 15 新　潟　県　Niigata-ken | 1,046 | 33 | 41 | 46 | 48 | 46 | 46 | 50 |
| 16 富　山　県　Toyama-ken | 495 | 17 | 19 | 21 | 24 | 24 | 24 | 24 |
| 17 石　川　県　Ishikawa-ken | 543 | 19 | 23 | 25 | 28 | 32 | 28 | 27 |
| 18 福　井　県　Fukui-ken | 368 | 14 | 16 | 18 | 19 | 17 | 18 | 19 |
| 19 山　梨　県　Yamanashi-ken | 394 | 13 | 15 | 17 | 20 | 21 | 19 | 19 |
| 20 長　野　県　Nagano-ken | 988 | 34 | 41 | 45 | 48 | 42 | 45 | 47 |
| 21 岐　阜　県　Gifu-ken | 945 | 33 | 40 | 45 | 47 | 47 | 44 | 46 |
| 22 静　岡　県　Shizuoka-ken | 1,766 | 60 | 73 | 81 | 84 | 87 | 86 | 91 |
| 23 愛　知　県　Aichi-ken | 3,734 | 145 | 165 | 176 | 180 | 214 | 223 | 222 |
| 24 三　重　県　Mie-ken | 851 | 30 | 35 | 39 | 42 | 41 | 43 | 44 |
| 25 滋　賀　県　Shiga-ken | 695 | 28 | 33 | 35 | 36 | 40 | 38 | 38 |
| 26 京　都　府　Kyoto-fu | 1,217 | 42 | 49 | 54 | 60 | 80 | 70 | 62 |
| 27 大　阪　府　Osaka-fu | 4,202 | 156 | 172 | 185 | 195 | 247 | 247 | 235 |
| 28 兵　庫　県　Hyogo-ken | 2,567 | 95 | 112 | 122 | 126 | 130 | 123 | 129 |
| 29 奈　良　県　Nara-ken | 614 | 21 | 26 | 29 | 31 | 31 | 26 | 28 |
| 30 和　歌　山　県　Wakayama-ken | 426 | 15 | 18 | 20 | 21 | 18 | 18 | 20 |
| 31 鳥　取　県　Tottori-ken | 260 | 10 | 12 | 12 | 13 | 12 | 11 | 12 |
| 32 島　根　県　Shimane-ken | 318 | 12 | 14 | 15 | 16 | 13 | 14 | 15 |
| 33 岡　山　県　Okayama-ken | 896 | 34 | 39 | 42 | 45 | 49 | 46 | 46 |
| 34 広　島　県　Hiroshima-ken | 1,338 | 50 | 59 | 64 | 66 | 69 | 68 | 71 |
| 35 山　口　県　Yamaguchi-ken | 624 | 21 | 26 | 28 | 30 | 29 | 27 | 29 |
| 36 徳　島　県　Tokushima-ken | 336 | 11 | 13 | 14 | 15 | 16 | 15 | 15 |
| 37 香　川　県　Kagawa-ken | 451 | 16 | 19 | 21 | 22 | 21 | 20 | 22 |
| 38 愛　媛　県　Ehime-ken | 620 | 21 | 26 | 29 | 29 | 27 | 27 | 29 |
| 39 高　知　県　Kochi-ken | 320 | 10 | 12 | 14 | 15 | 14 | 13 | 14 |
| 40 福　岡　県　Fukuoka-ken | 2,423 | 100 | 115 | 120 | 118 | 141 | 132 | 130 |
| 41 佐　賀　県　Saga-ken | 380 | 16 | 18 | 20 | 20 | 18 | 17 | 18 |
| 42 長　崎　県　Nagasaki-ken | 604 | 23 | 28 | 30 | 30 | 25 | 25 | 27 |
| 43 熊　本　県　Kumamoto-ken | 814 | 33 | 39 | 42 | 40 | 38 | 37 | 40 |
| 44 大　分　県　Oita-ken | 526 | 19 | 23 | 25 | 26 | 25 | 23 | 25 |
| 45 宮　崎　県　Miyazaki-ken | 497 | 20 | 23 | 26 | 25 | 20 | 21 | 23 |
| 46 鹿　児　島　県　Kagoshima-ken | 738 | 30 | 35 | 38 | 36 | 30 | 30 | 33 |
| 47 沖　縄　県　Okinawa-ken | 723 | 38 | 42 | 43 | 40 | 37 | 38 | 41 |

男　女　別　人　口－総人口、日本人人口（2022年10月1日現在）（続き）
for Prefectures - Total population, Japanese population, October 1, 2022 - Continued

(Thousand persons)

| | | | | | Total population | Male | | | | |
|---|---|---|---|---|---|---|---|---|---|---|
| 35～39 | 40～44 | 45～49 | 50～54 | 55～59 | 60～64 | 65～69 | 70～74 | 75～79 | 80～84 | 85歳以上<br>and over |
| 3,668 | 4,028 | 4,792 | 4,756 | 4,036 | 3,684 | 3,665 | 4,405 | 3,151 | 2,392 | 2,111 |
| 139 | 156 | 189 | 182 | 161 | 160 | 169 | 200 | 134 | 102 | 100 |
| 31 | 36 | 42 | 42 | 40 | 42 | 44 | 50 | 32 | 24 | 22 |
| 31 | 36 | 42 | 41 | 39 | 41 | 44 | 48 | 31 | 25 | 25 |
| 69 | 77 | 87 | 82 | 71 | 71 | 74 | 84 | 53 | 40 | 38 |
| 23 | 28 | 32 | 30 | 29 | 34 | 38 | 42 | 27 | 21 | 22 |
| 28 | 32 | 36 | 34 | 32 | 36 | 39 | 45 | 28 | 22 | 24 |
| 52 | 57 | 66 | 62 | 60 | 65 | 69 | 75 | 45 | 35 | 34 |
| 85 | 94 | 112 | 110 | 92 | 87 | 95 | 110 | 79 | 59 | 47 |
| 59 | 65 | 76 | 73 | 62 | 60 | 65 | 75 | 50 | 36 | 30 |
| 54 | 61 | 75 | 74 | 62 | 58 | 62 | 74 | 54 | 39 | 34 |
| 223 | 249 | 302 | 306 | 248 | 208 | 204 | 250 | 194 | 146 | 107 |
| 191 | 210 | 253 | 259 | 209 | 178 | 175 | 217 | 168 | 126 | 97 |
| 494 | 518 | 575 | 577 | 489 | 383 | 323 | 376 | 281 | 212 | 191 |
| 285 | 315 | 380 | 399 | 336 | 267 | 235 | 287 | 220 | 170 | 141 |
| 59 | 68 | 79 | 77 | 69 | 70 | 76 | 89 | 59 | 45 | 44 |
| 27 | 31 | 40 | 39 | 32 | 30 | 31 | 40 | 31 | 22 | 19 |
| 30 | 34 | 44 | 41 | 34 | 32 | 33 | 42 | 31 | 21 | 19 |
| 21 | 23 | 28 | 27 | 24 | 24 | 24 | 30 | 19 | 15 | 15 |
| 21 | 24 | 29 | 30 | 28 | 26 | 27 | 31 | 22 | 17 | 16 |
| 53 | 62 | 76 | 76 | 65 | 63 | 65 | 78 | 57 | 45 | 46 |
| 52 | 59 | 73 | 72 | 61 | 58 | 59 | 75 | 54 | 41 | 36 |
| 104 | 114 | 138 | 138 | 119 | 111 | 113 | 137 | 98 | 75 | 65 |
| 239 | 255 | 304 | 305 | 248 | 208 | 192 | 235 | 180 | 138 | 107 |
| 49 | 54 | 67 | 66 | 57 | 53 | 52 | 64 | 47 | 36 | 32 |
| 42 | 46 | 55 | 52 | 43 | 40 | 39 | 48 | 34 | 25 | 22 |
| 67 | 75 | 94 | 94 | 78 | 70 | 67 | 90 | 68 | 52 | 45 |
| 249 | 268 | 335 | 353 | 286 | 236 | 220 | 286 | 222 | 176 | 134 |
| 146 | 161 | 201 | 205 | 172 | 156 | 155 | 193 | 142 | 107 | 92 |
| 32 | 36 | 46 | 47 | 40 | 38 | 39 | 51 | 38 | 30 | 25 |
| 23 | 25 | 32 | 32 | 28 | 28 | 29 | 36 | 26 | 20 | 18 |
| 15 | 17 | 19 | 18 | 16 | 17 | 19 | 22 | 14 | 10 | 11 |
| 18 | 20 | 23 | 21 | 19 | 21 | 23 | 28 | 18 | 13 | 16 |
| 51 | 55 | 69 | 65 | 53 | 53 | 55 | 68 | 51 | 37 | 36 |
| 78 | 86 | 106 | 102 | 83 | 78 | 80 | 99 | 75 | 54 | 48 |
| 33 | 38 | 47 | 45 | 38 | 39 | 43 | 55 | 39 | 29 | 27 |
| 18 | 21 | 25 | 23 | 21 | 22 | 25 | 31 | 20 | 15 | 15 |
| 26 | 29 | 36 | 33 | 27 | 28 | 30 | 37 | 26 | 19 | 19 |
| 34 | 39 | 47 | 45 | 39 | 41 | 43 | 54 | 36 | 27 | 27 |
| 17 | 20 | 24 | 23 | 20 | 21 | 23 | 29 | 20 | 15 | 15 |
| 151 | 164 | 185 | 174 | 144 | 143 | 150 | 178 | 116 | 87 | 76 |
| 22 | 24 | 27 | 25 | 23 | 25 | 28 | 31 | 19 | 14 | 15 |
| 33 | 36 | 42 | 41 | 38 | 43 | 47 | 53 | 32 | 25 | 26 |
| 47 | 52 | 57 | 52 | 50 | 54 | 59 | 66 | 42 | 32 | 35 |
| 30 | 33 | 39 | 35 | 31 | 34 | 38 | 45 | 30 | 23 | 23 |
| 27 | 31 | 36 | 32 | 30 | 33 | 38 | 43 | 27 | 21 | 22 |
| 41 | 45 | 49 | 46 | 46 | 53 | 60 | 65 | 38 | 31 | 33 |
| 47 | 48 | 55 | 50 | 44 | 45 | 46 | 45 | 23 | 21 | 20 |

第10表　都　道　府　県、年　齢　（５　歳　階　級）、
Table 10.  Population by Age (Five-Year Groups) and Sex

（単位　千人）

| 都　道　府　県 Prefectures | 総　人　口　女 | | | | | | | |
|---|---|---|---|---|---|---|---|---|
| | 総　数 Total | 0～4歳 years old | 5～9 | 10～14 | 15～19 | 20～24 | 25～29 | 30～34 |
| 全　　　　　　国 Japan | 64,189 | 2,073 | 2,413 | 2,588 | 2,682 | 3,047 | 3,118 | 3,146 |
| 01 北　海　道 Hokkaido | 2,714 | 73 | 88 | 97 | 103 | 109 | 111 | 119 |
| 02 青　森　県 Aomori-ken | 636 | 17 | 21 | 23 | 24 | 21 | 21 | 24 |
| 03 岩　手　県 Iwate-ken | 611 | 16 | 21 | 23 | 24 | 21 | 21 | 25 |
| 04 宮　城　県 Miyagi-ken | 1,168 | 36 | 43 | 47 | 50 | 59 | 56 | 58 |
| 05 秋　田　県 Akita-ken | 491 | 11 | 14 | 17 | 17 | 13 | 15 | 17 |
| 06 山　形　県 Yamagata-ken | 536 | 15 | 19 | 21 | 22 | 19 | 19 | 22 |
| 07 福　島　県 Fukushima-ken | 906 | 27 | 34 | 35 | 38 | 32 | 35 | 40 |
| 08 茨　城　県 Ibaraki-ken | 1,422 | 44 | 53 | 59 | 62 | 62 | 61 | 65 |
| 09 栃　木　県 Tochigi-ken | 956 | 29 | 36 | 40 | 42 | 40 | 40 | 45 |
| 10 群　馬　県 Gumma-ken | 966 | 30 | 36 | 40 | 43 | 42 | 41 | 43 |
| 11 埼　玉　県 Saitama-ken | 3,694 | 121 | 142 | 150 | 157 | 189 | 194 | 190 |
| 12 千　葉　県 Chiba-ken | 3,162 | 103 | 119 | 127 | 133 | 158 | 162 | 161 |
| 13 東　京　都 Tokyo-to | 7,149 | 234 | 261 | 254 | 262 | 426 | 503 | 462 |
| 14 神　奈　川　県 Kanagawa-ken | 4,653 | 152 | 175 | 186 | 194 | 249 | 254 | 243 |
| 15 新　潟　県 Niigata-ken | 1,107 | 32 | 39 | 43 | 45 | 41 | 41 | 47 |
| 16 富　山　県 Toyama-ken | 522 | 16 | 18 | 20 | 22 | 20 | 21 | 21 |
| 17 石　川　県 Ishikawa-ken | 575 | 19 | 22 | 24 | 26 | 27 | 25 | 26 |
| 18 福　井　県 Fukui-ken | 385 | 13 | 15 | 17 | 17 | 14 | 16 | 17 |
| 19 山　梨　県 Yamanashi-ken | 408 | 13 | 15 | 16 | 18 | 19 | 17 | 17 |
| 20 長　野　県 Nagano-ken | 1,032 | 32 | 39 | 43 | 45 | 37 | 40 | 44 |
| 21 岐　阜　県 Gifu-ken | 1,001 | 31 | 38 | 43 | 46 | 45 | 41 | 43 |
| 22 静　岡　県 Shizuoka-ken | 1,816 | 57 | 69 | 77 | 79 | 72 | 76 | 82 |
| 23 愛　知　県 Aichi-ken | 3,761 | 137 | 157 | 167 | 170 | 198 | 202 | 198 |
| 24 三　重　県 Mie-ken | 891 | 28 | 34 | 38 | 39 | 38 | 38 | 40 |
| 25 滋　賀　県 Shiga-ken | 714 | 26 | 31 | 33 | 34 | 36 | 33 | 35 |
| 26 京　都　府 Kyoto-fu | 1,333 | 40 | 47 | 51 | 56 | 78 | 68 | 62 |
| 27 大　阪　府 Osaka-fu | 4,580 | 148 | 164 | 176 | 188 | 248 | 252 | 239 |
| 28 兵　庫　県 Hyogo-ken | 2,835 | 91 | 107 | 116 | 120 | 132 | 126 | 129 |
| 29 奈　良　県 Nara-ken | 691 | 20 | 25 | 28 | 30 | 32 | 27 | 29 |
| 30 和　歌　山　県 Wakayama-ken | 477 | 14 | 17 | 19 | 19 | 17 | 17 | 19 |
| 31 鳥　取　県 Tottori-ken | 284 | 9 | 11 | 12 | 12 | 11 | 11 | 12 |
| 32 島　根　県 Shimane-ken | 340 | 11 | 13 | 14 | 14 | 12 | 12 | 14 |
| 33 岡　山　県 Okayama-ken | 966 | 32 | 37 | 40 | 42 | 48 | 44 | 45 |
| 34 広　島　県 Hiroshima-ken | 1,422 | 48 | 57 | 61 | 62 | 63 | 63 | 65 |
| 35 山　口　県 Yamaguchi-ken | 689 | 20 | 24 | 27 | 28 | 26 | 25 | 26 |
| 36 徳　島　県 Tokushima-ken | 368 | 11 | 12 | 14 | 14 | 14 | 13 | 15 |
| 37 香　川　県 Kagawa-ken | 483 | 16 | 18 | 20 | 21 | 18 | 19 | 21 |
| 38 愛　媛　県 Ehime-ken | 686 | 20 | 24 | 28 | 28 | 25 | 25 | 28 |
| 39 高　知　県 Kochi-ken | 356 | 10 | 12 | 13 | 14 | 12 | 12 | 13 |
| 40 福　岡　県 Fukuoka-ken | 2,693 | 96 | 109 | 115 | 114 | 139 | 135 | 135 |
| 41 佐　賀　県 Saga-ken | 421 | 15 | 17 | 19 | 19 | 18 | 17 | 18 |
| 42 長　崎　県 Nagasaki-ken | 679 | 22 | 26 | 28 | 28 | 24 | 24 | 28 |
| 43 熊　本　県 Kumamoto-ken | 904 | 32 | 37 | 40 | 39 | 36 | 36 | 40 |
| 44 大　分　県 Oita-ken | 581 | 18 | 22 | 24 | 24 | 22 | 22 | 24 |
| 45 宮　崎　県 Miyazaki-ken | 555 | 19 | 23 | 25 | 23 | 20 | 20 | 23 |
| 46 鹿　児　島　県 Kagoshima-ken | 825 | 29 | 33 | 36 | 34 | 30 | 31 | 36 |
| 47 沖　縄　県 Okinawa-ken | 746 | 36 | 40 | 41 | 38 | 35 | 37 | 41 |

男　女　別　人　口－総人口、日本人人口（2022年10月1日現在）（続き）
for Prefectures - Total population, Japanese population, October 1, 2022 – Continued

(Thousand persons)

| | | | | | Total population | Female | | | | |
|---|---|---|---|---|---|---|---|---|---|---|
| 35～39 | 40～44 | 45～49 | 50～54 | 55～59 | 60～64 | 65～69 | 70～74 | 75～79 | 80～84 | 85歳以上<br>and over |
| 3,544 | 3,918 | 4,671 | 4,680 | 4,038 | 3,761 | 3,870 | 4,932 | 3,878 | 3,350 | 4,480 |
| 139 | 159 | 192 | 190 | 177 | 175 | 189 | 240 | 180 | 158 | 214 |
| 31 | 35 | 42 | 43 | 42 | 46 | 50 | 58 | 43 | 39 | 56 |
| 30 | 34 | 40 | 39 | 38 | 42 | 46 | 53 | 39 | 38 | 58 |
| 68 | 75 | 84 | 79 | 71 | 72 | 78 | 91 | 63 | 56 | 82 |
| 22 | 26 | 31 | 31 | 31 | 36 | 41 | 47 | 34 | 33 | 54 |
| 27 | 31 | 34 | 33 | 33 | 37 | 41 | 46 | 33 | 32 | 53 |
| 47 | 52 | 60 | 58 | 57 | 63 | 69 | 78 | 53 | 50 | 78 |
| 76 | 86 | 102 | 102 | 88 | 87 | 97 | 120 | 90 | 73 | 94 |
| 53 | 59 | 70 | 68 | 59 | 60 | 67 | 80 | 58 | 47 | 64 |
| 49 | 57 | 70 | 70 | 61 | 57 | 63 | 80 | 63 | 52 | 70 |
| 209 | 232 | 281 | 285 | 235 | 202 | 209 | 278 | 232 | 188 | 199 |
| 179 | 198 | 237 | 243 | 198 | 174 | 183 | 241 | 202 | 162 | 183 |
| 477 | 499 | 560 | 562 | 461 | 367 | 328 | 414 | 356 | 315 | 407 |
| 266 | 298 | 361 | 378 | 311 | 255 | 240 | 318 | 269 | 228 | 274 |
| 56 | 64 | 76 | 73 | 69 | 70 | 79 | 97 | 70 | 63 | 100 |
| 25 | 29 | 38 | 37 | 32 | 31 | 34 | 45 | 37 | 30 | 46 |
| 29 | 33 | 42 | 41 | 35 | 34 | 35 | 47 | 37 | 30 | 44 |
| 20 | 22 | 26 | 26 | 24 | 24 | 25 | 32 | 23 | 20 | 32 |
| 20 | 23 | 28 | 29 | 27 | 26 | 28 | 33 | 25 | 22 | 33 |
| 51 | 59 | 73 | 73 | 65 | 64 | 66 | 84 | 67 | 59 | 91 |
| 50 | 57 | 71 | 72 | 63 | 62 | 64 | 83 | 64 | 55 | 73 |
| 96 | 108 | 130 | 132 | 115 | 111 | 116 | 149 | 116 | 100 | 133 |
| 217 | 236 | 285 | 286 | 235 | 205 | 198 | 263 | 215 | 181 | 211 |
| 45 | 51 | 64 | 64 | 57 | 55 | 57 | 72 | 56 | 48 | 65 |
| 41 | 45 | 54 | 51 | 44 | 41 | 42 | 53 | 40 | 32 | 44 |
| 69 | 78 | 97 | 97 | 83 | 74 | 75 | 106 | 86 | 72 | 94 |
| 253 | 275 | 344 | 359 | 294 | 245 | 238 | 336 | 286 | 251 | 283 |
| 149 | 168 | 210 | 215 | 184 | 170 | 169 | 222 | 179 | 151 | 197 |
| 34 | 39 | 49 | 51 | 45 | 42 | 44 | 59 | 47 | 40 | 49 |
| 23 | 26 | 32 | 34 | 32 | 31 | 32 | 42 | 33 | 29 | 41 |
| 15 | 16 | 19 | 18 | 17 | 18 | 20 | 24 | 17 | 15 | 27 |
| 17 | 19 | 22 | 21 | 19 | 21 | 23 | 30 | 22 | 20 | 36 |
| 51 | 55 | 68 | 66 | 55 | 56 | 59 | 77 | 62 | 52 | 78 |
| 76 | 84 | 104 | 102 | 85 | 82 | 85 | 112 | 92 | 75 | 106 |
| 33 | 37 | 46 | 46 | 40 | 42 | 47 | 63 | 50 | 44 | 64 |
| 18 | 20 | 25 | 24 | 23 | 24 | 27 | 34 | 24 | 21 | 34 |
| 25 | 28 | 35 | 33 | 28 | 29 | 31 | 42 | 32 | 26 | 40 |
| 34 | 38 | 47 | 46 | 42 | 44 | 48 | 61 | 46 | 40 | 61 |
| 17 | 19 | 24 | 23 | 21 | 23 | 25 | 32 | 26 | 22 | 36 |
| 155 | 170 | 191 | 182 | 157 | 155 | 165 | 207 | 151 | 133 | 185 |
| 22 | 25 | 27 | 26 | 25 | 27 | 30 | 34 | 24 | 22 | 35 |
| 33 | 37 | 43 | 44 | 43 | 46 | 51 | 59 | 42 | 40 | 59 |
| 48 | 52 | 58 | 55 | 55 | 58 | 64 | 73 | 52 | 49 | 79 |
| 29 | 33 | 38 | 37 | 34 | 37 | 41 | 51 | 38 | 34 | 52 |
| 29 | 32 | 36 | 34 | 33 | 36 | 41 | 48 | 33 | 31 | 49 |
| 44 | 48 | 51 | 50 | 50 | 56 | 63 | 68 | 46 | 45 | 75 |
| 47 | 48 | 53 | 50 | 44 | 45 | 47 | 46 | 27 | 28 | 41 |

第10表　都　道　府　県　、年　齢　（5　歳　階　級）、
Table 10. Population by Age (Five-Year Groups) and Sex

（単位　千人）

| 都　道　府　県 Prefectures | 日　本　人　人　口　　　男　女　計 | | | | | | | |
|---|---|---|---|---|---|---|---|---|
| | 総　数 Total | 0〜4歳 years old | 5〜9 | 10〜14 | 15〜19 | 20〜24 | 25〜29 | 30〜34 |
| 全　　　　　　国 Japan | 122,031 | 4,163 | 4,865 | 5,239 | 5,418 | 5,837 | 5,938 | 6,074 |
| 01 北　海　道 Hokkaido | 5,098 | 149 | 180 | 199 | 212 | 218 | 217 | 233 |
| 02 青　森　県 Aomori-ken | 1,198 | 34 | 42 | 47 | 50 | 43 | 44 | 49 |
| 03 岩　手　県 Iwate-ken | 1,173 | 34 | 43 | 48 | 50 | 43 | 44 | 50 |
| 04 宮　城　県 Miyagi-ken | 2,256 | 72 | 89 | 96 | 101 | 118 | 110 | 115 |
| 05 秋　田　県 Akita-ken | 926 | 23 | 29 | 34 | 36 | 28 | 30 | 35 |
| 06 山　形　県 Yamagata-ken | 1,033 | 31 | 39 | 43 | 45 | 39 | 39 | 45 |
| 07 福　島　県 Fukushima-ken | 1,776 | 55 | 68 | 72 | 79 | 68 | 73 | 83 |
| 08 茨　城　県 Ibaraki-ken | 2,767 | 88 | 107 | 119 | 126 | 124 | 120 | 130 |
| 09 栃　木　県 Tochigi-ken | 1,865 | 59 | 73 | 81 | 86 | 79 | 81 | 91 |
| 10 群　馬　県 Gumma-ken | 1,850 | 59 | 70 | 80 | 87 | 81 | 78 | 84 |
| 11 埼　玉　県 Saitama-ken | 7,136 | 241 | 282 | 303 | 317 | 361 | 366 | 368 |
| 12 千　葉　県 Chiba-ken | 6,100 | 205 | 238 | 257 | 270 | 308 | 309 | 311 |
| 13 東　京　都 Tokyo-to | 13,443 | 464 | 515 | 508 | 514 | 771 | 918 | 854 |
| 14 神　奈　川　県 Kanagawa-ken | 8,991 | 304 | 350 | 376 | 393 | 486 | 496 | 471 |
| 15 新　潟　県 Niigata-ken | 2,136 | 65 | 80 | 89 | 93 | 85 | 84 | 95 |
| 16 富　山　県 Toyama-ken | 998 | 32 | 37 | 41 | 45 | 40 | 41 | 43 |
| 17 石　川　県 Ishikawa-ken | 1,102 | 38 | 45 | 48 | 53 | 56 | 49 | 51 |
| 18 福　井　県 Fukui-ken | 738 | 26 | 30 | 34 | 36 | 29 | 31 | 34 |
| 19 山　梨　県 Yamanashi-ken | 784 | 26 | 30 | 33 | 37 | 36 | 33 | 35 |
| 20 長　野　県 Nagano-ken | 1,984 | 66 | 79 | 87 | 92 | 75 | 79 | 87 |
| 21 岐　阜　県 Gifu-ken | 1,888 | 62 | 76 | 86 | 91 | 83 | 76 | 82 |
| 22 静　岡　県 Shizuoka-ken | 3,484 | 113 | 139 | 155 | 159 | 139 | 147 | 162 |
| 23 愛　知　県 Aichi-ken | 7,228 | 272 | 312 | 335 | 339 | 377 | 385 | 388 |
| 24 三　重　県 Mie-ken | 1,689 | 56 | 67 | 75 | 79 | 72 | 73 | 78 |
| 25 滋　賀　県 Shiga-ken | 1,373 | 53 | 63 | 67 | 69 | 71 | 64 | 68 |
| 26 京　都　府 Kyoto-fu | 2,485 | 81 | 95 | 103 | 114 | 145 | 127 | 117 |
| 27 大　阪　府 Osaka-fu | 8,524 | 298 | 331 | 357 | 376 | 459 | 461 | 445 |
| 28 兵　庫　県 Hyogo-ken | 5,287 | 184 | 217 | 236 | 243 | 245 | 231 | 246 |
| 29 奈　良　県 Nara-ken | 1,291 | 41 | 50 | 56 | 61 | 60 | 51 | 55 |
| 30 和　歌　山　県 Wakayama-ken | 896 | 29 | 34 | 38 | 40 | 33 | 34 | 39 |
| 31 鳥　取　県 Tottori-ken | 539 | 19 | 23 | 24 | 25 | 21 | 21 | 24 |
| 32 島　根　県 Shimane-ken | 648 | 23 | 27 | 29 | 30 | 24 | 25 | 28 |
| 33 岡　山　県 Okayama-ken | 1,832 | 66 | 76 | 82 | 86 | 91 | 84 | 87 |
| 34 広　島　県 Hiroshima-ken | 2,708 | 97 | 115 | 125 | 126 | 124 | 122 | 129 |
| 35 山　口　県 Yamaguchi-ken | 1,297 | 41 | 50 | 55 | 57 | 52 | 50 | 54 |
| 36 徳　島　県 Tokushima-ken | 698 | 22 | 26 | 28 | 29 | 29 | 27 | 29 |
| 37 香　川　県 Kagawa-ken | 920 | 31 | 37 | 41 | 42 | 36 | 36 | 41 |
| 38 愛　媛　県 Ehime-ken | 1,294 | 41 | 50 | 56 | 57 | 49 | 50 | 56 |
| 39 高　知　県 Kochi-ken | 671 | 21 | 24 | 27 | 29 | 25 | 24 | 26 |
| 40 福　岡　県 Fukuoka-ken | 5,030 | 194 | 222 | 233 | 229 | 260 | 250 | 255 |
| 41 佐　賀　県 Saga-ken | 793 | 31 | 36 | 39 | 39 | 33 | 32 | 36 |
| 42 長　崎　県 Nagasaki-ken | 1,272 | 45 | 54 | 58 | 57 | 46 | 46 | 54 |
| 43 熊　本　県 Kumamoto-ken | 1,699 | 65 | 76 | 81 | 78 | 69 | 68 | 77 |
| 44 大　分　県 Oita-ken | 1,092 | 37 | 44 | 49 | 49 | 42 | 42 | 47 |
| 45 宮　崎　県 Miyazaki-ken | 1,044 | 39 | 46 | 50 | 48 | 37 | 39 | 45 |
| 46 鹿　児　島　県 Kagoshima-ken | 1,550 | 58 | 69 | 74 | 69 | 57 | 58 | 67 |
| 47 沖　縄　県 Okinawa-ken | 1,446 | 74 | 82 | 83 | 77 | 69 | 72 | 79 |

男　女　別　人　口－総人口、日本人人口（2022年10月1日現在）（続き）
for Prefectures - Total population, Japanese population, October 1, 2022 – Continued

(Thousand persons)

| | | | | Japanese population | | Both sexes | | | | |
| 35～39 | 40～44 | 45～49 | 50～54 | 55～59 | 60～64 | 65～69 | 70～74 | 75～79 | 80～84 | 85歳以上 and over |
|---|---|---|---|---|---|---|---|---|---|---|
| 6,935 | 7,712 | 9,276 | 9,257 | 7,935 | 7,347 | 7,463 | 9,284 | 6,994 | 5,719 | 6,573 |
| 274 | 312 | 378 | 370 | 337 | 334 | 357 | 440 | 314 | 259 | 314 |
| 61 | 71 | 84 | 85 | 81 | 88 | 94 | 108 | 75 | 63 | 79 |
| 60 | 70 | 82 | 80 | 77 | 83 | 90 | 101 | 70 | 63 | 84 |
| 135 | 150 | 169 | 159 | 141 | 142 | 152 | 175 | 115 | 96 | 120 |
| 45 | 54 | 62 | 61 | 60 | 70 | 78 | 89 | 61 | 54 | 76 |
| 55 | 63 | 69 | 66 | 65 | 73 | 79 | 91 | 61 | 54 | 77 |
| 98 | 108 | 124 | 120 | 116 | 128 | 137 | 153 | 98 | 84 | 112 |
| 154 | 174 | 209 | 207 | 176 | 171 | 191 | 229 | 169 | 132 | 141 |
| 108 | 121 | 143 | 138 | 119 | 118 | 131 | 154 | 108 | 82 | 94 |
| 98 | 113 | 141 | 140 | 119 | 113 | 123 | 153 | 117 | 90 | 103 |
| 411 | 463 | 570 | 579 | 473 | 404 | 409 | 526 | 425 | 333 | 306 |
| 352 | 393 | 479 | 490 | 398 | 346 | 354 | 455 | 368 | 287 | 280 |
| 909 | 965 | 1,096 | 1,103 | 922 | 732 | 639 | 782 | 632 | 523 | 596 |
| 525 | 591 | 723 | 760 | 634 | 513 | 470 | 601 | 487 | 397 | 414 |
| 113 | 131 | 154 | 148 | 137 | 139 | 155 | 186 | 128 | 109 | 144 |
| 50 | 59 | 77 | 75 | 63 | 61 | 65 | 85 | 68 | 52 | 65 |
| 58 | 66 | 85 | 81 | 69 | 66 | 68 | 88 | 68 | 51 | 62 |
| 39 | 44 | 53 | 52 | 47 | 48 | 49 | 62 | 42 | 35 | 47 |
| 40 | 45 | 55 | 58 | 54 | 52 | 54 | 64 | 47 | 39 | 48 |
| 101 | 118 | 147 | 145 | 128 | 125 | 130 | 161 | 124 | 103 | 136 |
| 97 | 112 | 140 | 141 | 122 | 118 | 122 | 158 | 117 | 96 | 108 |
| 191 | 213 | 261 | 263 | 228 | 219 | 227 | 284 | 214 | 175 | 197 |
| 430 | 467 | 570 | 574 | 470 | 404 | 385 | 494 | 392 | 317 | 316 |
| 90 | 100 | 127 | 128 | 112 | 106 | 108 | 136 | 103 | 84 | 97 |
| 80 | 89 | 106 | 102 | 85 | 80 | 80 | 100 | 73 | 56 | 65 |
| 132 | 149 | 188 | 188 | 158 | 141 | 139 | 194 | 152 | 122 | 138 |
| 481 | 525 | 664 | 697 | 568 | 470 | 447 | 613 | 500 | 421 | 413 |
| 287 | 322 | 404 | 413 | 350 | 320 | 319 | 410 | 317 | 256 | 287 |
| 65 | 74 | 94 | 98 | 85 | 80 | 83 | 110 | 85 | 70 | 74 |
| 46 | 50 | 63 | 65 | 60 | 59 | 61 | 78 | 58 | 49 | 60 |
| 29 | 33 | 38 | 35 | 32 | 35 | 39 | 46 | 31 | 26 | 38 |
| 33 | 38 | 44 | 41 | 37 | 42 | 46 | 58 | 40 | 33 | 52 |
| 100 | 108 | 135 | 129 | 108 | 108 | 113 | 144 | 113 | 89 | 113 |
| 149 | 166 | 207 | 201 | 166 | 159 | 164 | 210 | 166 | 128 | 154 |
| 65 | 74 | 93 | 90 | 77 | 80 | 90 | 118 | 89 | 72 | 91 |
| 36 | 41 | 49 | 47 | 44 | 46 | 52 | 65 | 44 | 36 | 49 |
| 49 | 56 | 70 | 66 | 55 | 56 | 61 | 79 | 58 | 45 | 59 |
| 67 | 76 | 94 | 91 | 81 | 85 | 91 | 115 | 82 | 67 | 88 |
| 33 | 39 | 48 | 46 | 41 | 44 | 48 | 61 | 46 | 37 | 52 |
| 298 | 329 | 372 | 352 | 299 | 296 | 313 | 384 | 266 | 219 | 261 |
| 44 | 48 | 54 | 51 | 48 | 53 | 57 | 65 | 43 | 37 | 49 |
| 65 | 73 | 85 | 84 | 81 | 89 | 97 | 112 | 74 | 65 | 85 |
| 93 | 103 | 114 | 107 | 104 | 112 | 123 | 139 | 94 | 82 | 114 |
| 58 | 65 | 76 | 72 | 65 | 70 | 79 | 96 | 68 | 56 | 75 |
| 56 | 63 | 71 | 66 | 63 | 70 | 79 | 91 | 60 | 52 | 71 |
| 83 | 92 | 100 | 95 | 96 | 108 | 123 | 132 | 84 | 76 | 108 |
| 92 | 95 | 107 | 99 | 87 | 90 | 92 | 91 | 49 | 49 | 62 |

第10表　都 道 府 県 、 年 齢 （ 5 歳 階 級 ） 、
Table 10.　Population by Age (Five-Year Groups) and Sex

（単位　千人）

| 都 道 府 県<br>Prefectures | 日 本 人 人 口　　男 | | | | | | | |
|---|---|---|---|---|---|---|---|---|
| | 総　数<br>Total | 0〜4歳<br>years old | 5〜9 | 10〜14 | 15〜19 | 20〜24 | 25〜29 | 30〜34 |
| 全　　　　　国　Japan | 59,314 | 2,131 | 2,492 | 2,684 | 2,781 | 2,987 | 3,028 | 3,098 |
| 01 北　海　道　Hokkaido | 2,407 | 76 | 92 | 102 | 109 | 114 | 111 | 118 |
| 02 青　森　県　Aomori-ken | 565 | 17 | 21 | 24 | 26 | 23 | 23 | 26 |
| 03 岩　手　県　Iwate-ken | 566 | 17 | 22 | 25 | 26 | 23 | 24 | 26 |
| 04 宮　城　県　Miyagi-ken | 1,100 | 37 | 46 | 49 | 52 | 61 | 57 | 58 |
| 05 秋　田　県　Akita-ken | 438 | 12 | 15 | 18 | 18 | 15 | 16 | 18 |
| 06 山　形　県　Yamagata-ken | 502 | 16 | 20 | 22 | 24 | 21 | 21 | 23 |
| 07 福　島　県　Fukushima-ken | 878 | 28 | 35 | 37 | 41 | 37 | 39 | 44 |
| 08 茨　城　県　Ibaraki-ken | 1,380 | 45 | 55 | 61 | 65 | 65 | 64 | 69 |
| 09 栃　木　県　Tochigi-ken | 930 | 31 | 38 | 42 | 44 | 41 | 43 | 48 |
| 10 群　馬　県　Gumma-ken | 914 | 30 | 36 | 41 | 45 | 42 | 41 | 44 |
| 11 埼　玉　県　Saitama-ken | 3,542 | 123 | 144 | 155 | 162 | 183 | 186 | 190 |
| 12 千　葉　県　Chiba-ken | 3,024 | 105 | 122 | 132 | 138 | 158 | 157 | 160 |
| 13 東　京　都　Tokyo-to | 6,595 | 237 | 263 | 261 | 262 | 383 | 461 | 432 |
| 14 神　奈　川　県　Kanagawa-ken | 4,459 | 155 | 180 | 192 | 202 | 248 | 257 | 244 |
| 15 新　潟　県　Niigata-ken | 1,039 | 33 | 41 | 46 | 48 | 45 | 44 | 49 |
| 16 富　山　県　Toyama-ken | 485 | 16 | 19 | 21 | 23 | 22 | 22 | 23 |
| 17 石　川　県　Ishikawa-ken | 534 | 19 | 23 | 25 | 27 | 30 | 26 | 26 |
| 18 福　井　県　Fukui-ken | 361 | 13 | 16 | 18 | 19 | 16 | 17 | 18 |
| 19 山　梨　県　Yamanashi-ken | 385 | 13 | 15 | 17 | 19 | 19 | 18 | 18 |
| 20 長　野　県　Nagano-ken | 971 | 34 | 40 | 45 | 47 | 40 | 42 | 45 |
| 21 岐　阜　県　Gifu-ken | 916 | 32 | 39 | 44 | 46 | 43 | 39 | 42 |
| 22 静　岡　県　Shizuoka-ken | 1,718 | 58 | 71 | 80 | 82 | 73 | 78 | 85 |
| 23 愛　知　県　Aichi-ken | 3,601 | 140 | 160 | 172 | 174 | 196 | 201 | 205 |
| 24 三　重　県　Mie-ken | 824 | 29 | 34 | 38 | 40 | 37 | 39 | 41 |
| 25 滋　賀　県　Shiga-ken | 676 | 27 | 32 | 35 | 36 | 37 | 34 | 35 |
| 26 京　都　府　Kyoto-fu | 1,185 | 41 | 49 | 53 | 59 | 74 | 64 | 58 |
| 27 大　阪　府　Osaka-fu | 4,074 | 153 | 169 | 183 | 191 | 228 | 226 | 219 |
| 28 兵　庫　県　Hyogo-ken | 2,510 | 94 | 111 | 121 | 125 | 120 | 113 | 123 |
| 29 奈　良　県　Nara-ken | 607 | 21 | 26 | 28 | 31 | 30 | 25 | 27 |
| 30 和　歌　山　県　Wakayama-ken | 423 | 15 | 18 | 19 | 20 | 17 | 17 | 19 |
| 31 鳥　取　県　Tottori-ken | 258 | 10 | 12 | 12 | 13 | 11 | 11 | 12 |
| 32 島　根　県　Shimane-ken | 314 | 12 | 14 | 15 | 16 | 13 | 13 | 14 |
| 33 岡　山　県　Okayama-ken | 881 | 34 | 39 | 42 | 44 | 46 | 43 | 44 |
| 34 広　島　県　Hiroshima-ken | 1,312 | 50 | 59 | 64 | 65 | 65 | 63 | 66 |
| 35 山　口　県　Yamaguchi-ken | 616 | 21 | 26 | 28 | 29 | 28 | 26 | 28 |
| 36 徳　島　県　Tokushima-ken | 334 | 11 | 13 | 14 | 15 | 15 | 14 | 15 |
| 37 香　川　県　Kagawa-ken | 444 | 16 | 19 | 21 | 22 | 19 | 18 | 21 |
| 38 愛　媛　県　Ehime-ken | 614 | 21 | 26 | 29 | 29 | 26 | 26 | 28 |
| 39 高　知　県　Kochi-ken | 317 | 10 | 12 | 14 | 15 | 14 | 13 | 13 |
| 40 福　岡　県　Fukuoka-ken | 2,378 | 99 | 114 | 119 | 117 | 130 | 122 | 124 |
| 41 佐　賀　県　Saga-ken | 377 | 16 | 18 | 20 | 20 | 17 | 16 | 18 |
| 42 長　崎　県　Nagasaki-ken | 599 | 23 | 28 | 30 | 29 | 24 | 23 | 27 |
| 43 熊　本　県　Kumamoto-ken | 806 | 33 | 39 | 42 | 40 | 36 | 34 | 38 |
| 44 大　分　県　Oita-ken | 519 | 19 | 23 | 25 | 25 | 22 | 22 | 24 |
| 45 宮　崎　県　Miyazaki-ken | 494 | 20 | 23 | 26 | 25 | 19 | 20 | 22 |
| 46 鹿　児　島　県　Kagoshima-ken | 733 | 30 | 35 | 38 | 36 | 29 | 29 | 32 |
| 47 沖　縄　県　Okinawa-ken | 710 | 38 | 42 | 42 | 40 | 35 | 36 | 39 |

男　女　別　人　口－総人口、日本人人口（2022年10月1日現在）（続き）
for Prefectures - Total population, Japanese population, October 1, 2022 – Continued

(Thousand persons)

| | | | | Japanese population | | Male | | | | |
|---|---|---|---|---|---|---|---|---|---|---|
| 35～39 | 40～44 | 45～49 | 50～54 | 55～59 | 60～64 | 65～69 | 70～74 | 75～79 | 80～84 | 85歳以上 and over |
| 3,529 | 3,923 | 4,712 | 4,685 | 3,980 | 3,644 | 3,634 | 4,381 | 3,136 | 2,383 | 2,105 |
| 137 | 155 | 188 | 181 | 161 | 160 | 169 | 200 | 134 | 102 | 100 |
| 31 | 36 | 42 | 42 | 39 | 42 | 44 | 50 | 32 | 24 | 22 |
| 31 | 36 | 42 | 41 | 39 | 41 | 44 | 48 | 31 | 25 | 25 |
| 68 | 76 | 86 | 81 | 71 | 71 | 74 | 84 | 53 | 40 | 38 |
| 23 | 28 | 32 | 30 | 29 | 34 | 38 | 42 | 27 | 21 | 22 |
| 28 | 32 | 36 | 34 | 32 | 36 | 39 | 45 | 28 | 22 | 24 |
| 51 | 57 | 65 | 62 | 60 | 65 | 69 | 75 | 45 | 35 | 34 |
| 81 | 91 | 110 | 108 | 91 | 86 | 94 | 110 | 79 | 59 | 47 |
| 57 | 63 | 75 | 72 | 61 | 60 | 65 | 75 | 50 | 36 | 30 |
| 51 | 59 | 73 | 73 | 60 | 57 | 61 | 73 | 54 | 39 | 34 |
| 213 | 241 | 297 | 302 | 244 | 206 | 202 | 249 | 193 | 146 | 107 |
| 182 | 203 | 249 | 255 | 206 | 176 | 174 | 216 | 167 | 126 | 97 |
| 463 | 493 | 557 | 562 | 477 | 376 | 317 | 372 | 279 | 211 | 190 |
| 272 | 305 | 372 | 392 | 330 | 264 | 233 | 285 | 219 | 169 | 140 |
| 58 | 67 | 79 | 76 | 69 | 70 | 76 | 89 | 59 | 45 | 44 |
| 26 | 31 | 40 | 39 | 31 | 30 | 31 | 40 | 30 | 21 | 19 |
| 29 | 34 | 43 | 41 | 34 | 32 | 33 | 41 | 31 | 21 | 19 |
| 20 | 23 | 27 | 26 | 23 | 24 | 24 | 30 | 19 | 15 | 15 |
| 21 | 23 | 28 | 30 | 27 | 26 | 27 | 31 | 22 | 17 | 16 |
| 52 | 61 | 75 | 75 | 65 | 62 | 64 | 78 | 57 | 44 | 45 |
| 50 | 57 | 72 | 71 | 60 | 57 | 59 | 75 | 54 | 41 | 36 |
| 100 | 111 | 135 | 135 | 116 | 110 | 112 | 136 | 98 | 75 | 65 |
| 226 | 244 | 296 | 297 | 243 | 204 | 189 | 233 | 179 | 137 | 106 |
| 46 | 52 | 65 | 65 | 56 | 52 | 52 | 64 | 47 | 36 | 32 |
| 41 | 45 | 54 | 52 | 43 | 39 | 39 | 48 | 34 | 25 | 22 |
| 65 | 73 | 92 | 93 | 77 | 69 | 66 | 89 | 67 | 51 | 45 |
| 238 | 260 | 328 | 346 | 280 | 231 | 215 | 282 | 219 | 174 | 133 |
| 142 | 158 | 198 | 201 | 169 | 153 | 152 | 190 | 141 | 106 | 92 |
| 32 | 36 | 46 | 47 | 40 | 38 | 39 | 50 | 38 | 30 | 25 |
| 23 | 25 | 32 | 32 | 28 | 28 | 29 | 36 | 26 | 20 | 18 |
| 15 | 17 | 19 | 18 | 16 | 17 | 19 | 22 | 14 | 10 | 11 |
| 17 | 19 | 23 | 21 | 19 | 21 | 23 | 28 | 18 | 13 | 16 |
| 50 | 55 | 68 | 65 | 53 | 52 | 55 | 68 | 51 | 37 | 36 |
| 76 | 84 | 105 | 101 | 82 | 78 | 80 | 99 | 75 | 53 | 48 |
| 33 | 37 | 47 | 45 | 37 | 39 | 43 | 55 | 39 | 29 | 27 |
| 18 | 21 | 24 | 23 | 21 | 22 | 25 | 31 | 20 | 15 | 15 |
| 25 | 28 | 35 | 33 | 27 | 27 | 29 | 37 | 26 | 19 | 19 |
| 33 | 38 | 47 | 45 | 39 | 41 | 43 | 54 | 36 | 27 | 27 |
| 17 | 20 | 24 | 23 | 20 | 21 | 23 | 29 | 20 | 15 | 15 |
| 147 | 162 | 184 | 172 | 143 | 142 | 149 | 177 | 116 | 87 | 76 |
| 22 | 24 | 27 | 25 | 23 | 25 | 28 | 31 | 19 | 14 | 15 |
| 32 | 36 | 41 | 41 | 38 | 43 | 47 | 53 | 32 | 25 | 26 |
| 46 | 51 | 56 | 52 | 50 | 54 | 59 | 66 | 42 | 32 | 35 |
| 29 | 33 | 38 | 35 | 31 | 34 | 38 | 45 | 30 | 23 | 23 |
| 27 | 31 | 35 | 32 | 30 | 33 | 38 | 43 | 27 | 21 | 22 |
| 40 | 45 | 49 | 46 | 46 | 53 | 60 | 65 | 38 | 31 | 33 |
| 45 | 47 | 54 | 50 | 43 | 45 | 46 | 45 | 23 | 21 | 20 |

第10表　都 道 府 県 、年 齢 （ 5 歳 階 級 ）、
Table 10.　Population by Age (Five-Year Groups) and Sex

（単位　千人）

| 都　道　府　県<br><br>Prefectures | 日 本 人 人 口　　女 | | | | | | | |
|---|---|---|---|---|---|---|---|---|
| | 総　数<br><br>Total | 0～4歳<br><br>years old | 5～9 | 10～14 | 15～19 | 20～24 | 25～29 | 30～34 |
| 全　　　　　　　国　Japan | 62,717 | 2,032 | 2,373 | 2,555 | 2,637 | 2,850 | 2,910 | 2,976 |
| 01 北　海　道　Hokkaido | 2,692 | 73 | 88 | 97 | 103 | 104 | 106 | 116 |
| 02 青　森　県　Aomori-ken | 633 | 17 | 21 | 23 | 24 | 20 | 21 | 24 |
| 03 岩　手　県　Iwate-ken | 606 | 16 | 21 | 23 | 24 | 20 | 21 | 24 |
| 04 宮　城　県　Miyagi-ken | 1,156 | 36 | 43 | 47 | 49 | 57 | 53 | 57 |
| 05 秋　田　県　Akita-ken | 488 | 11 | 14 | 17 | 17 | 13 | 14 | 17 |
| 06 山　形　県　Yamagata-ken | 532 | 15 | 19 | 21 | 22 | 18 | 18 | 22 |
| 07 福　島　県　Fukushima-ken | 898 | 27 | 33 | 35 | 38 | 31 | 34 | 39 |
| 08 茨　城　県　Ibaraki-ken | 1,387 | 43 | 52 | 58 | 61 | 58 | 56 | 61 |
| 09 栃　木　県　Tochigi-ken | 934 | 29 | 36 | 39 | 42 | 38 | 37 | 42 |
| 10 群　馬　県　Gumma-ken | 936 | 28 | 34 | 39 | 42 | 39 | 37 | 39 |
| 11 埼　玉　県　Saitama-ken | 3,594 | 118 | 138 | 148 | 155 | 178 | 181 | 178 |
| 12 千　葉　県　Chiba-ken | 3,076 | 100 | 116 | 125 | 131 | 150 | 151 | 151 |
| 13 東　京　都　Tokyo-to | 6,848 | 227 | 252 | 248 | 252 | 388 | 458 | 422 |
| 14 神　奈　川　県　Kanagawa-ken | 4,531 | 148 | 171 | 183 | 191 | 238 | 239 | 228 |
| 15 新　潟　県　Niigata-ken | 1,097 | 32 | 39 | 43 | 45 | 40 | 40 | 46 |
| 16 富　山　県　Toyama-ken | 513 | 15 | 18 | 20 | 21 | 18 | 19 | 20 |
| 17 石　川　県　Ishikawa-ken | 568 | 18 | 22 | 24 | 25 | 26 | 24 | 25 |
| 18 福　井　県　Fukui-ken | 377 | 13 | 15 | 17 | 17 | 13 | 15 | 16 |
| 19 山　梨　県　Yamanashi-ken | 398 | 13 | 15 | 16 | 18 | 17 | 15 | 17 |
| 20 長　野　県　Nagano-ken | 1,012 | 32 | 38 | 43 | 44 | 35 | 38 | 42 |
| 21 岐　阜　県　Gifu-ken | 972 | 31 | 37 | 42 | 44 | 41 | 37 | 40 |
| 22 静　岡　県　Shizuoka-ken | 1,766 | 55 | 67 | 76 | 77 | 65 | 69 | 77 |
| 23 愛　知　県　Aichi-ken | 3,627 | 132 | 152 | 163 | 165 | 182 | 185 | 183 |
| 24 三　重　県　Mie-ken | 865 | 27 | 33 | 37 | 38 | 35 | 34 | 37 |
| 25 滋　賀　県　Shiga-ken | 697 | 26 | 30 | 33 | 33 | 34 | 31 | 33 |
| 26 京　都　府　Kyoto-fu | 1,300 | 39 | 46 | 50 | 55 | 71 | 63 | 59 |
| 27 大　阪　府　Osaka-fu | 4,450 | 145 | 162 | 174 | 185 | 231 | 235 | 226 |
| 28 兵　庫　県　Hyogo-ken | 2,777 | 90 | 106 | 115 | 119 | 125 | 118 | 124 |
| 29 奈　良　県　Nara-ken | 684 | 20 | 25 | 27 | 30 | 31 | 26 | 28 |
| 30 和　歌　山　県　Wakayama-ken | 473 | 14 | 17 | 19 | 19 | 16 | 17 | 19 |
| 31 鳥　取　県　Tottori-ken | 281 | 9 | 11 | 12 | 12 | 10 | 10 | 12 |
| 32 島　根　県　Shimane-ken | 334 | 11 | 13 | 14 | 14 | 11 | 12 | 13 |
| 33 岡　山　県　Okayama-ken | 951 | 32 | 37 | 40 | 41 | 45 | 42 | 43 |
| 34 広　島　県　Hiroshima-ken | 1,396 | 47 | 56 | 61 | 61 | 59 | 59 | 63 |
| 35 山　口　県　Yamaguchi-ken | 681 | 20 | 24 | 27 | 28 | 24 | 24 | 26 |
| 36 徳　島　県　Tokushima-ken | 364 | 11 | 12 | 14 | 14 | 14 | 13 | 14 |
| 37 香　川　県　Kagawa-ken | 476 | 15 | 18 | 20 | 21 | 17 | 18 | 20 |
| 38 愛　媛　県　Ehime-ken | 680 | 20 | 24 | 27 | 28 | 23 | 24 | 27 |
| 39 高　知　県　Kochi-ken | 354 | 10 | 12 | 13 | 14 | 12 | 12 | 13 |
| 40 福　岡　県　Fukuoka-ken | 2,653 | 95 | 108 | 114 | 113 | 131 | 128 | 130 |
| 41 佐　賀　県　Saga-ken | 417 | 15 | 17 | 19 | 19 | 16 | 16 | 18 |
| 42 長　崎　県　Nagasaki-ken | 674 | 22 | 26 | 28 | 28 | 22 | 23 | 27 |
| 43 熊　本　県　Kumamoto-ken | 894 | 32 | 37 | 39 | 38 | 34 | 34 | 39 |
| 44 大　分　県　Oita-ken | 573 | 18 | 22 | 24 | 23 | 20 | 20 | 23 |
| 45 宮　崎　県　Miyazaki-ken | 551 | 19 | 23 | 25 | 23 | 18 | 19 | 22 |
| 40 鹿　児　島　県　Kagoshima-ken | 817 | 29 | 33 | 36 | 34 | 28 | 29 | 35 |
| 47 沖　縄　県　Okinawa-ken | 736 | 36 | 40 | 41 | 38 | 34 | 36 | 40 |

男　女　別　人　口－総人口、日本人人口（2022年10月1日現在）（続き）
for Prefectures - Total population, Japanese population, October 1, 2022－Continued

(Thousand persons)

| | | | | | Japanese population | | Female | | | |
|---|---|---|---|---|---|---|---|---|---|---|
| 35～39 | 40～44 | 45～49 | 50～54 | 55～59 | 60～64 | 65～69 | 70～74 | 75～79 | 80～84 | 85歳以上 and over |
| 3,405 | 3,790 | 4,564 | 4,572 | 3,955 | 3,704 | 3,829 | 4,903 | 3,858 | 3,336 | 4,468 |
| 137 | 157 | 190 | 189 | 176 | 174 | 189 | 240 | 180 | 158 | 214 |
| 31 | 35 | 42 | 43 | 42 | 46 | 50 | 58 | 43 | 39 | 56 |
| 29 | 34 | 40 | 39 | 38 | 42 | 46 | 53 | 39 | 38 | 58 |
| 67 | 74 | 83 | 78 | 70 | 72 | 78 | 91 | 63 | 56 | 82 |
| 22 | 26 | 30 | 30 | 30 | 36 | 41 | 47 | 34 | 33 | 54 |
| 26 | 30 | 34 | 33 | 32 | 37 | 40 | 46 | 33 | 32 | 53 |
| 46 | 51 | 59 | 57 | 56 | 63 | 69 | 78 | 53 | 50 | 78 |
| 73 | 83 | 99 | 99 | 85 | 85 | 96 | 119 | 90 | 73 | 94 |
| 51 | 57 | 68 | 66 | 58 | 59 | 66 | 79 | 58 | 47 | 64 |
| 47 | 54 | 68 | 68 | 59 | 56 | 62 | 79 | 63 | 52 | 70 |
| 198 | 222 | 273 | 277 | 229 | 198 | 207 | 277 | 232 | 187 | 199 |
| 170 | 190 | 230 | 235 | 192 | 170 | 180 | 239 | 201 | 161 | 183 |
| 446 | 472 | 539 | 541 | 445 | 357 | 321 | 409 | 353 | 313 | 406 |
| 253 | 286 | 351 | 368 | 303 | 249 | 237 | 316 | 268 | 228 | 274 |
| 55 | 63 | 75 | 72 | 68 | 70 | 78 | 96 | 69 | 63 | 100 |
| 24 | 28 | 37 | 37 | 31 | 31 | 34 | 45 | 37 | 30 | 46 |
| 28 | 33 | 42 | 40 | 35 | 34 | 35 | 47 | 37 | 30 | 44 |
| 19 | 21 | 26 | 25 | 24 | 24 | 25 | 32 | 23 | 20 | 32 |
| 19 | 22 | 27 | 28 | 26 | 26 | 27 | 33 | 25 | 22 | 32 |
| 49 | 57 | 71 | 70 | 63 | 63 | 65 | 84 | 67 | 58 | 91 |
| 47 | 54 | 69 | 70 | 62 | 61 | 64 | 83 | 63 | 55 | 73 |
| 91 | 103 | 126 | 127 | 112 | 109 | 115 | 148 | 116 | 100 | 133 |
| 204 | 222 | 274 | 277 | 228 | 200 | 195 | 261 | 213 | 180 | 210 |
| 43 | 49 | 62 | 63 | 56 | 54 | 56 | 72 | 56 | 48 | 65 |
| 39 | 44 | 52 | 50 | 43 | 41 | 41 | 52 | 39 | 32 | 44 |
| 67 | 76 | 95 | 95 | 81 | 73 | 73 | 105 | 85 | 71 | 93 |
| 242 | 266 | 336 | 351 | 287 | 239 | 232 | 331 | 281 | 247 | 279 |
| 145 | 164 | 206 | 211 | 181 | 167 | 167 | 219 | 176 | 150 | 196 |
| 34 | 38 | 48 | 51 | 45 | 42 | 44 | 59 | 4/ | 39 | 49 |
| 23 | 25 | 32 | 33 | 32 | 31 | 32 | 42 | 33 | 29 | 41 |
| 14 | 16 | 18 | 17 | 17 | 18 | 20 | 24 | 17 | 15 | 27 |
| 16 | 18 | 21 | 20 | 19 | 21 | 23 | 29 | 22 | 20 | 36 |
| 50 | 54 | 67 | 65 | 55 | 56 | 58 | 76 | 62 | 51 | 78 |
| 73 | 82 | 102 | 100 | 84 | 82 | 85 | 111 | 91 | 75 | 106 |
| 32 | 36 | 46 | 46 | 40 | 42 | 47 | 63 | 50 | 43 | 63 |
| 18 | 20 | 24 | 24 | 23 | 24 | 27 | 34 | 24 | 21 | 34 |
| 24 | 28 | 35 | 33 | 28 | 29 | 31 | 42 | 32 | 26 | 40 |
| 34 | 38 | 47 | 46 | 42 | 44 | 48 | 61 | 46 | 40 | 61 |
| 17 | 19 | 24 | 23 | 21 | 23 | 25 | 32 | 26 | 22 | 36 |
| 151 | 167 | 188 | 180 | 156 | 154 | 164 | 207 | 151 | 132 | 185 |
| 22 | 24 | 27 | 26 | 25 | 27 | 30 | 34 | 24 | 22 | 35 |
| 33 | 37 | 43 | 43 | 43 | 46 | 51 | 59 | 42 | 40 | 59 |
| 47 | 52 | 57 | 55 | 54 | 58 | 64 | 73 | 52 | 49 | 79 |
| 28 | 32 | 38 | 37 | 34 | 37 | 41 | 51 | 38 | 34 | 52 |
| 28 | 32 | 36 | 34 | 33 | 36 | 41 | 48 | 33 | 31 | 49 |
| 43 | 47 | 51 | 49 | 50 | 56 | 63 | 68 | 46 | 45 | 75 |
| 46 | 48 | 53 | 49 | 44 | 45 | 46 | 46 | 26 | 28 | 41 |

第11表　都 道 府 県 、 年 齢 （ 3 区 分 ）、
Table 11.　Population by Age (3 Groups) and Sex

（単位　千人）

| 都　道　府　県 Prefectures | 総 人 口 男 女 計 Both sexes 総　数 Total | 15歳未満 Under | 15～64 | 65歳以上 and over | 65～74歳 years old | 75歳以上 and over | 総　数 Total | 15歳未満 Under |
|---|---|---|---|---|---|---|---|---|
| 全　　　　　　　国 Japan | 124,947 | 14,503 | 74,208 | 36,236 | 16,872 | 19,364 | 60,758 | 7,428 |
| 01 北 海 道 Hokkaido | 5,140 | 530 | 2,924 | 1,686 | 799 | 888 | 2,427 | 271 |
| 02 青 森 県 Aomori-ken | 1,204 | 123 | 663 | 419 | 202 | 217 | 568 | 63 |
| 03 岩 手 県 Iwate-ken | 1,181 | 125 | 648 | 408 | 191 | 217 | 570 | 64 |
| 04 宮 城 県 Miyagi-ken | 2,280 | 258 | 1,363 | 659 | 328 | 332 | 1,112 | 132 |
| 05 秋 田 県 Akita-ken | 930 | 86 | 484 | 359 | 167 | 192 | 439 | 44 |
| 06 山 形 県 Yamagata-ken | 1,041 | 113 | 566 | 362 | 171 | 191 | 505 | 58 |
| 07 福 島 県 Fukushima-ken | 1,790 | 197 | 1,007 | 586 | 291 | 295 | 884 | 100 |
| 08 茨 城 県 Ibaraki-ken | 2,840 | 321 | 1,655 | 864 | 421 | 442 | 1,418 | 164 |
| 09 栃 木 県 Tochigi-ken | 1,909 | 217 | 1,121 | 572 | 287 | 285 | 952 | 112 |
| 10 群 馬 県 Gumma-ken | 1,913 | 216 | 1,108 | 589 | 278 | 311 | 947 | 111 |
| 11 埼 玉 県 Saitama-ken | 7,337 | 847 | 4,483 | 2,007 | 941 | 1,066 | 3,643 | 434 |
| 12 千 葉 県 Chiba-ken | 6,266 | 717 | 3,796 | 1,753 | 815 | 938 | 3,104 | 367 |
| 13 東 京 都 Tokyo-to | 14,038 | 1,535 | 9,301 | 3,202 | 1,440 | 1,762 | 6,889 | 785 |
| 14 神 奈 川 県 Kanagawa-ken | 9,232 | 1,053 | 5,797 | 2,383 | 1,080 | 1,303 | 4,579 | 539 |
| 15 新 潟 県 Niigata-ken | 2,153 | 235 | 1,195 | 722 | 341 | 381 | 1,046 | 120 |
| 16 富 山 県 Toyama-ken | 1,017 | 111 | 570 | 335 | 151 | 185 | 495 | 57 |
| 17 石 川 県 Ishikawa-ken | 1,118 | 132 | 648 | 338 | 157 | 181 | 543 | 67 |
| 18 福 井 県 Fukui-ken | 753 | 92 | 426 | 235 | 111 | 124 | 368 | 47 |
| 19 山 梨 県 Yamanashi-ken | 802 | 89 | 460 | 252 | 118 | 134 | 394 | 46 |
| 20 長 野 県 Nagano-ken | 2,020 | 235 | 1,129 | 657 | 293 | 364 | 988 | 120 |
| 21 岐 阜 県 Gifu-ken | 1,946 | 231 | 1,111 | 604 | 282 | 322 | 945 | 118 |
| 22 静 岡 県 Shizuoka-ken | 3,582 | 417 | 2,064 | 1,101 | 514 | 587 | 1,766 | 214 |
| 23 愛 知 県 Aichi-ken | 7,495 | 948 | 4,628 | 1,920 | 888 | 1,032 | 3,734 | 486 |
| 24 三 重 県 Mie-ken | 1,742 | 204 | 1,008 | 531 | 245 | 285 | 851 | 104 |
| 25 滋 賀 県 Shiga-ken | 1,409 | 186 | 845 | 378 | 182 | 196 | 695 | 96 |
| 26 京 都 府 Kyoto-fu | 2,550 | 282 | 1,512 | 755 | 338 | 417 | 1,217 | 145 |
| 27 大 阪 府 Osaka-fu | 8,782 | 1,002 | 5,349 | 2,432 | 1,081 | 1,351 | 4,202 | 513 |
| 28 兵 庫 県 Hyogo-ken | 5,402 | 644 | 3,151 | 1,608 | 739 | 869 | 2,567 | 330 |
| 29 奈 良 県 Nara-ken | 1,306 | 148 | 735 | 423 | 194 | 229 | 614 | 76 |
| 30 和 歌 山 県 Wakayama-ken | 903 | 101 | 495 | 307 | 140 | 167 | 426 | 52 |
| 31 鳥 取 県 Tottori-ken | 544 | 66 | 298 | 180 | 85 | 94 | 260 | 34 |
| 32 島 根 県 Shimane-ken | 658 | 79 | 350 | 229 | 104 | 125 | 318 | 41 |
| 33 岡 山 県 Okayama-ken | 1,862 | 225 | 1,063 | 574 | 259 | 316 | 896 | 116 |
| 34 広 島 県 Hiroshima-ken | 2,760 | 340 | 1,594 | 826 | 377 | 450 | 1,338 | 174 |
| 35 山 口 県 Yamaguchi-ken | 1,313 | 147 | 704 | 462 | 209 | 253 | 624 | 75 |
| 36 徳 島 県 Tokushima-ken | 704 | 75 | 382 | 246 | 118 | 129 | 336 | 39 |
| 37 香 川 県 Kagawa-ken | 934 | 110 | 522 | 302 | 140 | 162 | 451 | 57 |
| 38 愛 媛 県 Ehime-ken | 1,306 | 147 | 716 | 443 | 206 | 237 | 620 | 75 |
| 39 高 知 県 Kochi-ken | 676 | 72 | 360 | 244 | 109 | 135 | 320 | 37 |
| 40 福 岡 県 Fukuoka-ken | 5,116 | 654 | 3,013 | 1,449 | 700 | 748 | 2,423 | 334 |
| 41 佐 賀 県 Saga-ken | 801 | 105 | 444 | 251 | 123 | 129 | 380 | 54 |
| 42 長 崎 県 Nagasaki-ken | 1,283 | 158 | 690 | 435 | 210 | 225 | 604 | 81 |
| 43 熊 本 県 Kumamoto-ken | 1,718 | 223 | 943 | 552 | 262 | 290 | 814 | 114 |
| 44 大 分 県 Oita-ken | 1,107 | 131 | 600 | 376 | 175 | 200 | 526 | 67 |
| 45 宮 崎 県 Miyazaki-ken | 1,052 | 136 | 565 | 352 | 170 | 182 | 497 | 69 |
| 46 鹿 児 島 県 Kagoshima-ken | 1,563 | 201 | 838 | 523 | 255 | 268 | 738 | 103 |
| 47 沖 縄 県 Okinawa-ken | 1,468 | 240 | 884 | 344 | 184 | 160 | 723 | 123 |

男　女　別　人　口－総人口、日本人人口（2022年10月1日現在）
for Prefectures - Total population, Japanese population, October 1, 2022

(Thousand persons)

| Total population | | | | | | | | | |
|---|---|---|---|---|---|---|---|---|---|
| 男 | Male | | | 女 | | | Female | | |
| 15〜64 | 65歳以上 | | | 総　数 | 15歳未満 | 15〜64 | 65歳以上 | | |
| | and over | 65〜74歳 years old | 75歳以上 and over | Total | Under | | and over | 65〜74歳 years old | 75歳以上 and over |
| 37,605 | 15,725 | 8,070 | 7,655 | 64,189 | 7,074 | 36,604 | 20,511 | 8,802 | 11,709 |
| 1,451 | 705 | 369 | 335 | 2,714 | 259 | 1,473 | 982 | 429 | 552 |
| 333 | 172 | 94 | 79 | 636 | 60 | 330 | 246 | 108 | 138 |
| 332 | 174 | 92 | 81 | 611 | 61 | 316 | 235 | 99 | 136 |
| 691 | 289 | 158 | 131 | 1,168 | 126 | 672 | 371 | 169 | 201 |
| 246 | 149 | 80 | 70 | 491 | 42 | 239 | 210 | 88 | 122 |
| 289 | 158 | 84 | 74 | 536 | 55 | 277 | 204 | 87 | 117 |
| 525 | 258 | 144 | 114 | 906 | 96 | 482 | 328 | 147 | 181 |
| 864 | 389 | 204 | 185 | 1,422 | 156 | 791 | 474 | 217 | 257 |
| 584 | 257 | 141 | 116 | 956 | 105 | 537 | 315 | 146 | 168 |
| 574 | 262 | 135 | 127 | 966 | 105 | 534 | 327 | 143 | 184 |
| 2,309 | 901 | 454 | 447 | 3,694 | 413 | 2,175 | 1,106 | 487 | 619 |
| 1,954 | 783 | 392 | 391 | 3,162 | 349 | 1,843 | 970 | 423 | 547 |
| 4,721 | 1,383 | 699 | 684 | 7,149 | 749 | 4,580 | 1,819 | 742 | 1,077 |
| 2,988 | 1,053 | 522 | 531 | 4,653 | 514 | 2,809 | 1,330 | 558 | 772 |
| 612 | 314 | 166 | 148 | 1,107 | 115 | 584 | 408 | 175 | 233 |
| 295 | 143 | 72 | 71 | 522 | 54 | 275 | 192 | 79 | 113 |
| 330 | 145 | 74 | 71 | 575 | 64 | 318 | 193 | 83 | 110 |
| 219 | 102 | 54 | 49 | 385 | 45 | 207 | 133 | 57 | 76 |
| 237 | 111 | 58 | 54 | 408 | 44 | 223 | 141 | 61 | 80 |
| 578 | 290 | 143 | 147 | 1,032 | 114 | 551 | 367 | 150 | 217 |
| 562 | 265 | 134 | 131 | 1,001 | 113 | 549 | 339 | 148 | 192 |
| 1,065 | 487 | 249 | 238 | 1,816 | 203 | 999 | 614 | 265 | 349 |
| 2,397 | 851 | 427 | 425 | 3,761 | 461 | 2,231 | 1,068 | 462 | 607 |
| 515 | 232 | 116 | 115 | 891 | 99 | 493 | 299 | 129 | 170 |
| 431 | 168 | 88 | 81 | 714 | 91 | 414 | 210 | 94 | 115 |
| 751 | 322 | 157 | 164 | 1,333 | 137 | 762 | 433 | 181 | 252 |
| 2,651 | 1,038 | 506 | 532 | 4,580 | 489 | 2,698 | 1,394 | 575 | 819 |
| 1,548 | 690 | 347 | 342 | 2,835 | 314 | 1,603 | 918 | 391 | 527 |
| 356 | 183 | 90 | 93 | 691 | 73 | 379 | 240 | 104 | 136 |
| 244 | 130 | 66 | 64 | 477 | 50 | 251 | 177 | 74 | 103 |
| 150 | 76 | 41 | 35 | 284 | 32 | 148 | 104 | 44 | 59 |
| 180 | 98 | 51 | 47 | 340 | 38 | 171 | 131 | 53 | 78 |
| 533 | 247 | 123 | 124 | 966 | 110 | 530 | 327 | 135 | 192 |
| 808 | 357 | 179 | 177 | 1,422 | 166 | 786 | 470 | 197 | 272 |
| 355 | 194 | 99 | 96 | 689 | 72 | 350 | 268 | 110 | 158 |
| 191 | 106 | 57 | 50 | 368 | 37 | 191 | 140 | 61 | 79 |
| 264 | 131 | 67 | 64 | 483 | 54 | 258 | 171 | 73 | 98 |
| 357 | 187 | 97 | 90 | 686 | 72 | 359 | 256 | 109 | 147 |
| 181 | 102 | 52 | 51 | 356 | 35 | 180 | 142 | 57 | 84 |
| 1,482 | 607 | 328 | 279 | 2,693 | 320 | 1,532 | 842 | 373 | 469 |
| 220 | 106 | 58 | 48 | 421 | 51 | 224 | 145 | 64 | 81 |
| 339 | 184 | 100 | 84 | 679 | 77 | 351 | 252 | 110 | 141 |
| 465 | 235 | 125 | 110 | 904 | 109 | 478 | 317 | 137 | 180 |
| 300 | 159 | 83 | 76 | 581 | 64 | 300 | 216 | 92 | 124 |
| 278 | 150 | 80 | 69 | 555 | 66 | 287 | 202 | 89 | 113 |
| 409 | 226 | 124 | 102 | 825 | 98 | 429 | 297 | 131 | 166 |
| 445 | 155 | 91 | 64 | 746 | 117 | 439 | 189 | 93 | 96 |

第11表　都　道　府　県　、年　齢　（３　区　分）、

Table 11.　Population by Age (3 Groups) and Sex

（単位　千人）

| 都　道　府　県<br>Prefectures | 日本人人口 | | | | | | | |
|---|---|---|---|---|---|---|---|---|
| | 男　女　計　　Both sexes | | | | | | 総　数<br>Total | 15歳未満<br>Under |
| | 総　数<br>Total | 15歳未満<br>Under | 15～64 | 65歳以上<br>and over | 65～74歳<br>years old | 75歳以上<br>and over | | |
| 全　　　　　国　Japan | 122,031 | 14,268 | 71,730 | 36,033 | 16,747 | 19,286 | 59,314 | 7,307 |
| 01 北　海　道　Hokkaido | 5,098 | 528 | 2,886 | 1,684 | 797 | 887 | 2,407 | 270 |
| 02 青　森　県　Aomori-ken | 1,198 | 123 | 657 | 418 | 202 | 217 | 565 | 63 |
| 03 岩　手　県　Iwate-ken | 1,173 | 125 | 640 | 408 | 191 | 217 | 566 | 64 |
| 04 宮　城　県　Miyagi-ken | 2,256 | 257 | 1,341 | 658 | 327 | 331 | 1,100 | 131 |
| 05 秋　田　県　Akita-ken | 926 | 86 | 481 | 359 | 167 | 191 | 438 | 44 |
| 06 山　形　県　Yamagata-ken | 1,033 | 113 | 559 | 361 | 170 | 191 | 502 | 58 |
| 07 福　島　県　Fukushima-ken | 1,776 | 196 | 995 | 585 | 291 | 295 | 878 | 100 |
| 08 茨　城　県　Ibaraki-ken | 2,767 | 315 | 1,591 | 861 | 419 | 441 | 1,380 | 161 |
| 09 栃　木　県　Tochigi-ken | 1,865 | 213 | 1,082 | 569 | 285 | 284 | 930 | 110 |
| 10 群　馬　県　Gumma-ken | 1,850 | 209 | 1,054 | 587 | 276 | 310 | 914 | 107 |
| 11 埼　玉　県　Saitama-ken | 7,136 | 826 | 4,312 | 1,998 | 934 | 1,064 | 3,542 | 423 |
| 12 千　葉　県　Chiba-ken | 6,100 | 700 | 3,655 | 1,745 | 809 | 935 | 3,024 | 359 |
| 13 東　京　都　Tokyo-to | 13,443 | 1,487 | 8,784 | 3,171 | 1,420 | 1,751 | 6,595 | 761 |
| 14 神　奈　川　県　Kanagawa-ken | 8,991 | 1,030 | 5,593 | 2,368 | 1,071 | 1,298 | 4,459 | 527 |
| 15 新　潟　県　Niigata-ken | 2,136 | 234 | 1,180 | 721 | 340 | 381 | 1,039 | 120 |
| 16 富　山　県　Toyama-ken | 998 | 110 | 554 | 335 | 150 | 184 | 485 | 56 |
| 17 石　川　県　Ishikawa-ken | 1,102 | 131 | 633 | 338 | 157 | 181 | 534 | 67 |
| 18 福　井　県　Fukui-ken | 738 | 91 | 413 | 234 | 110 | 124 | 361 | 47 |
| 19 山　梨　県　Yamanashi-ken | 784 | 88 | 444 | 252 | 118 | 134 | 385 | 45 |
| 20 長　野　県　Nagano-ken | 1,984 | 232 | 1,097 | 654 | 291 | 363 | 971 | 119 |
| 21 岐　阜　県　Gifu-ken | 1,888 | 225 | 1,062 | 601 | 280 | 321 | 916 | 115 |
| 22 静　岡　県　Shizuoka-ken | 3,484 | 407 | 1,981 | 1,096 | 511 | 585 | 1,718 | 209 |
| 23 愛　知　県　Aichi-ken | 7,228 | 918 | 4,406 | 1,904 | 879 | 1,025 | 3,601 | 471 |
| 24 三　重　県　Mie-ken | 1,689 | 198 | 963 | 528 | 244 | 284 | 824 | 101 |
| 25 滋　賀　県　Shiga-ken | 1,373 | 183 | 815 | 375 | 180 | 195 | 676 | 94 |
| 26 京　都　府　Kyoto-fu | 2,485 | 279 | 1,460 | 746 | 333 | 412 | 1,185 | 143 |
| 27 大　阪　府　Osaka-fu | 8,524 | 985 | 5,146 | 2,393 | 1,060 | 1,333 | 4,074 | 504 |
| 28 兵　庫　県　Hyogo-ken | 5,287 | 637 | 3,061 | 1,589 | 729 | 860 | 2,510 | 326 |
| 29 奈　良　県　Nara-ken | 1,291 | 148 | 722 | 421 | 193 | 228 | 607 | 75 |
| 30 和　歌　山　県　Wakayama-ken | 896 | 101 | 489 | 306 | 139 | 167 | 423 | 52 |
| 31 鳥　取　県　Tottori-ken | 539 | 66 | 293 | 179 | 85 | 94 | 258 | 34 |
| 32 島　根　県　Shimane-ken | 648 | 78 | 342 | 228 | 104 | 125 | 314 | 40 |
| 33 岡　山　県　Okayama-ken | 1,832 | 224 | 1,036 | 572 | 257 | 315 | 881 | 115 |
| 34 広　島　県　Hiroshima-ken | 2,708 | 336 | 1,549 | 822 | 374 | 448 | 1,312 | 172 |
| 35 山　口　県　Yamaguchi-ken | 1,297 | 146 | 691 | 459 | 207 | 252 | 616 | 75 |
| 36 徳　島　県　Tokushima-ken | 698 | 75 | 376 | 246 | 117 | 129 | 334 | 39 |
| 37 香　川　県　Kagawa-ken | 920 | 109 | 509 | 302 | 140 | 162 | 444 | 56 |
| 38 愛　媛　県　Ehime-ken | 1,294 | 147 | 704 | 443 | 206 | 237 | 614 | 75 |
| 39 高　知　県　Kochi-ken | 671 | 72 | 355 | 244 | 109 | 135 | 317 | 37 |
| 40 福　岡　県　Fukuoka-ken | 5,030 | 649 | 2,939 | 1,443 | 697 | 746 | 2,378 | 332 |
| 41 佐　賀　県　Saga-ken | 793 | 105 | 437 | 251 | 122 | 129 | 377 | 54 |
| 42 長　崎　県　Nagasaki-ken | 1,272 | 157 | 681 | 434 | 210 | 225 | 599 | 81 |
| 43 熊　本　県　Kumamoto-ken | 1,699 | 223 | 925 | 551 | 261 | 290 | 806 | 114 |
| 44 大　分　県　Oita-ken | 1,092 | 130 | 587 | 375 | 175 | 200 | 519 | 67 |
| 45 宮　崎　県　Miyazaki-ken | 1,044 | 135 | 557 | 351 | 169 | 182 | 494 | 69 |
| 46 鹿　児　島　県　Kagoshima-ken | 1,550 | 201 | 826 | 523 | 255 | 268 | 733 | 103 |
| 47 沖　縄　県　Okinawa-ken | 1,446 | 238 | 865 | 343 | 183 | 160 | 710 | 122 |

男　女　別　人　口－総人口、日本人人口（2022年10月1日現在）（続き）
for Prefectures － Total population, Japanese population, October 1, 2022 - Continued

(Thousand persons)

| Japanese population | | | | | | | | | |
|---|---|---|---|---|---|---|---|---|---|
| 男 | Male | | | 女 | | | Female | | |
| 15〜64 | 65歳以上 | | | 総　数 | 15歳未満 | 15〜64 | 65歳以上 | | |
| | and over | 65〜74歳<br>years old | 75歳以上<br>and over | Total | Under | | and over | 65〜74歳<br>years old | 75歳以上<br>and over |
| 36,368 | 15,639 | 8,015 | 7,624 | 62,717 | 6,960 | 35,362 | 20,394 | 8,733 | 11,662 |
| 1,433 | 704 | 369 | 335 | 2,692 | 258 | 1,453 | 981 | 429 | 552 |
| 331 | 172 | 94 | 78 | 633 | 60 | 327 | 246 | 108 | 138 |
| 329 | 174 | 92 | 81 | 606 | 61 | 311 | 234 | 99 | 136 |
| 681 | 288 | 158 | 131 | 1,156 | 125 | 661 | 370 | 169 | 201 |
| 244 | 149 | 80 | 70 | 488 | 42 | 236 | 209 | 88 | 122 |
| 286 | 157 | 84 | 74 | 532 | 55 | 273 | 204 | 87 | 117 |
| 519 | 258 | 144 | 114 | 898 | 96 | 475 | 327 | 147 | 180 |
| 830 | 388 | 204 | 184 | 1,387 | 153 | 761 | 473 | 216 | 257 |
| 565 | 256 | 140 | 116 | 934 | 103 | 518 | 313 | 145 | 168 |
| 546 | 261 | 134 | 127 | 936 | 102 | 508 | 326 | 142 | 184 |
| 2,222 | 897 | 451 | 446 | 3,594 | 403 | 2,090 | 1,101 | 483 | 618 |
| 1,885 | 780 | 390 | 390 | 3,076 | 341 | 1,770 | 965 | 420 | 545 |
| 4,464 | 1,370 | 690 | 680 | 6,848 | 727 | 4,320 | 1,801 | 730 | 1,071 |
| 2,885 | 1,047 | 518 | 529 | 4,531 | 503 | 2,707 | 1,322 | 553 | 769 |
| 605 | 313 | 165 | 148 | 1,097 | 114 | 575 | 408 | 175 | 233 |
| 286 | 143 | 71 | 71 | 513 | 53 | 267 | 192 | 79 | 113 |
| 322 | 145 | 74 | 71 | 568 | 64 | 311 | 193 | 82 | 110 |
| 212 | 102 | 53 | 48 | 377 | 44 | 200 | 132 | 57 | 75 |
| 229 | 111 | 57 | 54 | 398 | 43 | 215 | 140 | 60 | 80 |
| 563 | 289 | 142 | 147 | 1,012 | 113 | 534 | 365 | 149 | 216 |
| 538 | 263 | 133 | 130 | 972 | 110 | 524 | 338 | 147 | 191 |
| 1,024 | 485 | 248 | 237 | 1,766 | 198 | 957 | 611 | 263 | 348 |
| 2,286 | 844 | 422 | 422 | 3,627 | 447 | 2,120 | 1,059 | 456 | 603 |
| 492 | 230 | 116 | 115 | 865 | 97 | 471 | 297 | 128 | 169 |
| 415 | 167 | 87 | 80 | 697 | 89 | 400 | 208 | 94 | 115 |
| 724 | 318 | 155 | 163 | 1,300 | 136 | 736 | 428 | 178 | 250 |
| 2,548 | 1,022 | 497 | 525 | 4,450 | 481 | 2,598 | 1,371 | 563 | 808 |
| 1,502 | 682 | 343 | 339 | 2,777 | 311 | 1,558 | 908 | 386 | 522 |
| 350 | 182 | 89 | 93 | 684 | 72 | 373 | 239 | 103 | 135 |
| 242 | 129 | 65 | 64 | 473 | 49 | 247 | 177 | 74 | 103 |
| 148 | 76 | 41 | 35 | 281 | 32 | 145 | 103 | 44 | 59 |
| 176 | 98 | 51 | 47 | 334 | 38 | 166 | 130 | 53 | 78 |
| 519 | 246 | 123 | 124 | 951 | 109 | 517 | 326 | 135 | 191 |
| 785 | 355 | 178 | 176 | 1,396 | 164 | 764 | 467 | 196 | 271 |
| 348 | 193 | 98 | 95 | 681 | 71 | 343 | 266 | 109 | 157 |
| 189 | 106 | 57 | 50 | 364 | 36 | 187 | 140 | 61 | 79 |
| 257 | 131 | 67 | 64 | 476 | 53 | 252 | 171 | 73 | 98 |
| 351 | 187 | 97 | 90 | 680 | 72 | 353 | 255 | 109 | 146 |
| 178 | 102 | 52 | 51 | 354 | 35 | 177 | 141 | 57 | 84 |
| 1,442 | 604 | 326 | 278 | 2,653 | 317 | 1,497 | 838 | 371 | 467 |
| 217 | 106 | 58 | 48 | 417 | 51 | 220 | 145 | 64 | 81 |
| 335 | 183 | 100 | 83 | 674 | 77 | 346 | 251 | 110 | 141 |
| 457 | 235 | 125 | 110 | 894 | 109 | 468 | 316 | 136 | 180 |
| 294 | 159 | 83 | 76 | 573 | 64 | 293 | 216 | 92 | 124 |
| 275 | 150 | 80 | 69 | 551 | 66 | 282 | 202 | 89 | 113 |
| 404 | 226 | 124 | 102 | 817 | 98 | 422 | 297 | 131 | 166 |
| 434 | 155 | 91 | 64 | 736 | 117 | 431 | 188 | 93 | 96 |

第12表　都 道 府 県 、年 齢 （3 区 分）、
Table 12. Percentage of Population by Age (3 Groups) and Sex

| 都　道　府　県 Prefectures | 総 人 口 | | | | | | | |
|---|---|---|---|---|---|---|---|---|
| | 男 女 計　Both sexes | | | | | | 総　数 Total | 15歳未満 Under |
| | 総　数 Total | 15歳未満 Under | 15〜64 | 65歳以上 and over | 65〜74歳 years old | 75歳以上 and over | | |
| 全　　　　国　Japan | 100.0 | 11.6 | 59.4 | 29.0 | 13.5 | 15.5 | 100.0 | 12.2 |
| 01 北　海　道　Hokkaido | 100.0 | 10.3 | 56.9 | 32.8 | 15.5 | 17.3 | 100.0 | 11.2 |
| 02 青　森　県　Aomori-ken | 100.0 | 10.2 | 55.0 | 34.8 | 16.8 | 18.0 | 100.0 | 11.1 |
| 03 岩　手　県　Iwate-ken | 100.0 | 10.6 | 54.9 | 34.6 | 16.2 | 18.4 | 100.0 | 11.2 |
| 04 宮　城　県　Miyagi-ken | 100.0 | 11.3 | 59.8 | 28.9 | 14.4 | 14.6 | 100.0 | 11.9 |
| 05 秋　田　県　Akita-ken | 100.0 | 9.3 | 52.1 | 38.6 | 18.0 | 20.6 | 100.0 | 10.1 |
| 06 山　形　県　Yamagata-ken | 100.0 | 10.9 | 54.3 | 34.8 | 16.4 | 18.4 | 100.0 | 11.5 |
| 07 福　島　県　Fukushima-ken | 100.0 | 11.0 | 56.3 | 32.7 | 16.3 | 16.5 | 100.0 | 11.4 |
| 08 茨　城　県　Ibaraki-ken | 100.0 | 11.3 | 58.3 | 30.4 | 14.8 | 15.6 | 100.0 | 11.6 |
| 09 栃　木　県　Tochigi-ken | 100.0 | 11.4 | 58.7 | 29.9 | 15.0 | 14.9 | 100.0 | 11.7 |
| 10 群　馬　県　Gumma-ken | 100.0 | 11.3 | 57.9 | 30.8 | 14.5 | 16.3 | 100.0 | 11.7 |
| 11 埼　玉　県　Saitama-ken | 100.0 | 11.5 | 61.1 | 27.4 | 12.8 | 14.5 | 100.0 | 11.9 |
| 12 千　葉　県　Chiba-ken | 100.0 | 11.4 | 60.6 | 28.0 | 13.0 | 15.0 | 100.0 | 11.8 |
| 13 東　京　都　Tokyo-to | 100.0 | 10.9 | 66.3 | 22.8 | 10.3 | 12.5 | 100.0 | 11.4 |
| 14 神　奈　川　県　Kanagawa-ken | 100.0 | 11.4 | 62.8 | 25.8 | 11.7 | 14.1 | 100.0 | 11.8 |
| 15 新　潟　県　Niigata-ken | 100.0 | 10.9 | 55.5 | 33.5 | 15.8 | 17.7 | 100.0 | 11.5 |
| 16 富　山　県　Toyama-ken | 100.0 | 10.9 | 56.1 | 33.0 | 14.8 | 18.2 | 100.0 | 11.6 |
| 17 石　川　県　Ishikawa-ken | 100.0 | 11.8 | 57.9 | 30.3 | 14.1 | 16.2 | 100.0 | 12.4 |
| 18 福　井　県　Fukui-ken | 100.0 | 12.2 | 56.6 | 31.2 | 14.8 | 16.5 | 100.0 | 12.8 |
| 19 山　梨　県　Yamanashi-ken | 100.0 | 11.1 | 57.4 | 31.5 | 14.8 | 16.7 | 100.0 | 11.6 |
| 20 長　野　県　Nagano-ken | 100.0 | 11.6 | 55.9 | 32.5 | 14.5 | 18.0 | 100.0 | 12.2 |
| 21 岐　阜　県　Gifu-ken | 100.0 | 11.9 | 57.1 | 31.0 | 14.5 | 16.6 | 100.0 | 12.5 |
| 22 静　岡　県　Shizuoka-ken | 100.0 | 11.7 | 57.6 | 30.7 | 14.4 | 16.4 | 100.0 | 12.1 |
| 23 愛　知　県　Aichi-ken | 100.0 | 12.6 | 61.7 | 25.6 | 11.9 | 13.8 | 100.0 | 13.0 |
| 24 三　重　県　Mie-ken | 100.0 | 11.7 | 57.9 | 30.5 | 14.1 | 16.4 | 100.0 | 12.3 |
| 25 滋　賀　県　Shiga-ken | 100.0 | 13.2 | 60.0 | 26.8 | 12.9 | 13.9 | 100.0 | 13.8 |
| 26 京　都　府　Kyoto-fu | 100.0 | 11.1 | 59.3 | 29.6 | 13.3 | 16.3 | 100.0 | 11.9 |
| 27 大　阪　府　Osaka-fu | 100.0 | 11.4 | 60.9 | 27.7 | 12.3 | 15.4 | 100.0 | 12.2 |
| 28 兵　庫　県　Hyogo-ken | 100.0 | 11.9 | 58.3 | 29.8 | 13.7 | 16.1 | 100.0 | 12.8 |
| 29 奈　良　県　Nara-ken | 100.0 | 11.4 | 56.3 | 32.4 | 14.8 | 17.5 | 100.0 | 12.3 |
| 30 和　歌　山　県　Wakayama-ken | 100.0 | 11.2 | 54.8 | 34.0 | 15.5 | 18.5 | 100.0 | 12.2 |
| 31 鳥　取　県　Tottori-ken | 100.0 | 12.2 | 54.8 | 33.1 | 15.7 | 17.4 | 100.0 | 13.1 |
| 32 島　根　県　Shimane-ken | 100.0 | 12.0 | 53.3 | 34.7 | 15.8 | 19.0 | 100.0 | 12.7 |
| 33 岡　山　県　Okayama-ken | 100.0 | 12.1 | 57.1 | 30.8 | 13.9 | 17.0 | 100.0 | 12.9 |
| 34 広　島　県　Hiroshima-ken | 100.0 | 12.3 | 57.7 | 29.9 | 13.6 | 16.3 | 100.0 | 13.0 |
| 35 山　口　県　Yamaguchi-ken | 100.0 | 11.2 | 53.6 | 35.2 | 15.9 | 19.3 | 100.0 | 12.1 |
| 36 徳　島　県　Tokushima-ken | 100.0 | 10.7 | 54.3 | 35.0 | 16.7 | 18.3 | 100.0 | 11.5 |
| 37 香　川　県　Kagawa-ken | 100.0 | 11.8 | 55.8 | 32.4 | 15.0 | 17.4 | 100.0 | 12.5 |
| 38 愛　媛　県　Ehime-ken | 100.0 | 11.3 | 54.8 | 33.9 | 15.8 | 18.1 | 100.0 | 12.2 |
| 39 高　知　県　Kochi-ken | 100.0 | 10.6 | 53.3 | 36.1 | 16.1 | 19.9 | 100.0 | 11.5 |
| 40 福　岡　県　Fukuoka-ken | 100.0 | 12.8 | 58.9 | 28.3 | 13.7 | 14.6 | 100.0 | 13.8 |
| 41 佐　賀　県　Saga-ken | 100.0 | 13.2 | 55.4 | 31.4 | 15.3 | 16.1 | 100.0 | 14.2 |
| 42 長　崎　県　Nagasaki-ken | 100.0 | 12.3 | 53.8 | 33.9 | 16.4 | 17.5 | 100.0 | 13.4 |
| 43 熊　本　県　Kumamoto-ken | 100.0 | 13.0 | 54.9 | 32.1 | 15.2 | 16.9 | 100.0 | 14.0 |
| 44 大　分　県　Oita-ken | 100.0 | 11.8 | 54.2 | 33.9 | 15.8 | 18.1 | 100.0 | 12.7 |
| 45 宮　崎　県　Miyazaki-ken | 100.0 | 12.9 | 53.7 | 33.4 | 16.1 | 17.3 | 100.0 | 13.9 |
| 46 鹿　児　島　県　Kagoshima-ken | 100.0 | 12.9 | 53.6 | 33.5 | 16.3 | 17.2 | 100.0 | 14.0 |
| 47 沖　縄　県　Okinawa-ken | 100.0 | 16.3 | 60.2 | 23.5 | 12.6 | 10.9 | 100.0 | 17.0 |

男　女　別　人　口　の　割　合－総人口、日本人人口（2022年10月1日現在）
for Prefectures - Total population, Japanese population, October 1, 2022

(%)

| Total population | | | | | | | | | |
| Male (男) | | | | Female (女) | | | | | |
| 15~64 | 65歳以上 and over | 65~74歳 years old | 75歳以上 and over | 総数 Total | 15歳未満 Under | 15~64 | 65歳以上 and over | 65~74歳 years old | 75歳以上 and over |
|---|---|---|---|---|---|---|---|---|---|
| 61.9 | 25.9 | 13.3 | 12.6 | 100.0 | 11.0 | 57.0 | 32.0 | 13.7 | 18.2 |
| 59.8 | 29.0 | 15.2 | 13.8 | 100.0 | 9.5 | 54.3 | 36.2 | 15.8 | 20.4 |
| 58.6 | 30.4 | 16.5 | 13.8 | 100.0 | 9.4 | 51.9 | 38.7 | 17.0 | 21.7 |
| 58.3 | 30.5 | 16.2 | 14.3 | 100.0 | 10.0 | 51.7 | 38.4 | 16.2 | 22.2 |
| 62.2 | 26.0 | 14.2 | 11.8 | 100.0 | 10.8 | 57.5 | 31.7 | 14.5 | 17.2 |
| 55.9 | 34.0 | 18.1 | 15.9 | 100.0 | 8.6 | 48.7 | 42.7 | 17.9 | 24.8 |
| 57.2 | 31.2 | 16.6 | 14.6 | 100.0 | 10.3 | 51.6 | 38.1 | 16.2 | 21.9 |
| 59.4 | 29.2 | 16.3 | 12.9 | 100.0 | 10.6 | 53.2 | 36.2 | 16.2 | 19.9 |
| 61.0 | 27.4 | 14.4 | 13.0 | 100.0 | 11.0 | 55.6 | 33.4 | 15.3 | 18.1 |
| 61.3 | 27.0 | 14.8 | 12.2 | 100.0 | 11.0 | 56.1 | 32.9 | 15.3 | 17.6 |
| 60.6 | 27.7 | 14.3 | 13.4 | 100.0 | 10.9 | 55.3 | 33.9 | 14.8 | 19.1 |
| 63.4 | 24.7 | 12.5 | 12.3 | 100.0 | 11.2 | 58.9 | 29.9 | 13.2 | 16.8 |
| 62.9 | 25.2 | 12.6 | 12.6 | 100.0 | 11.0 | 58.3 | 30.7 | 13.4 | 17.3 |
| 68.5 | 20.1 | 10.1 | 9.9 | 100.0 | 10.5 | 64.1 | 25.4 | 10.4 | 15.1 |
| 65.2 | 23.0 | 11.4 | 11.6 | 100.0 | 11.0 | 60.4 | 28.6 | 12.0 | 16.6 |
| 58.5 | 30.0 | 15.8 | 14.2 | 100.0 | 10.4 | 52.7 | 36.9 | 15.8 | 21.1 |
| 59.6 | 28.9 | 14.5 | 14.4 | 100.0 | 10.4 | 52.8 | 36.8 | 15.2 | 21.7 |
| 60.8 | 26.8 | 13.7 | 13.0 | 100.0 | 11.2 | 55.2 | 33.6 | 14.4 | 19.2 |
| 59.4 | 27.8 | 14.6 | 13.2 | 100.0 | 11.6 | 53.9 | 34.5 | 14.9 | 19.6 |
| 60.2 | 28.3 | 14.6 | 13.7 | 100.0 | 10.7 | 54.7 | 34.6 | 14.9 | 19.7 |
| 58.5 | 29.3 | 14.4 | 14.9 | 100.0 | 11.1 | 53.4 | 35.6 | 14.6 | 21.0 |
| 59.5 | 28.0 | 14.2 | 13.8 | 100.0 | 11.3 | 54.9 | 33.9 | 14.8 | 19.1 |
| 60.3 | 27.6 | 14.1 | 13.5 | 100.0 | 11.2 | 55.0 | 33.8 | 14.6 | 19.2 |
| 64.2 | 22.8 | 11.4 | 11.4 | 100.0 | 12.3 | 59.3 | 28.4 | 12.3 | 16.1 |
| 60.5 | 27.2 | 13.7 | 13.5 | 100.0 | 11.2 | 55.3 | 33.6 | 14.5 | 19.1 |
| 62.0 | 24.2 | 12.6 | 11.6 | 100.0 | 12.7 | 58.0 | 29.4 | 13.2 | 16.1 |
| 61.7 | 26.4 | 12.9 | 13.5 | 100.0 | 10.3 | 57.2 | 32.5 | 13.6 | 18.9 |
| 63.1 | 24.7 | 12.0 | 12.7 | 100.0 | 10.7 | 58.9 | 30.4 | 12.5 | 17.9 |
| 60.3 | 26.9 | 13.5 | 13.3 | 100.0 | 11.1 | 56.5 | 32.4 | 13.8 | 18.6 |
| 57.9 | 29.8 | 14.6 | 15.2 | 100.0 | 10.5 | 54.8 | 34.7 | 15.0 | 19.7 |
| 57.4 | 30.4 | 15.4 | 15.0 | 100.0 | 10.4 | 52.5 | 37.1 | 15.5 | 21.6 |
| 57.6 | 29.3 | 15.8 | 13.5 | 100.0 | 11.3 | 52.1 | 36.5 | 15.6 | 20.9 |
| 56.5 | 30.8 | 16.0 | 14.8 | 100.0 | 11.3 | 50.2 | 38.5 | 15.5 | 22.9 |
| 59.5 | 27.6 | 13.8 | 13.8 | 100.0 | 11.3 | 54.8 | 33.8 | 14.0 | 19.9 |
| 60.4 | 26.7 | 13.4 | 13.2 | 100.0 | 11.7 | 55.3 | 33.0 | 13.9 | 19.2 |
| 56.8 | 31.1 | 15.8 | 15.3 | 100.0 | 10.4 | 50.7 | 38.9 | 16.0 | 22.9 |
| 56.8 | 31.6 | 16.8 | 14.8 | 100.0 | 9.9 | 51.9 | 38.1 | 16.6 | 21.5 |
| 58.4 | 29.0 | 14.8 | 14.2 | 100.0 | 11.1 | 53.4 | 35.5 | 15.2 | 20.3 |
| 57.6 | 30.2 | 15.7 | 14.5 | 100.0 | 10.5 | 52.3 | 37.3 | 15.9 | 21.4 |
| 56.5 | 32.0 | 16.2 | 15.8 | 100.0 | 9.9 | 50.4 | 39.7 | 16.1 | 23.6 |
| 61.2 | 25.1 | 13.5 | 11.5 | 100.0 | 11.9 | 56.9 | 31.3 | 13.8 | 17.4 |
| 57.8 | 28.0 | 15.4 | 12.6 | 100.0 | 12.2 | 53.3 | 34.4 | 15.2 | 19.2 |
| 56.2 | 30.4 | 16.6 | 13.8 | 100.0 | 11.3 | 51.7 | 37.0 | 16.2 | 20.8 |
| 57.1 | 28.9 | 15.4 | 13.5 | 100.0 | 12.1 | 52.9 | 35.0 | 15.1 | 19.9 |
| 57.1 | 30.2 | 15.8 | 14.5 | 100.0 | 11.0 | 51.7 | 37.3 | 15.9 | 21.4 |
| 55.9 | 30.1 | 16.2 | 14.0 | 100.0 | 12.0 | 51.6 | 36.4 | 16.1 | 20.3 |
| 55.4 | 30.6 | 16.9 | 13.8 | 100.0 | 11.9 | 52.1 | 36.0 | 15.9 | 20.2 |
| 61.6 | 21.5 | 12.6 | 8.9 | 100.0 | 15.8 | 58.9 | 25.4 | 12.5 | 12.9 |

第12表　都 道 府 県 、年 齢 （ 3 区 分 ）、
Table 12.  Percentage of Population by Age (3 Groups) and Sex

| 都　道　府　県 Prefectures | 日 本 人 人 口 | | | | | | | |
|---|---|---|---|---|---|---|---|---|
| | 男 女 計　Both sexes | | | | | | | |
| | 総　数 Total | 15歳未満 Under | 15〜64 | 65歳以上 and over | 65〜74歳 years old | 75歳以上 and over | 総　数 Total | 15歳未満 Under |
| 全　　　　　　国　Japan | 100. 0 | 11. 7 | 58. 8 | 29. 5 | 13. 7 | 15. 8 | 100. 0 | 12. 3 |
| 01 北　海　道　Hokkaido | 100. 0 | 10. 4 | 56. 6 | 33. 0 | 15. 6 | 17. 4 | 100. 0 | 11. 2 |
| 02 青　森　県　Aomori-ken | 100. 0 | 10. 2 | 54. 9 | 34. 9 | 16. 8 | 18. 1 | 100. 0 | 11. 1 |
| 03 岩　手　県　Iwate-ken | 100. 0 | 10. 6 | 54. 6 | 34. 8 | 16. 3 | 18. 5 | 100. 0 | 11. 3 |
| 04 宮　城　県　Miyagi-ken | 100. 0 | 11. 4 | 59. 5 | 29. 2 | 14. 5 | 14. 7 | 100. 0 | 11. 9 |
| 05 秋　田　県　Akita-ken | 100. 0 | 9. 3 | 51. 9 | 38. 8 | 18. 1 | 20. 7 | 100. 0 | 10. 1 |
| 06 山　形　県　Yamagata-ken | 100. 0 | 11. 0 | 54. 1 | 35. 0 | 16. 5 | 18. 5 | 100. 0 | 11. 6 |
| 07 福　島　県　Fukushima-ken | 100. 0 | 11. 0 | 56. 0 | 33. 0 | 16. 4 | 16. 6 | 100. 0 | 11. 4 |
| 08 茨　城　県　Ibaraki-ken | 100. 0 | 11. 4 | 57. 5 | 31. 1 | 15. 2 | 16. 0 | 100. 0 | 11. 7 |
| 09 栃　木　県　Tochigi-ken | 100. 0 | 11. 4 | 58. 0 | 30. 5 | 15. 3 | 15. 2 | 100. 0 | 11. 8 |
| 10 群　馬　県　Gumma-ken | 100. 0 | 11. 3 | 57. 0 | 31. 7 | 14. 9 | 16. 8 | 100. 0 | 11. 7 |
| 11 埼　玉　県　Saitama-ken | 100. 0 | 11. 6 | 60. 4 | 28. 0 | 13. 1 | 14. 9 | 100. 0 | 11. 9 |
| 12 千　葉　県　Chiba-ken | 100. 0 | 11. 5 | 59. 9 | 28. 6 | 13. 3 | 15. 3 | 100. 0 | 11. 9 |
| 13 東　京　都　Tokyo-to | 100. 0 | 11. 1 | 65. 3 | 23. 6 | 10. 6 | 13. 0 | 100. 0 | 11. 5 |
| 14 神　奈　川　県　Kanagawa-ken | 100. 0 | 11. 5 | 62. 2 | 26. 3 | 11. 9 | 14. 4 | 100. 0 | 11. 8 |
| 15 新　潟　県　Niigata-ken | 100. 0 | 11. 0 | 55. 3 | 33. 8 | 15. 9 | 17. 8 | 100. 0 | 11. 6 |
| 16 富　山　県　Toyama-ken | 100. 0 | 11. 0 | 55. 5 | 33. 5 | 15. 1 | 18. 5 | 100. 0 | 11. 6 |
| 17 石　川　県　Ishikawa-ken | 100. 0 | 11. 9 | 57. 5 | 30. 6 | 14. 2 | 16. 4 | 100. 0 | 12. 5 |
| 18 福　井　県　Fukui-ken | 100. 0 | 12. 3 | 56. 0 | 31. 7 | 15. 0 | 16. 8 | 100. 0 | 12. 9 |
| 19 山　梨　県　Yamanashi-ken | 100. 0 | 11. 2 | 56. 7 | 32. 1 | 15. 0 | 17. 1 | 100. 0 | 11. 6 |
| 20 長　野　県　Nagano-ken | 100. 0 | 11. 7 | 55. 3 | 33. 0 | 14. 7 | 18. 3 | 100. 0 | 12. 3 |
| 21 岐　阜　県　Gifu-ken | 100. 0 | 11. 9 | 56. 3 | 31. 8 | 14. 8 | 17. 0 | 100. 0 | 12. 6 |
| 22 静　岡　県　Shizuoka-ken | 100. 0 | 11. 7 | 56. 9 | 31. 5 | 14. 7 | 16. 8 | 100. 0 | 12. 2 |
| 23 愛　知　県　Aichi-ken | 100. 0 | 12. 7 | 61. 0 | 26. 3 | 12. 2 | 14. 2 | 100. 0 | 13. 1 |
| 24 三　重　県　Mie-ken | 100. 0 | 11. 7 | 57. 0 | 31. 2 | 14. 4 | 16. 8 | 100. 0 | 12. 3 |
| 25 滋　賀　県　Shiga-ken | 100. 0 | 13. 3 | 59. 3 | 27. 3 | 13. 1 | 14. 2 | 100. 0 | 13. 9 |
| 26 京　都　府　Kyoto-fu | 100. 0 | 11. 2 | 58. 8 | 30. 0 | 13. 4 | 16. 6 | 100. 0 | 12. 1 |
| 27 大　阪　府　Osaka-fu | 100. 0 | 11. 6 | 60. 4 | 28. 1 | 12. 4 | 15. 6 | 100. 0 | 12. 4 |
| 28 兵　庫　県　Hyogo-ken | 100. 0 | 12. 0 | 57. 9 | 30. 1 | 13. 8 | 16. 3 | 100. 0 | 13. 0 |
| 29 奈　良　県　Nara-ken | 100. 0 | 11. 4 | 55. 9 | 32. 6 | 14. 9 | 17. 7 | 100. 0 | 12. 4 |
| 30 和　歌　山　県　Wakayama-ken | 100. 0 | 11. 3 | 54. 6 | 34. 2 | 15. 5 | 18. 6 | 100. 0 | 12. 2 |
| 31 鳥　取　県　Tottori-ken | 100. 0 | 12. 2 | 54. 5 | 33. 3 | 15. 8 | 17. 5 | 100. 0 | 13. 1 |
| 32 島　根　県　Shimane-ken | 100. 0 | 12. 1 | 52. 7 | 35. 2 | 16. 0 | 19. 2 | 100. 0 | 12. 8 |
| 33 岡　山　県　Okayama-ken | 100. 0 | 12. 2 | 56. 6 | 31. 2 | 14. 0 | 17. 2 | 100. 0 | 13. 1 |
| 34 広　島　県　Hiroshima-ken | 100. 0 | 12. 4 | 57. 2 | 30. 4 | 13. 8 | 16. 5 | 100. 0 | 13. 1 |
| 35 山　口　県　Yamaguchi-ken | 100. 0 | 11. 3 | 53. 3 | 35. 4 | 16. 0 | 19. 4 | 100. 0 | 12. 2 |
| 36 徳　島　県　Tokushima-ken | 100. 0 | 10. 8 | 53. 9 | 35. 3 | 16. 8 | 18. 5 | 100. 0 | 11. 6 |
| 37 香　川　県　Kagawa-ken | 100. 0 | 11. 9 | 55. 3 | 32. 8 | 15. 2 | 17. 6 | 100. 0 | 12. 6 |
| 38 愛　媛　県　Ehime-ken | 100. 0 | 11. 4 | 54. 4 | 34. 2 | 15. 9 | 18. 3 | 100. 0 | 12. 3 |
| 39 高　知　県　Kochi-ken | 100. 0 | 10. 7 | 53. 0 | 36. 3 | 16. 2 | 20. 1 | 100. 0 | 11. 6 |
| 40 福　岡　県　Fukuoka-ken | 100. 0 | 12. 9 | 58. 4 | 28. 7 | 13. 9 | 14. 8 | 100. 0 | 13. 9 |
| 41 佐　賀　県　Saga-ken | 100. 0 | 13. 3 | 55. 1 | 31. 6 | 15. 4 | 16. 2 | 100. 0 | 14. 3 |
| 42 長　崎　県　Nagasaki-ken | 100. 0 | 12. 4 | 53. 5 | 34. 1 | 16. 5 | 17. 6 | 100. 0 | 13. 5 |
| 43 熊　本　県　Kumamoto-ken | 100. 0 | 13. 1 | 54. 5 | 32. 4 | 15. 4 | 17. 1 | 100. 0 | 14. 1 |
| 44 大　分　県　Oita-ken | 100. 0 | 11. 9 | 53. 7 | 34. 3 | 16. 0 | 18. 3 | 100. 0 | 12. 8 |
| 45 宮　崎　県　Miyazaki-ken | 100. 0 | 13. 0 | 53. 4 | 33. 7 | 16. 2 | 17. 4 | 100. 0 | 14. 0 |
| 46 鹿　児　島　県　Kagoshima-ken | 100. 0 | 13. 0 | 53. 3 | 33. 7 | 16. 5 | 17. 3 | 100. 0 | 14. 1 |
| 47 沖　縄　県　Okinawa-ken | 100. 0 | 16. 5 | 59. 8 | 23. 7 | 12. 7 | 11. 0 | 100. 0 | 17. 1 |

男 女 別 人 口 の 割 合－総人口、日本人人口（2022年10月１日現在）（続き）
for Prefectures － Total population, Japanese population, October 1, 2022 - Continued

(%)

| Japanese population | | | | | | | | | |
| 男 Male | | | | 女 Female | | | | | |
| 15～64 | 65歳以上 and over | 65～74歳 years old | 75歳以上 and over | 総　数 Total | 15歳未満 Under | 15～64 | 65歳以上 and over | 65～74歳 years old | 75歳以上 and over |
|---|---|---|---|---|---|---|---|---|---|
| 61.3 | 26.4 | 13.5 | 12.9 | 100.0 | 11.1 | 56.4 | 32.5 | 13.9 | 18.6 |
| 59.5 | 29.2 | 15.3 | 13.9 | 100.0 | 9.6 | 54.0 | 36.4 | 15.9 | 20.5 |
| 58.5 | 30.5 | 16.6 | 13.9 | 100.0 | 9.5 | 51.7 | 38.9 | 17.0 | 21.8 |
| 58.1 | 30.6 | 16.3 | 14.3 | 100.0 | 10.0 | 51.4 | 38.6 | 16.3 | 22.4 |
| 61.9 | 26.2 | 14.3 | 11.9 | 100.0 | 10.8 | 57.2 | 32.0 | 14.6 | 17.4 |
| 55.8 | 34.1 | 18.2 | 15.9 | 100.0 | 8.6 | 48.4 | 42.9 | 18.0 | 24.9 |
| 57.1 | 31.4 | 16.7 | 14.7 | 100.0 | 10.4 | 51.3 | 38.4 | 16.3 | 22.1 |
| 59.2 | 29.4 | 16.4 | 13.0 | 100.0 | 10.7 | 52.9 | 36.4 | 16.3 | 20.1 |
| 60.2 | 28.1 | 14.8 | 13.4 | 100.0 | 11.0 | 54.9 | 34.1 | 15.5 | 18.5 |
| 60.7 | 27.5 | 15.0 | 12.5 | 100.0 | 11.1 | 55.4 | 33.5 | 15.6 | 18.0 |
| 59.7 | 28.5 | 14.7 | 13.8 | 100.0 | 10.9 | 54.3 | 34.8 | 15.2 | 19.7 |
| 62.7 | 25.3 | 12.7 | 12.6 | 100.0 | 11.2 | 58.1 | 30.6 | 13.4 | 17.2 |
| 62.3 | 25.8 | 12.9 | 12.9 | 100.0 | 11.1 | 57.5 | 31.4 | 13.6 | 17.7 |
| 67.7 | 20.8 | 10.5 | 10.3 | 100.0 | 10.6 | 63.1 | 26.3 | 10.7 | 15.6 |
| 64.7 | 23.5 | 11.6 | 11.9 | 100.0 | 11.1 | 59.7 | 29.2 | 12.2 | 17.0 |
| 58.3 | 30.2 | 15.9 | 14.3 | 100.0 | 10.4 | 52.4 | 37.2 | 15.9 | 21.2 |
| 59.0 | 29.4 | 14.7 | 14.7 | 100.0 | 10.4 | 52.2 | 37.4 | 15.4 | 22.0 |
| 60.3 | 27.1 | 13.9 | 13.2 | 100.0 | 11.3 | 54.8 | 33.9 | 14.5 | 19.4 |
| 58.9 | 28.2 | 14.8 | 13.4 | 100.0 | 11.7 | 53.2 | 35.1 | 15.1 | 20.0 |
| 59.5 | 28.8 | 14.9 | 14.0 | 100.0 | 10.8 | 53.9 | 35.3 | 15.2 | 20.1 |
| 58.0 | 29.7 | 14.6 | 15.1 | 100.0 | 11.2 | 52.7 | 36.1 | 14.7 | 21.4 |
| 58.7 | 28.7 | 14.5 | 14.2 | 100.0 | 11.3 | 53.9 | 34.8 | 15.1 | 19.6 |
| 59.6 | 28.2 | 14.4 | 13.8 | 100.0 | 11.2 | 54.2 | 34.6 | 14.9 | 19.7 |
| 63.5 | 23.4 | 11.7 | 11.7 | 100.0 | 12.3 | 58.5 | 29.2 | 12.6 | 16.6 |
| 59.7 | 27.9 | 14.0 | 13.9 | 100.0 | 11.2 | 54.4 | 34.4 | 14.8 | 19.6 |
| 61.4 | 24.7 | 12.8 | 11.9 | 100.0 | 12.8 | 57.4 | 29.9 | 13.4 | 16.4 |
| 61.1 | 26.8 | 13.1 | 13.7 | 100.0 | 10.5 | 56.6 | 32.9 | 13.7 | 19.2 |
| 62.5 | 25.1 | 12.2 | 12.9 | 100.0 | 10.8 | 58.4 | 30.8 | 12.7 | 18.1 |
| 59.9 | 27.2 | 13.7 | 13.5 | 100.0 | 11.2 | 56.1 | 32.7 | 13.9 | 18.8 |
| 57.6 | 30.0 | 14.7 | 15.3 | 100.0 | 10.6 | 54.5 | 34.9 | 15.1 | 19.8 |
| 57.2 | 30.6 | 15.5 | 15.1 | 100.0 | 10.4 | 52.2 | 37.3 | 15.6 | 21.8 |
| 57.4 | 29.4 | 15.8 | 13.6 | 100.0 | 11.4 | 51.7 | 36.8 | 15.7 | 21.1 |
| 56.0 | 31.2 | 16.2 | 15.0 | 100.0 | 11.4 | 49.6 | 39.0 | 15.7 | 23.2 |
| 59.0 | 28.0 | 13.9 | 14.0 | 100.0 | 11.4 | 54.3 | 34.2 | 14.1 | 20.1 |
| 59.8 | 27.1 | 13.6 | 13.5 | 100.0 | 11.8 | 54.8 | 33.5 | 14.0 | 19.4 |
| 56.5 | 31.3 | 15.9 | 15.4 | 100.0 | 10.5 | 50.4 | 39.1 | 16.1 | 23.0 |
| 56.6 | 31.8 | 16.9 | 14.9 | 100.0 | 10.0 | 51.5 | 38.5 | 16.7 | 21.7 |
| 57.9 | 29.4 | 15.0 | 14.4 | 100.0 | 11.2 | 52.9 | 35.9 | 15.4 | 20.6 |
| 57.2 | 30.5 | 15.8 | 14.7 | 100.0 | 10.5 | 51.9 | 37.6 | 16.0 | 21.5 |
| 56.2 | 32.3 | 16.3 | 16.0 | 100.0 | 9.9 | 50.1 | 40.0 | 16.2 | 23.8 |
| 60.6 | 25.4 | 13.7 | 11.7 | 100.0 | 12.0 | 56.4 | 31.6 | 14.0 | 17.6 |
| 57.5 | 28.2 | 15.5 | 12.7 | 100.0 | 12.3 | 52.9 | 34.8 | 15.4 | 19.4 |
| 55.9 | 30.6 | 16.7 | 13.9 | 100.0 | 11.4 | 51.3 | 37.3 | 16.3 | 20.9 |
| 56.7 | 29.1 | 15.5 | 13.6 | 100.0 | 12.2 | 52.4 | 35.4 | 15.3 | 20.2 |
| 56.6 | 30.6 | 15.9 | 14.7 | 100.0 | 11.1 | 51.2 | 37.7 | 16.1 | 21.6 |
| 55.7 | 30.3 | 16.3 | 14.1 | 100.0 | 12.0 | 51.3 | 36.7 | 16.2 | 20.5 |
| 55.1 | 30.8 | 17.0 | 13.9 | 100.0 | 12.0 | 51.7 | 36.4 | 16.0 | 20.4 |
| 61.1 | 21.8 | 12.8 | 9.0 | 100.0 | 15.9 | 58.6 | 25.6 | 12.6 | 13.0 |

| 都　道　府　県<br><br>Prefectures | 男　女　計　　　　　Both sexes | | | | |
| --- | --- | --- | --- | --- | --- |
| | 年少人口指数[1]<br><br>Child dependency ratio | 老年人口指数[2]<br><br>Aged dependency ratio | 従属人口指数[3]<br><br>Dependency ratio | 老年化指数[4]<br><br>Aging index | 年少人口指数[1]<br><br>Child dependency ratio |
| 全　　　　　　　国　Japan | 19.5 | 48.8 | 68.4 | 249.9 | 19.8 |
| 01　北　海　道　Hokkaido | 18.1 | 57.7 | 75.8 | 318.2 | 18.7 |
| 02　青　森　県　Aomori-ken | 18.5 | 63.1 | 81.7 | 341.2 | 18.9 |
| 03　岩　手　県　Iwate-ken | 19.3 | 63.0 | 82.3 | 327.2 | 19.3 |
| 04　宮　城　県　Miyagi-ken | 18.9 | 48.4 | 67.3 | 255.8 | 19.1 |
| 05　秋　田　県　Akita-ken | 17.9 | 74.1 | 92.0 | 415.1 | 18.0 |
| 06　山　形　県　Yamagata-ken | 20.1 | 64.0 | 84.1 | 319.0 | 20.2 |
| 07　福　島　県　Fukushima-ken | 19.5 | 58.2 | 77.7 | 298.1 | 19.1 |
| 08　茨　城　県　Ibaraki-ken | 19.4 | 52.2 | 71.5 | 269.4 | 19.0 |
| 09　栃　木　県　Tochigi-ken | 19.3 | 51.0 | 70.4 | 263.6 | 19.1 |
| 10　群　馬　県　Gumma-ken | 19.5 | 53.2 | 72.7 | 273.2 | 19.3 |
| 11　埼　玉　県　Saitama-ken | 18.9 | 44.8 | 63.7 | 237.0 | 18.8 |
| 12　千　葉　県　Chiba-ken | 18.9 | 46.2 | 65.1 | 244.6 | 18.8 |
| 13　東　京　都　Tokyo-to | 16.5 | 34.4 | 50.9 | 208.7 | 16.6 |
| 14　神　奈　川　県　Kanagawa-ken | 18.2 | 41.1 | 59.3 | 226.3 | 18.0 |
| 15　新　潟　県　Niigata-ken | 19.7 | 60.4 | 80.1 | 307.3 | 19.7 |
| 16　富　山　県　Toyama-ken | 19.5 | 58.8 | 78.3 | 301.3 | 19.4 |
| 17　石　川　県　Ishikawa-ken | 20.3 | 52.3 | 72.6 | 257.0 | 20.4 |
| 18　福　井　県　Fukui-ken | 21.5 | 55.2 | 76.7 | 256.7 | 21.5 |
| 19　山　梨　県　Yamanashi-ken | 19.4 | 54.9 | 74.3 | 282.8 | 19.2 |
| 20　長　野　県　Nagano-ken | 20.8 | 58.2 | 79.0 | 280.1 | 20.8 |
| 21　岐　阜　県　Gifu-ken | 20.8 | 54.4 | 75.1 | 261.5 | 21.1 |
| 22　静　岡　県　Shizuoka-ken | 20.2 | 53.3 | 73.6 | 263.8 | 20.1 |
| 23　愛　知　県　Aichi-ken | 20.5 | 41.5 | 62.0 | 202.6 | 20.3 |
| 24　三　重　県　Mie-ken | 20.2 | 52.6 | 72.9 | 260.4 | 20.3 |
| 25　滋　賀　県　Shiga-ken | 22.0 | 44.7 | 66.7 | 202.9 | 22.2 |
| 26　京　都　府　Kyoto-fu | 18.7 | 49.9 | 68.6 | 267.6 | 19.3 |
| 27　大　阪　府　Osaka-fu | 18.7 | 45.5 | 64.2 | 242.7 | 19.3 |
| 28　兵　庫　県　Hyogo-ken | 20.4 | 51.0 | 71.5 | 249.8 | 21.3 |
| 29　奈　良　県　Nara-ken | 20.2 | 57.5 | 77.8 | 284.9 | 21.3 |
| 30　和　歌　山　県　Wakayama-ken | 20.5 | 62.0 | 82.5 | 302.5 | 21.2 |
| 31　鳥　取　県　Tottori-ken | 22.2 | 60.4 | 82.6 | 271.9 | 22.7 |
| 32　島　根　県　Shimane-ken | 22.5 | 65.2 | 87.8 | 289.5 | 22.6 |
| 33　岡　山　県　Okayama-ken | 21.2 | 54.1 | 75.3 | 254.9 | 21.7 |
| 34　広　島　県　Hiroshima-ken | 21.3 | 51.9 | 73.2 | 243.3 | 21.5 |
| 35　山　口　県　Yamaguchi-ken | 20.9 | 65.6 | 86.4 | 314.0 | 21.2 |
| 36　徳　島　県　Tokushima-ken | 19.7 | 64.5 | 84.2 | 327.2 | 20.3 |
| 37　香　川　県　Kagawa-ken | 21.1 | 58.0 | 79.1 | 274.5 | 21.4 |
| 38　愛　媛　県　Ehime-ken | 20.6 | 61.9 | 82.5 | 300.8 | 21.1 |
| 39　高　知　県　Kochi-ken | 19.9 | 67.7 | 87.6 | 339.9 | 20.3 |
| 40　福　岡　県　Fukuoka-ken | 21.7 | 48.1 | 69.8 | 221.5 | 22.6 |
| 41　佐　賀　県　Saga-ken | 23.8 | 56.6 | 80.4 | 238.3 | 24.6 |
| 42　長　崎　県　Nagasaki-ken | 22.9 | 63.0 | 85.9 | 275.8 | 23.9 |
| 43　熊　本　県　Kumamoto-ken | 23.7 | 58.5 | 82.2 | 247.3 | 24.5 |
| 44　大　分　県　Oita-ken | 21.8 | 62.6 | 84.4 | 286.9 | 22.3 |
| 45　宮　崎　県　Miyazaki-ken | 24.0 | 62.3 | 86.3 | 259.2 | 24.9 |
| 46　鹿　児　島　県　Kagoshima-ken | 24.0 | 62.5 | 86.5 | 259.9 | 25.3 |
| 47　沖　縄　県　Okinawa-ken | 27.1 | 39.0 | 66.1 | 143.5 | 27.5 |

注)
1) 年少人口指数 = $\frac{15歳未満人口}{15〜64歳人口} \times 100$　　　　2) 老年人口指数 = $\frac{65歳以上人口}{15〜64歳人口} \times 100$

3) 従属人口指数 = $\frac{15歳未満人口 + 65歳以上人口}{15〜64歳人口} \times 100$　　　4) 老年化指数 = $\frac{65歳以上人口}{15歳未満人口} \times 100$

年 齢 構 造 指 数－総人口（2022年10月1日現在）
by Sex for Prefectures － Total population, October 1, 2022

| 男 | Male | | 女 | | Female | |
|---|---|---|---|---|---|---|
| 老年人口指数[2] | 従属人口指数[3] | 老年化指数[4] | 年少人口指数[1] | 老年人口指数[2] | 従属人口指数[3] | 老年化指数[4] |
| Aged dependency ratio | Dependency ratio | Aging index | Child dependency ratio | Aged dependency ratio | Dependency ratio | Aging index |
| 41.8 | 61.6 | 211.7 | 19.3 | 56.0 | 75.4 | 289.9 |
| 48.6 | 67.2 | 259.9 | 17.6 | 66.6 | 84.2 | 379.2 |
| 51.8 | 70.7 | 274.7 | 18.1 | 74.6 | 92.7 | 410.8 |
| 52.3 | 71.6 | 271.8 | 19.3 | 74.3 | 93.6 | 385.4 |
| 41.8 | 60.9 | 219.0 | 18.7 | 55.2 | 73.9 | 294.4 |
| 60.8 | 78.8 | 337.8 | 17.7 | 87.7 | 105.4 | 496.0 |
| 54.5 | 74.7 | 270.6 | 20.0 | 73.9 | 93.8 | 370.0 |
| 49.2 | 68.3 | 257.1 | 19.9 | 68.0 | 87.9 | 341.0 |
| 45.0 | 64.1 | 236.7 | 19.7 | 60.0 | 79.7 | 303.8 |
| 44.0 | 63.1 | 229.8 | 19.6 | 58.6 | 78.2 | 299.6 |
| 45.7 | 65.0 | 236.9 | 19.7 | 61.3 | 80.9 | 311.5 |
| 39.0 | 57.8 | 207.7 | 19.0 | 50.9 | 69.9 | 267.8 |
| 40.1 | 58.9 | 213.1 | 19.0 | 52.6 | 71.6 | 277.8 |
| 29.3 | 45.9 | 176.1 | 16.4 | 39.7 | 56.1 | 242.7 |
| 35.2 | 53.3 | 195.2 | 18.3 | 47.3 | 65.6 | 258.9 |
| 51.3 | 71.0 | 260.5 | 19.6 | 70.0 | 89.6 | 356.5 |
| 48.5 | 67.9 | 250.1 | 19.6 | 69.8 | 89.4 | 355.5 |
| 44.0 | 64.4 | 215.7 | 20.2 | 60.8 | 81.1 | 300.4 |
| 46.8 | 68.3 | 217.2 | 21.5 | 64.1 | 85.5 | 298.5 |
| 47.0 | 66.2 | 244.9 | 19.6 | 63.2 | 82.9 | 322.2 |
| 50.2 | 71.0 | 241.2 | 20.8 | 66.6 | 87.4 | 320.9 |
| 47.1 | 68.1 | 223.7 | 20.5 | 61.8 | 82.3 | 301.2 |
| 45.7 | 65.9 | 227.2 | 20.3 | 61.4 | 81.7 | 302.5 |
| 35.5 | 55.8 | 175.1 | 20.7 | 47.9 | 68.6 | 231.5 |
| 44.9 | 65.2 | 221.8 | 20.2 | 60.7 | 80.9 | 300.8 |
| 39.0 | 61.2 | 175.8 | 21.9 | 50.7 | 72.5 | 231.6 |
| 42.9 | 62.1 | 222.2 | 18.0 | 56.9 | 74.9 | 315.5 |
| 39.2 | 58.5 | 202.5 | 18.1 | 51.7 | 69.8 | 284.9 |
| 44.6 | 65.8 | 209.3 | 19.6 | 57.3 | 76.9 | 292.3 |
| 51.5 | 72.8 | 241.3 | 19.2 | 63.3 | 82.4 | 330.0 |
| 53.1 | 74.3 | 249.7 | 19.8 | 70.8 | 90.6 | 357.9 |
| 50.8 | 73.5 | 224.1 | 21.7 | 70.1 | 91.9 | 322.4 |
| 54.5 | 77.0 | 241.6 | 22.5 | 76.6 | 99.1 | 340.2 |
| 46.4 | 68.1 | 213.8 | 20.7 | 61.7 | 82.4 | 298.4 |
| 44.2 | 65.7 | 205.2 | 21.1 | 59.8 | 80.9 | 283.2 |
| 54.7 | 75.9 | 257.5 | 20.5 | 76.6 | 97.1 | 373.4 |
| 55.6 | 75.9 | 274.4 | 19.2 | 73.4 | 92.5 | 383.3 |
| 49.7 | 71.1 | 231.8 | 20.8 | 66.5 | 87.3 | 319.6 |
| 52.4 | 73.5 | 248.2 | 20.0 | 71.3 | 91.3 | 356.0 |
| 56.7 | 77.0 | 279.2 | 19.5 | 78.8 | 98.4 | 403.3 |
| 41.0 | 63.5 | 181.6 | 20.9 | 55.0 | 75.8 | 263.3 |
| 48.4 | 73.0 | 196.9 | 22.9 | 64.6 | 87.5 | 281.7 |
| 54.1 | 78.0 | 226.8 | 21.9 | 71.7 | 93.6 | 327.4 |
| 50.5 | 75.0 | 206.2 | 22.8 | 66.3 | 89.1 | 290.2 |
| 53.0 | 75.3 | 238.0 | 21.4 | 72.1 | 93.5 | 337.9 |
| 53.9 | 78.8 | 216.3 | 23.2 | 70.4 | 93.6 | 303.9 |
| 55.3 | 80.6 | 219.0 | 22.8 | 69.2 | 92.1 | 303.0 |
| 34.9 | 62.4 | 126.8 | 26.7 | 43.1 | 69.8 | 161.0 |

Note)

1) Child dependency ratio $= \dfrac{\text{Population under 15}}{\text{Population aged 15 to 64}} \times 100$

2) Aged dependency ratio $= \dfrac{\text{Population aged 65 and over}}{\text{Population aged 15 to 64}} \times 100$

3) Dependency ratio $= \dfrac{\text{Population under 15 + Population aged 65 and over}}{\text{Population aged 15 to 64}} \times 100$

4) Aging index $= \dfrac{\text{Population aged 65 and over}}{\text{Population under 15}} \times 100$

# 参　　考　　表

## REFERENCE　TABLES

〔注　意〕

・参考表は、人口割合の計算等の利用ニーズを踏まえ、参考のために提供しているものである。

・参考表の値は、人口の算出過程における計算値である。

Note

・The reference tables are provided to meet the users' needs for computing the population distribution, etc.

・The figures in the reference tables are the basis for computing the estimated population.

## 参考表 1　男 女 別 人 口 の 計 算 表 −総人口、日本人人口、外国人人口
Reference Table 1.　Computation of Population by Sex − Total population, Japanese population, Foreign population

| 人 口 及 び 人 口 増 減<br>Population and Population change | | 男 女 計<br>Both sexes | 男<br>Male | 女<br>Female |
|---|---|---|---|---|
| 総　　人　　口 | Total population | | | |
| 2021 年 10 月 1 日 現 在 人 口 | Population, Oct.1, 2021 | 125, 502, 290 | 61, 019, 059 | 64, 483, 231 |
| 2021年10月〜2022年9月 | Oct. 2021 to Sept. 2022 | | | |
| 出　生　児　数 | Live births | 799, 486 | 410, 288 | 389, 198 |
| 死　亡　者　数 | Deaths | 1, 530, 102 | 781, 431 | 748, 671 |
| 自　然　増　減 | Natural change | −730, 616 | −371, 143 | −359, 473 |
| 入　国　者　数 | Entries | 1, 595, 872 | 838, 694 | 757, 178 |
| 出　国　者　数 | Exits | 1, 420, 757 | 728, 821 | 691, 936 |
| 入　国　超　過 | Net migration | 175, 115 | 109, 873 | 65, 242 |
| 増　減　の　計 | Net population change | −555, 501 | −261, 270 | −294, 231 |
| 2022 年 10 月 1 日 現 在 人 口 | Population, Oct. 1, 2022 | 124, 946, 789 | 60, 757, 789 | 64, 189, 000 |
| 日　本　人　人　口 | Japanese population | | | |
| 2021 年 10 月 1 日 現 在 人 口 | Population, Oct.1, 2021 | 122, 780, 487 | 59, 686, 643 | 63, 093, 844 |
| 2021年10月〜2022年9月 | Oct. 2021 to Sept. 2022 | | | |
| 出　生　児　数 | Live births | 782, 089 | 401, 369 | 380, 720 |
| 死　亡　者　数 | Deaths | 1, 521, 435 | 776, 801 | 744, 634 |
| 自　然　増　減 | Natural change | −739, 346 | −375, 432 | −363, 914 |
| 入　国　者　数 | Entries | 587, 183 | 296, 982 | 290, 201 |
| 出　国　者　数 | Exits | 602, 733 | 297, 456 | 305, 277 |
| 入　国　超　過 | Entries minus exits | −15, 550 | −474 | −15, 076 |
| 国籍の異動による純増減 | Net increase or decrease by change of nationality | 4, 932 | 2, 941 | 1, 991 |
| 増　減　の　計 | Net population change | −749, 964 | −372, 965 | −376, 999 |
| 2022 年 10 月 1 日 現 在 人 口 | Population, Oct. 1, 2022 | 122, 030, 523 | 59, 313, 678 | 62, 716, 845 |
| 外　国　人　人　口 | Foreign population * | | | |
| 2021 年 10 月 1 日 現 在 人 口 | Population, Oct.1, 2021 | 2, 721, 803 | 1, 332, 416 | 1, 389, 387 |
| 2021年10月〜2022年9月 | Oct. 2021 to Sept. 2022 | | | |
| 出　生　児　数 | Live births | 17, 397 | 8, 919 | 8, 478 |
| 死　亡　者　数 | Deaths | 8, 667 | 4, 630 | 4, 037 |
| 自　然　増　減 | Natural change | 8, 730 | 4, 289 | 4, 441 |
| 入　国　者　数 | Entries | 1, 008, 689 | 541, 712 | 466, 977 |
| 出　国　者　数 | Exits | 818, 024 | 431, 365 | 386, 659 |
| 入　国　超　過 | Entries minus exits | 190, 665 | 110, 347 | 80, 318 |
| 国籍の異動による純増減 | Net increase or decrease by change of nationality | −4, 932 | −2, 941 | −1, 991 |
| 増　減　の　計 | Net population change | 194, 463 | 111, 695 | 82, 768 |
| 2022 年 10 月 1 日 現 在 人 口 | Population, Oct. 1, 2022 | 2, 916, 266 | 1, 444, 111 | 1, 472, 155 |

注)　＊ 外国人人口＝総人口−日本人人口　　　　　　　　　　　　Note)　* Foreign population = Total population - Japanese population

参考表2　年　齢　（各　歳）、男　女　別
Reference Table 2.　Computation of Population by Age

| | 男　女　計 | | | | | | | |
| 年　　齢<br>Age | 総　人　口　Total population | | | | 日　本　人　人　口　Japanese population | | | |
| | 2021年<br>10月1日<br>現在人口<br>Population<br>Oct. 1, 2021 | 2021年10月1日～2022年9月30日<br>Oct. 1, 2021 to Sept. 30, 2022 | | 2022年<br>10月1日<br>現在人口<br>Population<br>Oct. 1, 2022 | 2021年<br>10月1日<br>現在人口<br>Population<br>Oct. 1, 2021 | 2021年10月1日～2022年9月30日<br>Oct. 1, 2021 to Sept. 30, 2022 | | | 2022年<br>10月1日<br>現在人口<br>Population<br>Oct. 1, 2022 |
| | | 死亡者数<br>Deaths | 入国超過<br>Net migration | | | 死亡者数<br>Deaths | 入国超過<br>Net migration | 国籍の異動<br>による純増減<br>(a) | |
|---|---|---|---|---|---|---|---|---|---|
| 総　数　Total | 125,502,290 | 1,530,102 | 175,115 | 124,946,789 | 122,780,487 | 1,521,435 | −15,550 | 4,932 | 122,030,523 |
| ＜0＊ | 799,486 | 1,072 | −528 | – | 782,089 | 1,033 | 410 | 7 | – |
| 0 歳 years old | 829,891 | 468 | −1,275 | 797,886 | 812,032 | 452 | −678 | 59 | 781,473 |
| 1 | 835,596 | 151 | −132 | 828,148 | 819,917 | 148 | −721 | 82 | 810,961 |
| 2 | 870,884 | 106 | 249 | 835,313 | 854,262 | 103 | −463 | 89 | 819,130 |
| 3 | 914,548 | 90 | 185 | 871,027 | 898,341 | 86 | −443 | 101 | 853,785 |
| 4 | 938,423 | 64 | 91 | 914,643 | 922,153 | 64 | −436 | 75 | 897,913 |
| 5 | 978,299 | 83 | 97 | 938,450 | 961,691 | 82 | −361 | 85 | 921,728 |
| 6 | 1,003,344 | 58 | 222 | 978,313 | 987,531 | 56 | −415 | 82 | 961,333 |
| 7 | 1,001,323 | 68 | 377 | 1,003,508 | 985,171 | 67 | −198 | 100 | 987,142 |
| 8 | 1,025,594 | 56 | 551 | 1,001,632 | 1,010,264 | 56 | −100 | 94 | 985,006 |
| 9 | 1,029,241 | 59 | 575 | 1,026,089 | 1,014,154 | 56 | −61 | 100 | 1,010,202 |
| 10 | 1,054,026 | 68 | 876 | 1,029,757 | 1,040,533 | 67 | 229 | 91 | 1,014,137 |
| 11 | 1,063,205 | 81 | 1,259 | 1,054,834 | 1,050,446 | 80 | 672 | 91 | 1,040,786 |
| 12 | 1,068,653 | 92 | 708 | 1,064,383 | 1,056,313 | 89 | 116 | 100 | 1,051,129 |
| 13 | 1,088,504 | 103 | 984 | 1,069,269 | 1,075,938 | 101 | 463 | 113 | 1,056,440 |
| 14 | 1,082,748 | 130 | 1,019 | 1,089,385 | 1,070,694 | 129 | 366 | 129 | 1,076,413 |
| 15 | 1,074,720 | 191 | 356 | 1,083,637 | 1,063,167 | 189 | −762 | 53 | 1,071,060 |
| 16 | 1,076,371 | 224 | 1,320 | 1,074,885 | 1,064,006 | 223 | −522 | 64 | 1,062,269 |
| 17 | 1,119,389 | 287 | 9,022 | 1,077,467 | 1,106,845 | 282 | 482 | 104 | 1,063,325 |
| 18 | 1,131,146 | 318 | 17,386 | 1,128,124 | 1,118,133 | 311 | −3,218 | 81 | 1,107,149 |
| 19 | 1,178,080 | 354 | 23,653 | 1,148,214 | 1,155,175 | 349 | −6,161 | 49 | 1,114,685 |
| 20 | 1,220,602 | 444 | 22,741 | 1,201,379 | 1,169,466 | 435 | −7,420 | 84 | 1,148,714 |
| 21 | 1,244,638 | 480 | 19,638 | 1,242,899 | 1,172,733 | 467 | −3,771 | 112 | 1,161,695 |
| 22 | 1,247,107 | 461 | 19,053 | 1,263,796 | 1,172,307 | 449 | −1,198 | 50 | 1,168,607 |
| 23 | 1,273,948 | 424 | 15,994 | 1,265,699 | 1,189,006 | 415 | −1,131 | 47 | 1,170,710 |
| 24 | 1,276,650 | 413 | 10,346 | 1,289,518 | 1,186,173 | 392 | −1,515 | 33 | 1,187,507 |
| 25 | 1,278,150 | 465 | 5,915 | 1,286,583 | 1,186,719 | 453 | −1,793 | 96 | 1,184,299 |
| 26 | 1,292,962 | 479 | 4,036 | 1,283,600 | 1,202,320 | 458 | −1,826 | 110 | 1,184,569 |
| 27 | 1,286,334 | 433 | 2,427 | 1,296,519 | 1,200,946 | 417 | −1,777 | 139 | 1,200,146 |
| 28 | 1,256,225 | 481 | 1,291 | 1,288,328 | 1,171,754 | 466 | −1,792 | 170 | 1,198,891 |
| 29 | 1,265,747 | 527 | 851 | 1,257,035 | 1,188,319 | 504 | −1,665 | 112 | 1,169,666 |
| 30 | 1,256,919 | 537 | 563 | 1,266,071 | 1,182,308 | 519 | −1,251 | 209 | 1,186,262 |
| 31 | 1,280,899 | 576 | 107 | 1,256,945 | 1,203,361 | 548 | −899 | 214 | 1,180,747 |
| 32 | 1,302,247 | 552 | 307 | 1,280,430 | 1,230,693 | 540 | −454 | 234 | 1,202,128 |
| 33 | 1,340,502 | 655 | 377 | 1,302,002 | 1,275,421 | 635 | −503 | 211 | 1,229,933 |
| 34 | 1,375,052 | 737 | 51 | 1,340,224 | 1,313,097 | 714 | −359 | 181 | 1,274,494 |
| 35 | 1,393,421 | 723 | 63 | 1,374,366 | 1,337,064 | 711 | −186 | 190 | 1,312,205 |
| 36 | 1,444,126 | 809 | 67 | 1,392,761 | 1,390,664 | 795 | −244 | 180 | 1,336,357 |
| 37 | 1,492,238 | 949 | −295 | 1,443,384 | 1,439,748 | 922 | −257 | 168 | 1,389,805 |
| 38 | 1,511,405 | 981 | 35 | 1,490,994 | 1,458,676 | 960 | −30 | 159 | 1,438,737 |
| 39 | 1,512,687 | 1,097 | 49 | 1,510,459 | 1,458,661 | 1,062 | 34 | 109 | 1,457,845 |
| 40 | 1,524,403 | 1,234 | 453 | 1,511,639 | 1,477,075 | 1,214 | 396 | 126 | 1,457,742 |
| 41 | 1,591,624 | 1,375 | 548 | 1,523,622 | 1,545,544 | 1,338 | 564 | 108 | 1,476,383 |
| 42 | 1,630,363 | 1,530 | 588 | 1,590,797 | 1,585,200 | 1,495 | 684 | 102 | 1,544,878 |
| 43 | 1,691,398 | 1,698 | 655 | 1,629,421 | 1,649,709 | 1,672 | 736 | 73 | 1,584,497 |
| 44 | 1,734,913 | 1,875 | 688 | 1,690,355 | 1,695,572 | 1,839 | 817 | 58 | 1,648,846 |

注)　＊ 2021年10月～2022年9月の出生児数

人 口 の 計 算 表－総人口、日本人人口
(Single Years) and Sex - Total population, Japanese population

| | Both sexes | | | | | | | | |
|---|---|---|---|---|---|---|---|---|---|
| | 総 人 口　Total population | | | | 日 本 人 人 口　Japanese population | | | | |
| | 2021年10月1日現在人口 | 2021年10月1日〜2022年9月30日 | | 2022年10月1日現在人口 | 2021年10月1日現在人口 | 2021年10月1日〜2022年9月30日 | | | 2022年10月1日現在人口 |
| | | Oct. 1, 2021 to Sept. 30, 2022 | | | | Oct. 1, 2021 to Sept. 30, 2022 | | | |
| 年　齢 | | 死亡者数 | 入国超過 | | | 死亡者数 | 入国超過 | 国籍の異動による純増減 | |
| Age | Population Oct. 1, 2021 | Deaths | Net migration | Population Oct. 1, 2022 | Population Oct. 1, 2021 | Deaths | Net migration | (a) | Population Oct. 1, 2022 |
| 45 歳　years old | 1,816,400 | 2,090 | 754 | 1,733,726 | 1,778,197 | 2,053 | 864 | 47 | 1,694,608 |
| 46 | 1,890,595 | 2,520 | 673 | 1,815,064 | 1,853,625 | 2,473 | 948 | 57 | 1,777,055 |
| 47 | 1,997,457 | 3,020 | 821 | 1,888,748 | 1,960,910 | 2,984 | 1,071 | 48 | 1,852,157 |
| 48 | 2,032,239 | 3,354 | 713 | 1,995,258 | 1,995,250 | 3,311 | 1,058 | 55 | 1,959,045 |
| 49 | 1,994,977 | 3,634 | 485 | 2,029,598 | 1,957,869 | 3,583 | 918 | 29 | 1,993,052 |
| 50 | 1,936,201 | 3,920 | 700 | 1,991,828 | 1,899,097 | 3,844 | 1,056 | 34 | 1,955,233 |
| 51 | 1,876,247 | 4,092 | 463 | 1,932,981 | 1,839,377 | 4,019 | 965 | 23 | 1,896,343 |
| 52 | 1,845,519 | 4,571 | 849 | 1,872,618 | 1,810,071 | 4,505 | 1,213 | 31 | 1,836,346 |
| 53 | 1,800,338 | 4,842 | 497 | 1,841,797 | 1,766,031 | 4,758 | 1,000 | 13 | 1,806,810 |
| 54 | 1,794,184 | 5,175 | 489 | 1,795,993 | 1,764,103 | 5,097 | 962 | −18 | 1,762,286 |
| 55 | 1,399,696 | 4,545 | 457 | 1,789,498 | 1,371,074 | 4,466 | 943 | −2 | 1,759,950 |
| 56 | 1,722,571 | 5,734 | 538 | 1,395,608 | 1,693,956 | 5,657 | 981 | −2 | 1,367,549 |
| 57 | 1,612,954 | 6,076 | 614 | 1,717,375 | 1,585,134 | 5,987 | 1,006 | 15 | 1,689,278 |
| 58 | 1,570,576 | 6,278 | 477 | 1,607,492 | 1,543,373 | 6,177 | 965 | −18 | 1,580,168 |
| 59 | 1,518,160 | 6,743 | 694 | 1,564,775 | 1,494,875 | 6,655 | 1,072 | −40 | 1,538,143 |
| 60 | 1,485,846 | 7,263 | 275 | 1,512,111 | 1,464,894 | 7,160 | 624 | −3 | 1,489,252 |
| 61 | 1,492,373 | 7,853 | 223 | 1,478,858 | 1,472,331 | 7,761 | 561 | −4 | 1,458,355 |
| 62 | 1,516,234 | 8,929 | 266 | 1,484,743 | 1,498,445 | 8,829 | 595 | −16 | 1,465,127 |
| 63 | 1,470,517 | 9,344 | 196 | 1,507,571 | 1,453,261 | 9,221 | 486 | −22 | 1,490,195 |
| 64 | 1,426,413 | 9,915 | 183 | 1,461,369 | 1,409,844 | 9,799 | 511 | −55 | 1,444,504 |
| 65 | 1,493,519 | 11,376 | −54 | 1,416,681 | 1,477,800 | 11,252 | 329 | −48 | 1,400,501 |
| 66 | 1,534,817 | 12,620 | −51 | 1,482,089 | 1,519,672 | 12,482 | 247 | −22 | 1,466,829 |
| 67 | 1,529,082 | 14,208 | 9 | 1,522,146 | 1,515,492 | 14,065 | 297 | −2 | 1,507,415 |
| 68 | 1,615,295 | 16,426 | 52 | 1,514,883 | 1,602,778 | 16,290 | 233 | 9 | 1,501,722 |
| 69 | 1,696,307 | 19,038 | 77 | 1,598,921 | 1,684,171 | 18,870 | 257 | 3 | 1,586,730 |
| 70 | 1,783,928 | 22,114 | 88 | 1,677,346 | 1,772,882 | 21,953 | 195 | −69 | 1,665,561 |
| 71 | 1,900,125 | 26,123 | 162 | 1,761,902 | 1,889,317 | 25,943 | 279 | −32 | 1,751,055 |
| 72 | 2,064,753 | 31,183 | 156 | 1,874,164 | 2,054,317 | 30,983 | 243 | −17 | 1,863,621 |
| 73 | 2,023,518 | 33,922 | 115 | 2,033,726 | 2,013,671 | 33,701 | 190 | −4 | 2,023,560 |
| 74 | 1,899,176 | 35,091 | 144 | 1,989,711 | 1,889,960 | 34,846 | 198 | −10 | 1,980,156 |
| 75 | 1,166,632 | 23,971 | 52 | 1,864,229 | 1,159,474 | 23,784 | 91 | −44 | 1,855,302 |
| 76 | 1,233,349 | 27,905 | 110 | 1,142,713 | 1,226,041 | 27,704 | 146 | −9 | 1,135,737 |
| 77 | 1,483,723 | 37,034 | 76 | 1,205,554 | 1,476,944 | 36,832 | 99 | −3 | 1,198,474 |
| 78 | 1,409,127 | 38,846 | 49 | 1,446,765 | 1,402,704 | 38,604 | 83 | −6 | 1,440,208 |
| 79 | 1,419,519 | 44,329 | 65 | 1,370,330 | 1,413,565 | 44,092 | 88 | −3 | 1,364,177 |
| 80 | 1,346,324 | 47,208 | 32 | 1,375,255 | 1,340,556 | 46,942 | 65 | −15 | 1,369,558 |
| 81 | 1,188,392 | 46,810 | 33 | 1,299,148 | 1,183,361 | 46,559 | 54 | 7 | 1,293,664 |
| 82 | 998,328 | 44,388 | 25 | 1,141,615 | 993,879 | 44,164 | 44 | 2 | 1,136,863 |
| 83 | 1,024,477 | 51,638 | 45 | 953,965 | 1,020,377 | 51,388 | 54 | 1 | 949,761 |
| 84 | 1,005,477 | 57,159 | 9 | 972,884 | 1,001,873 | 56,878 | 25 | 6 | 969,044 |
| 85 | 954,938 | 61,137 | −6 | 948,327 | 951,632 | 60,861 | 12 | −9 | 945,026 |
| 86 | 854,773 | 62,410 | 7 | 893,795 | 851,971 | 62,134 | 16 | −1 | 890,774 |
| 87 | 752,882 | 62,200 | 2 | 792,370 | 750,443 | 61,969 | 7 | −2 | 789,852 |
| 88 | 694,264 | 64,596 | 0 | 690,684 | 692,394 | 64,384 | 9 | 1 | 688,479 |
| 89 | | | | 629,668 | | | | | 628,020 |
| | 3,141,523 | 504,414 | 8 | | 3,134,188 | 502,973 | 31 | 3 | |
| 90歳以上　and over | | | | 2,637,117 | | | | | 2,631,249 |

Note)　*　Live births from Oct. 2021 to Sept. 2022.
　　　　(a)　Net increase or decrease by change of nationality

参考表 2　年　齢　（各　歳）、男　女　別
Reference Table 2.　Computation of Population by Age

| | 男 | | | | | | | | |
| | 総　人　口　　Total population | | | | 日　本　人　人　口　　Japanese population | | | | |
| 年　　　齢<br>Age | 2021年<br>10月1日<br>現在人口<br>Population<br>Oct. 1, 2021 | 2021年10月1日～2022年9月30日<br>Oct. 1, 2021 to Sept. 30, 2022 | | 2022年<br>10月1日<br>現在人口<br>Population<br>Oct. 1, 2022 | 2021年<br>10月1日<br>現在人口<br>Population<br>Oct. 1, 2021 | 2021年10月1日～2022年9月30日<br>Oct. 1, 2021 to Sept. 30, 2022 | | | 2022年<br>10月1日<br>現在人口<br>Population<br>Oct. 1, 2022 |
| | | 死亡者数<br>Deaths | 入国超過<br>Net migration | | | 死亡者数<br>Deaths | 入国超過<br>Net migration | 国籍の異動<br>による純増減<br>(a) | |
| 総　数　Total | 61, 019, 059 | 781, 431 | 109, 873 | 60, 757, 789 | 59, 686, 643 | 776, 801 | −474 | 2, 941 | 59, 313, 678 |
| ＜0＊ | 410, 288 | 577 | −342 | − | 401, 369 | 557 | 199 | 3 | − |
| 0 歳　years old | 424, 679 | 243 | −707 | 409, 369 | 415, 400 | 232 | −355 | 26 | 401, 014 |
| 1 | 427, 186 | 83 | −92 | 423, 729 | 419, 170 | 82 | −403 | 36 | 414, 839 |
| 2 | 445, 687 | 54 | 99 | 427, 011 | 437, 135 | 53 | −271 | 44 | 418, 721 |
| 3 | 468, 124 | 44 | 32 | 445, 732 | 459, 708 | 43 | −254 | 47 | 436, 855 |
| 4 | 479, 933 | 36 | 70 | 468, 112 | 471, 510 | 36 | −172 | 39 | 459, 458 |
| 5 | 501, 716 | 44 | 77 | 479, 967 | 493, 226 | 44 | −172 | 47 | 471, 341 |
| 6 | 513, 940 | 32 | 84 | 501, 749 | 505, 793 | 31 | −197 | 38 | 493, 057 |
| 7 | 513, 743 | 31 | 208 | 513, 992 | 505, 437 | 30 | −91 | 54 | 505, 603 |
| 8 | 524, 738 | 31 | 227 | 513, 920 | 516, 762 | 31 | −98 | 56 | 505, 370 |
| 9 | 526, 605 | 26 | 348 | 524, 934 | 518, 733 | 25 | −20 | 56 | 516, 689 |
| 10 | 540, 466 | 40 | 500 | 526, 927 | 533, 460 | 39 | 172 | 55 | 518, 744 |
| 11 | 545, 175 | 50 | 643 | 540, 926 | 538, 523 | 49 | 307 | 43 | 533, 648 |
| 12 | 547, 862 | 52 | 332 | 545, 768 | 541, 569 | 50 | 19 | 54 | 538, 824 |
| 13 | 557, 623 | 56 | 500 | 548, 142 | 551, 266 | 55 | 205 | 62 | 541, 592 |
| 14 | 555, 299 | 75 | 622 | 558, 067 | 549, 049 | 75 | 248 | 74 | 551, 478 |
| 15 | 550, 482 | 110 | 431 | 555, 846 | 544, 525 | 110 | −179 | 25 | 549, 296 |
| 16 | 552, 518 | 140 | 910 | 550, 803 | 546, 074 | 140 | −73 | 38 | 544, 261 |
| 17 | 574, 885 | 181 | 4, 583 | 553, 288 | 568, 320 | 176 | 74 | 60 | 545, 899 |
| 18 | 581, 759 | 205 | 9, 418 | 579, 287 | 574, 926 | 199 | −1, 084 | 44 | 568, 278 |
| 19 | 604, 471 | 228 | 13, 259 | 590, 972 | 592, 705 | 225 | −1, 857 | 25 | 573, 687 |
| 20 | 623, 822 | 289 | 14, 205 | 617, 502 | 598, 798 | 281 | −2, 541 | 57 | 590, 648 |
| 21 | 637, 522 | 307 | 12, 808 | 637, 738 | 600, 798 | 296 | −1, 583 | 65 | 596, 033 |
| 22 | 637, 146 | 319 | 11, 964 | 650, 023 | 597, 657 | 312 | −629 | 26 | 598, 984 |
| 23 | 652, 223 | 278 | 9, 851 | 648, 791 | 605, 567 | 272 | −518 | 25 | 596, 742 |
| 24 | 653, 993 | 269 | 6, 613 | 661, 796 | 603, 255 | 251 | −608 | 8 | 604, 802 |
| 25 | 655, 903 | 326 | 3, 948 | 660, 337 | 604, 662 | 319 | −659 | 50 | 602, 404 |
| 26 | 663, 750 | 303 | 2, 777 | 659, 525 | 612, 736 | 289 | −707 | 57 | 603, 734 |
| 27 | 661, 024 | 280 | 1, 556 | 666, 224 | 613, 095 | 269 | −716 | 71 | 611, 797 |
| 28 | 645, 765 | 310 | 696 | 662, 300 | 598, 680 | 298 | −776 | 76 | 612, 181 |
| 29 | 649, 639 | 347 | 789 | 646, 151 | 606, 880 | 331 | −599 | 58 | 597, 682 |
| 30 | 644, 077 | 345 | 443 | 650, 081 | 603, 053 | 330 | −474 | 110 | 606, 008 |
| 31 | 655, 259 | 360 | 162 | 644, 175 | 613, 168 | 341 | −447 | 115 | 602, 359 |
| 32 | 665, 297 | 356 | 286 | 655, 061 | 627, 073 | 344 | −158 | 115 | 612, 495 |
| 33 | 685, 449 | 406 | 368 | 665, 227 | 650, 867 | 392 | −185 | 84 | 626, 686 |
| 34 | 701, 519 | 465 | −10 | 685, 411 | 669, 253 | 456 | −179 | 89 | 650, 374 |
| 35 | 710, 952 | 470 | 26 | 701, 044 | 681, 875 | 462 | −78 | 86 | 668, 707 |
| 36 | 734, 104 | 510 | 145 | 710, 508 | 707, 361 | 500 | −37 | 91 | 681, 421 |
| 37 | 757, 654 | 584 | −87 | 733, 739 | 731, 951 | 568 | −4 | 81 | 706, 915 |
| 38 | 766, 460 | 613 | 111 | 756, 983 | 741, 406 | 601 | 83 | 80 | 731, 460 |
| 39 | 766, 356 | 678 | 173 | 765, 958 | 741, 441 | 652 | 71 | 55 | 740, 968 |
| 40 | 773, 380 | 806 | 259 | 765, 851 | 751, 666 | 794 | 213 | 61 | 740, 915 |
| 41 | 806, 933 | 849 | 383 | 772, 833 | 786, 226 | 831 | 315 | 58 | 751, 146 |
| 42 | 827, 100 | 952 | 381 | 806, 467 | 807, 283 | 928 | 416 | 60 | 785, 768 |
| 43 | 856, 980 | 1, 030 | 299 | 826, 529 | 838, 731 | 1, 013 | 351 | 51 | 806, 831 |
| 44 | 879, 576 | 1, 150 | 358 | 856, 249 | 862, 444 | 1, 127 | 396 | 31 | 838, 120 |

注）　＊　2021年10月～2022年9月の出生児数

人 口 の 計 算 表－総人口、日本人人口（続き）
(Single Years) and Sex - Total population, Japanese population – Continued

| 年　齢<br>Age | 総　人　口　Total population | | | | 日 本 人 人 口　Japanese population | | | | |
| --- | --- | --- | --- | --- | --- | --- | --- | --- | --- |
| | 2021年<br>10月1日<br>現在人口<br>Population<br>Oct. 1, 2021 | 2021年10月1日～2022年9月30日<br>Oct. 1, 2021 to Sept. 30, 2022 | | 2022年<br>10月1日<br>現在人口<br>Population<br>Oct. 1, 2022 | 2021年<br>10月1日<br>現在人口<br>Population<br>Oct. 1, 2021 | 2021年10月1日～2022年9月30日<br>Oct. 1, 2021 to Sept. 30, 2022 | | | 2022年<br>10月1日<br>現在人口<br>Population<br>Oct. 1, 2022 |
| | | 死亡者数<br>Deaths | 入国超過<br>Net migration | | | 死亡者数<br>Deaths | 入国超過<br>Net migration | 国籍の異動<br>による純増減<br>(a) | |
| 45 歳 years old | 921,197 | 1,300 | 519 | 878,784 | 904,724 | 1,275 | 460 | 34 | 861,744 |
| 46 | 957,734 | 1,603 | 513 | 920,416 | 941,827 | 1,579 | 535 | 48 | 903,943 |
| 47 | 1,012,455 | 1,957 | 548 | 956,644 | 997,012 | 1,932 | 575 | 36 | 940,831 |
| 48 | 1,026,559 | 2,061 | 497 | 1,011,046 | 1,011,327 | 2,041 | 574 | 37 | 995,691 |
| 49 | 1,009,248 | 2,271 | 382 | 1,024,995 | 994,153 | 2,243 | 470 | 20 | 1,009,897 |
| 50 | 977,600 | 2,480 | 520 | 1,007,359 | 962,706 | 2,441 | 581 | 31 | 992,400 |
| 51 | 946,030 | 2,572 | 490 | 975,640 | 931,556 | 2,535 | 610 | 35 | 960,877 |
| 52 | 928,530 | 2,996 | 682 | 943,948 | 914,918 | 2,965 | 706 | 33 | 929,666 |
| 53 | 905,115 | 3,108 | 474 | 926,216 | 891,892 | 3,066 | 599 | 21 | 912,692 |
| 54 | 901,115 | 3,396 | 389 | 902,481 | 889,144 | 3,354 | 535 | 10 | 889,446 |
| 55 | 699,663 | 2,994 | 429 | 898,108 | 688,332 | 2,946 | 568 | 18 | 886,335 |
| 56 | 861,967 | 3,823 | 459 | 697,098 | 850,392 | 3,774 | 584 | 9 | 685,972 |
| 57 | 806,084 | 4,075 | 576 | 858,603 | 794,782 | 4,024 | 643 | 28 | 847,211 |
| 58 | 783,773 | 4,222 | 521 | 802,585 | 772,803 | 4,160 | 658 | 3 | 791,429 |
| 59 | 756,588 | 4,582 | 604 | 780,072 | 746,979 | 4,531 | 763 | −4 | 769,304 |
| 60 | 739,024 | 5,000 | 335 | 752,610 | 730,474 | 4,946 | 416 | 14 | 743,207 |
| 61 | 739,361 | 5,430 | 244 | 734,359 | 731,092 | 5,372 | 327 | 11 | 725,958 |
| 62 | 750,320 | 6,101 | 355 | 734,175 | 742,792 | 6,047 | 442 | 6 | 726,058 |
| 63 | 724,274 | 6,359 | 238 | 744,574 | 717,139 | 6,298 | 301 | 4 | 737,193 |
| 64 | 701,239 | 6,850 | 199 | 718,153 | 694,200 | 6,766 | 341 | −12 | 711,146 |
| 65 | 731,982 | 7,985 | 86 | 694,588 | 725,388 | 7,905 | 195 | −15 | 687,763 |
| 66 | 750,775 | 8,824 | 52 | 724,083 | 744,261 | 8,734 | 157 | −6 | 717,663 |
| 67 | 744,166 | 9,843 | 74 | 742,003 | 738,221 | 9,746 | 165 | 0 | 735,678 |
| 68 | 780,861 | 11,419 | 64 | 734,397 | 775,254 | 11,333 | 135 | 8 | 728,640 |
| 69 | 816,077 | 13,313 | 86 | 769,506 | 810,675 | 13,205 | 152 | 6 | 764,064 |
| 70 | 854,298 | 15,279 | 84 | 802,850 | 849,114 | 15,175 | 121 | −20 | 797,628 |
| 71 | 901,855 | 18,167 | 125 | 839,103 | 896,867 | 18,052 | 171 | −6 | 834,040 |
| 72 | 975,395 | 21,381 | 122 | 883,813 | 970,442 | 21,241 | 142 | 0 | 878,980 |
| 73 | 948,192 | 23,067 | 76 | 954,136 | 943,589 | 22,921 | 104 | 3 | 949,343 |
| 74 | 885,288 | 23,687 | 85 | 925,201 | 880,987 | 23,523 | 92 | 3 | 920,775 |
| 75 | 534,662 | 15,920 | 34 | 861,686 | 531,366 | 15,796 | 50 | −9 | 857,559 |
| 76 | 555,354 | 18,158 | 74 | 518,776 | 552,102 | 18,033 | 89 | 0 | 515,611 |
| 77 | 660,381 | 23,950 | 42 | 537,270 | 657,514 | 23,825 | 56 | 1 | 534,158 |
| 78 | 621,441 | 24,434 | 57 | 636,473 | 618,733 | 24,299 | 59 | 1 | 633,746 |
| 79 | 618,961 | 27,557 | 21 | 597,064 | 616,441 | 27,416 | 37 | 2 | 594,494 |
| 80 | 579,922 | 28,775 | 28 | 591,425 | 577,615 | 28,619 | 37 | −5 | 589,064 |
| 81 | 502,604 | 27,696 | 26 | 551,175 | 500,697 | 27,563 | 32 | 2 | 549,028 |
| 82 | 414,690 | 25,736 | 26 | 474,934 | 413,020 | 25,617 | 36 | 4 | 473,168 |
| 83 | 415,101 | 29,185 | 17 | 388,980 | 413,550 | 29,045 | 21 | 2 | 387,443 |
| 84 | 398,003 | 31,405 | 9 | 385,933 | 396,610 | 31,263 | 12 | 3 | 384,528 |
| 85 | 367,579 | 32,397 | −1 | 366,607 | 366,361 | 32,263 | 7 | −2 | 365,362 |
| 86 | 316,393 | 31,922 | 6 | 335,181 | 315,461 | 31,807 | 7 | 0 | 334,103 |
| 87 | 267,935 | 30,433 | −1 | 284,477 | 267,077 | 30,333 | 5 | −1 | 283,661 |
| 88 | 235,688 | 29,966 | −1 | 237,501 | 235,095 | 29,887 | 3 | 2 | 236,748 |
| 89 | | | | 205,721 | | | | | 205,213 |
| 90歳以上 and over | 844,806 | 162,812 | 2 | 681,996 | 842,742 | 162,366 | 8 | 0 | 680,384 |

Note)　*　Live births from Oct. 2021 to Sept. 2022.
　　　(a)　Net increase or decrease by change of nationality

参考表 2　年　齢　（各　歳）、男　女　別
Reference Table 2.　Computation of Population by Age

女

| 年　齢 Age | 総 人 口 Total population | | | | 日 本 人 人 口 Japanese population | | | | |
|---|---|---|---|---|---|---|---|---|---|
| | 2021年 10月1日 現在人口 Population Oct. 1, 2021 | 2021年10月1日～2022年9月30日 Oct. 1, 2021 to Sept. 30, 2022 死亡者数 Deaths | 入国超過 Net migration | 2022年 10月1日 現在人口 Population Oct. 1, 2022 | 2021年 10月1日 現在人口 Population Oct. 1, 2021 | 2021年10月1日～2022年9月30日 Oct. 1, 2021 to Sept. 30, 2022 死亡者数 Deaths | 入国超過 Net migration | 国籍の異動 による純増減 (a) | 2022年 10月1日 現在人口 Population Oct. 1, 2022 |
| 総　数　Total | 64,483,231 | 748,671 | 65,242 | 64,189,000 | 63,093,844 | 744,634 | −15,076 | 1,991 | 62,716,845 |
| ＜0＊ | 389,198 | 495 | −186 | – | 380,720 | 476 | 211 | 4 | – |
| 0 歳 years old | 405,212 | 225 | −568 | 388,517 | 396,632 | 220 | −323 | 33 | 380,459 |
| 1 | 408,410 | 68 | −40 | 404,419 | 400,747 | 66 | −318 | 46 | 396,122 |
| 2 | 425,197 | 52 | 150 | 408,302 | 417,127 | 50 | −192 | 45 | 400,409 |
| 3 | 446,424 | 46 | 153 | 425,295 | 438,633 | 43 | −189 | 54 | 416,930 |
| 4 | 458,490 | 28 | 21 | 446,531 | 450,643 | 28 | −264 | 36 | 438,455 |
| 5 | 476,583 | 39 | 20 | 458,483 | 468,465 | 38 | −189 | 38 | 450,387 |
| 6 | 489,404 | 26 | 138 | 476,564 | 481,738 | 25 | −218 | 44 | 468,276 |
| 7 | 487,580 | 37 | 169 | 489,516 | 479,734 | 37 | −107 | 46 | 481,539 |
| 8 | 500,856 | 25 | 324 | 487,712 | 493,502 | 25 | −2 | 38 | 479,636 |
| 9 | 502,636 | 33 | 227 | 501,155 | 495,421 | 31 | −41 | 44 | 493,513 |
| 10 | 513,560 | 28 | 376 | 502,830 | 507,073 | 28 | 57 | 36 | 495,393 |
| 11 | 518,030 | 31 | 616 | 513,908 | 511,923 | 31 | 365 | 48 | 507,138 |
| 12 | 520,791 | 40 | 376 | 518,615 | 514,744 | 39 | 97 | 46 | 512,305 |
| 13 | 530,881 | 47 | 484 | 521,127 | 524,672 | 46 | 258 | 51 | 514,848 |
| 14 | 527,449 | 55 | 397 | 531,318 | 521,645 | 54 | 118 | 55 | 524,935 |
| 15 | 524,238 | 81 | −75 | 527,791 | 518,642 | 79 | −583 | 28 | 521,764 |
| 16 | 523,853 | 84 | 410 | 524,082 | 517,932 | 83 | −449 | 26 | 518,008 |
| 17 | 544,504 | 106 | 4,439 | 524,179 | 538,525 | 106 | 408 | 44 | 517,426 |
| 18 | 549,387 | 113 | 7,968 | 548,837 | 543,207 | 112 | −2,134 | 37 | 538,871 |
| 19 | 573,609 | 126 | 10,394 | 557,242 | 562,470 | 124 | −4,304 | 24 | 540,998 |
| 20 | 596,780 | 155 | 8,536 | 583,877 | 570,668 | 154 | −4,879 | 27 | 558,066 |
| 21 | 607,116 | 173 | 6,830 | 605,161 | 571,935 | 171 | −2,188 | 47 | 565,662 |
| 22 | 609,961 | 142 | 7,089 | 613,773 | 574,650 | 137 | −569 | 24 | 569,623 |
| 23 | 621,725 | 146 | 6,143 | 616,908 | 583,439 | 143 | −613 | 22 | 573,968 |
| 24 | 622,657 | 144 | 3,733 | 627,722 | 582,918 | 141 | −907 | 25 | 582,705 |
| 25 | 622,247 | 139 | 1,967 | 626,246 | 582,057 | 134 | −1,134 | 46 | 581,895 |
| 26 | 629,212 | 176 | 1,259 | 624,075 | 589,584 | 169 | −1,119 | 53 | 580,835 |
| 27 | 625,310 | 153 | 871 | 630,295 | 587,851 | 148 | −1,061 | 68 | 588,349 |
| 28 | 610,460 | 171 | 595 | 626,028 | 573,074 | 168 | −1,016 | 94 | 586,710 |
| 29 | 616,108 | 180 | 62 | 610,884 | 581,439 | 173 | −1,066 | 54 | 571,984 |
| 30 | 612,842 | 192 | 120 | 615,990 | 579,255 | 189 | −777 | 99 | 580,254 |
| 31 | 625,640 | 216 | −55 | 612,770 | 590,193 | 207 | −452 | 99 | 578,388 |
| 32 | 636,950 | 196 | 21 | 625,369 | 603,620 | 196 | −296 | 119 | 589,633 |
| 33 | 655,053 | 249 | 9 | 636,775 | 624,554 | 243 | −318 | 127 | 603,247 |
| 34 | 673,533 | 272 | 61 | 654,813 | 643,844 | 258 | −180 | 92 | 624,120 |
| 35 | 682,469 | 253 | 37 | 673,322 | 655,189 | 249 | −108 | 104 | 643,498 |
| 36 | 710,022 | 299 | −78 | 682,253 | 683,303 | 295 | −207 | 89 | 654,936 |
| 37 | 734,584 | 365 | −208 | 709,645 | 707,797 | 354 | −253 | 87 | 682,890 |
| 38 | 744,945 | 368 | −76 | 734,011 | 717,270 | 359 | −113 | 79 | 707,277 |
| 39 | 746,331 | 419 | −124 | 744,501 | 717,220 | 410 | −37 | 54 | 716,877 |
| 40 | 751,023 | 428 | 194 | 745,788 | 725,409 | 420 | 183 | 65 | 716,827 |
| 41 | 784,691 | 526 | 165 | 750,789 | 759,318 | 507 | 249 | 60 | 725,237 |
| 42 | 803,263 | 578 | 207 | 784,330 | 777,923 | 507 | 268 | 42 | 759,110 |
| 43 | 834,418 | 668 | 356 | 802,892 | 810,978 | 659 | 385 | 22 | 777,666 |
| 44 | 855,337 | 725 | 330 | 834,106 | 833,128 | 712 | 421 | 27 | 810,726 |

注)　＊ 2021年10月～2022年9月の出生児数

人 口 の 計 算 表－総人口、日本人人口（続き）
(Single Years) and Sex - Total population, Japanese population – Continued

| | Female | | | | | | | | |
|---|---|---|---|---|---|---|---|---|---|
| | 総 人 口　Total population | | | | 日 本 人 人 口　Japanese population | | | | |
| 年　齢<br>Age | 2021年<br>10月1日<br>現在人口<br>Population<br>Oct. 1, 2021 | 2021年10月1日～2022年9月30日<br>Oct. 1, 2021 to Sept. 30, 2022 | | 2022年<br>10月1日<br>現在人口<br>Population<br>Oct. 1, 2022 | 2021年<br>10月1日<br>現在人口<br>Population<br>Oct. 1, 2021 | 2021年10月1日～2022年9月30日<br>Oct. 1, 2021 to Sept. 30, 2022 | | | 2022年<br>10月1日<br>現在人口<br>Population<br>Oct. 1, 2022 |
| | | 死亡者数<br>Deaths | 入国超過<br>Net migration | | | 死亡者数<br>Deaths | 入国超過<br>Net migration | 国籍の異動<br>による純増減<br>(a) | |
| 45 歳 years old | 895, 203 | 790 | 235 | 854, 942 | 873, 473 | 778 | 404 | 13 | 832, 864 |
| 46 | 932, 861 | 917 | 160 | 894, 648 | 911, 798 | 894 | 413 | 9 | 873, 112 |
| 47 | 985, 002 | 1, 063 | 273 | 932, 104 | 963, 898 | 1, 052 | 496 | 12 | 911, 326 |
| 48 | 1, 005, 680 | 1, 293 | 216 | 984, 212 | 983, 923 | 1, 270 | 484 | 18 | 963, 354 |
| 49 | 985, 729 | 1, 363 | 103 | 1, 004, 603 | 963, 716 | 1, 340 | 448 | 9 | 983, 155 |
| 50 | 958, 601 | 1, 440 | 180 | 984, 469 | 936, 391 | 1, 403 | 475 | 3 | 962, 833 |
| 51 | 930, 217 | 1, 520 | −27 | 957, 341 | 907, 821 | 1, 484 | 355 | −12 | 935, 466 |
| 52 | 916, 989 | 1, 575 | 167 | 928, 670 | 895, 153 | 1, 540 | 507 | −2 | 906, 680 |
| 53 | 895, 223 | 1, 734 | 23 | 915, 581 | 874, 139 | 1, 692 | 401 | −8 | 894, 118 |
| 54 | 893, 069 | 1, 779 | 100 | 893, 512 | 874, 959 | 1, 743 | 427 | −28 | 872, 840 |
| 55 | 700, 033 | 1, 551 | 28 | 891, 390 | 682, 742 | 1, 520 | 375 | −20 | 873, 615 |
| 56 | 860, 604 | 1, 911 | 79 | 698, 510 | 843, 564 | 1, 883 | 397 | −11 | 681, 577 |
| 57 | 806, 870 | 2, 001 | 38 | 858, 772 | 790, 352 | 1, 963 | 363 | −13 | 842, 067 |
| 58 | 786, 803 | 2, 056 | −44 | 804, 907 | 770, 570 | 2, 017 | 307 | −21 | 788, 739 |
| 59 | 761, 572 | 2, 161 | 90 | 784, 703 | 747, 896 | 2, 124 | 309 | −36 | 768, 839 |
| 60 | 746, 822 | 2, 263 | −60 | 759, 501 | 734, 420 | 2, 214 | 208 | −17 | 746, 045 |
| 61 | 753, 012 | 2, 423 | −21 | 744, 499 | 741, 239 | 2, 389 | 234 | −15 | 732, 397 |
| 62 | 765, 914 | 2, 828 | −89 | 750, 568 | 755, 653 | 2, 782 | 153 | −22 | 739, 069 |
| 63 | 746, 243 | 2, 985 | −42 | 762, 997 | 736, 122 | 2, 923 | 185 | −26 | 753, 002 |
| 64 | 725, 174 | 3, 065 | −16 | 743, 216 | 715, 644 | 3, 033 | 170 | −43 | 733, 358 |
| 65 | 761, 537 | 3, 391 | −140 | 722, 093 | 752, 412 | 3, 347 | 134 | −33 | 712, 738 |
| 66 | 784, 042 | 3, 796 | −103 | 758, 006 | 775, 411 | 3, 748 | 90 | −16 | 749, 166 |
| 67 | 784, 916 | 4, 365 | −65 | 780, 143 | 777, 271 | 4, 319 | 132 | −2 | 771, 737 |
| 68 | 834, 434 | 5, 007 | −12 | 780, 486 | 827, 524 | 4, 957 | 98 | 1 | 773, 082 |
| 69 | 880, 230 | 5, 725 | −9 | 829, 415 | 873, 496 | 5, 665 | 105 | −3 | 822, 666 |
| 70 | 929, 630 | 6, 835 | 4 | 874, 496 | 923, 768 | 6, 778 | 74 | −49 | 867, 933 |
| 71 | 998, 270 | 7, 956 | 37 | 922, 799 | 992, 450 | 7, 891 | 108 | −26 | 917, 015 |
| 72 | 1, 089, 358 | 9, 802 | 34 | 990, 351 | 1, 083, 875 | 9, 742 | 101 | −17 | 984, 641 |
| 73 | 1, 075, 326 | 10, 855 | 39 | 1, 079, 590 | 1, 070, 082 | 10, 780 | 86 | −7 | 1, 074, 217 |
| 74 | 1, 013, 888 | 11, 404 | 59 | 1, 064, 510 | 1, 008, 973 | 11, 323 | 106 | −13 | 1, 059, 381 |
| 75 | 631, 970 | 8, 051 | 18 | 1, 002, 543 | 628, 108 | 7, 988 | 41 | −35 | 997, 743 |
| 76 | 677, 995 | 9, 747 | 36 | 623, 937 | 673, 939 | 9, 671 | 57 | −9 | 620, 126 |
| 77 | 823, 342 | 13, 084 | 34 | 668, 284 | 819, 430 | 13, 007 | 43 | −4 | 664, 316 |
| 78 | 787, 686 | 14, 412 | −8 | 810, 292 | 783, 971 | 14, 305 | 24 | −7 | 806, 462 |
| 79 | 800, 558 | 16, 772 | 44 | 773, 266 | 797, 124 | 16, 676 | 51 | −5 | 769, 683 |
| 80 | 766, 402 | 18, 433 | 4 | 783, 830 | 762, 941 | 18, 323 | 28 | −10 | 780, 494 |
| 81 | 685, 788 | 19, 114 | 7 | 747, 973 | 682, 664 | 18, 996 | 22 | 5 | 744, 636 |
| 82 | 583, 638 | 18, 652 | −1 | 666, 681 | 580, 859 | 18, 547 | 8 | −2 | 663, 695 |
| 83 | 609, 376 | 22, 453 | 28 | 564, 985 | 606, 827 | 22, 343 | 33 | −1 | 562, 318 |
| 84 | 607, 474 | 25, 754 | 0 | 586, 951 | 605, 263 | 25, 615 | 13 | 3 | 584, 516 |
| 85 | 587, 359 | 28, 740 | −5 | 581, 720 | 585, 271 | 28, 598 | 5 | −7 | 579, 664 |
| 86 | 538, 380 | 30, 488 | 1 | 558, 614 | 536, 510 | 30, 327 | 9 | −1 | 556, 671 |
| 87 | 484, 947 | 31, 767 | 3 | 507, 893 | 483, 366 | 31, 636 | 2 | −1 | 506, 191 |
| 88 | 458, 576 | 34, 630 | 1 | 453, 183 | 457, 299 | 34, 497 | 6 | −1 | 451, 731 |
| 89 | | | | 423, 947 | | | | | 422, 807 |
| 90歳以上 and over | 2, 296, 717 | 341, 602 | 6 | 1, 955, 121 | 2, 291, 446 | 340, 607 | 23 | 3 | 1, 950, 865 |

Note)　*　Live births from Oct. 2021 to Sept. 2022.
　　　(a)　Net increase or decrease by change of nationality

参考表３　　年齢（５歳階級）、男女別死亡者数－日本人、外国人（2021年10月〜2022年９月）
Reference Table 3.　Deaths by Age (Five-Year Groups) and Sex - Japanese, Foreigners
from October 2021 to September 2022

| 年 齢 階 級<br>Age groups<br>* | 日　本　人　Japanese | | | 外　国　人　Foreigners | | |
|---|---|---|---|---|---|---|
| | 男女計<br>Both sexes | 男<br>Male | 女<br>Female | 男女計<br>Both sexes | 男<br>Male | 女<br>Female |
| 総　　　　　数 Total | 1,521,435 | 776,801 | 744,634 | 8,667 | 4,630 | 4,037 |
| 0 ～ 4 歳 years old | 1,886 | 1,003 | 883 | 65 | 34 | 31 |
| 5 ～ 9 | 317 | 161 | 156 | 7 | 3 | 4 |
| 10 ～ 14 | 466 | 268 | 198 | 8 | 5 | 3 |
| 15 ～ 19 | 1,354 | 850 | 504 | 20 | 14 | 6 |
| 20 ～ 24 | 2,158 | 1,412 | 746 | 64 | 50 | 14 |
| 25 ～ 29 | 2,298 | 1,506 | 792 | 87 | 60 | 27 |
| 30 ～ 34 | 2,956 | 1,863 | 1,093 | 101 | 69 | 32 |
| 35 ～ 39 | 4,450 | 2,783 | 1,667 | 109 | 72 | 37 |
| 40 ～ 44 | 7,558 | 4,693 | 2,865 | 154 | 94 | 60 |
| 45 ～ 49 | 14,404 | 9,070 | 5,334 | 214 | 122 | 92 |
| 50 ～ 54 | 22,223 | 14,361 | 7,862 | 377 | 191 | 186 |
| 55 ～ 59 | 28,942 | 19,435 | 9,507 | 434 | 261 | 173 |
| 60 ～ 64 | 42,770 | 29,429 | 13,341 | 534 | 311 | 223 |
| 65 ～ 69 | 72,959 | 50,923 | 22,036 | 709 | 461 | 248 |
| 70 ～ 74 | 147,426 | 100,912 | 46,514 | 1,007 | 669 | 338 |
| 75 ～ 79 | 171,016 | 109,369 | 61,647 | 1,069 | 650 | 419 |
| 80 ～ 84 | 245,931 | 142,107 | 103,824 | 1,272 | 690 | 582 |
| 85 ～ 89 | 314,151 | 152,684 | 161,467 | 1,205 | 496 | 709 |
| 90 歳 以 上　and over | 438,170 | 133,972 | 304,198 | 1,231 | 378 | 853 |

資料：厚生労働省「人口動態統計」（概数）
注)　＊ 2021年10月１日現在の年齢
　　　ただし、年齢不詳の死亡者数を各歳別に
　　あん分して含めた。
　　　なお、０〜４歳の数値には2021年10月〜
　　2022年９月の出生児の死亡者数を含む。

Source : Ministry of Health, Labour and Welfare, "Preliminary Results
of the Vital Statistics"
Note) ＊ Age as of October 1, 2021
Unknown age deaths are included after being prorated
to each age population.
Age group 0-4 includes deaths of the babies born
from October 2021 to September 2022.

参考表4　年齢（5歳階級）、男女別出入国者数－日本人、外国人（2021年10月～2022年9月）
Reference Table 4. Entries and Exits by Age (Five-Year Groups) and Sex‐Japanese, Foreigners
from October 2021 to September 2022

| 年齢階級<br>Age groups | 日本人　Japanese　* | | | | | |
|---|---|---|---|---|---|---|
| | 男女計　Both sexes | | 男　Male | | 女　Female | |
| | 入国者数<br>Entries | 出国者数<br>Exits | 入国者数<br>Entries | 出国者数<br>Exits | 入国者数<br>Entries | 出国者数<br>Exits |
| 総　数　Total | 587,183 | 602,733 | 296,982 | 297,456 | 290,201 | 305,277 |
| 0 ～ 4 歳 years old | 33,396 | 35,291 | 16,779 | 17,863 | 16,617 | 17,428 |
| 5 ～ 9 | 42,445 | 43,955 | 21,526 | 22,256 | 20,919 | 21,699 |
| 10 ～ 14 | 37,928 | 36,509 | 19,079 | 18,396 | 18,849 | 18,113 |
| 15 ～ 19 | 31,956 | 35,610 | 14,742 | 15,756 | 17,214 | 19,854 |
| 20 ～ 24 | 42,215 | 61,896 | 17,159 | 24,287 | 25,056 | 37,609 |
| 25 ～ 29 | 29,534 | 38,237 | 12,495 | 15,961 | 17,039 | 22,276 |
| 30 ～ 34 | 42,995 | 47,767 | 20,224 | 22,087 | 22,771 | 25,680 |
| 35 ～ 39 | 54,133 | 55,209 | 26,916 | 27,131 | 27,217 | 28,078 |
| 40 ～ 44 | 59,403 | 56,989 | 29,794 | 28,428 | 29,609 | 28,561 |
| 45 ～ 49 | 63,506 | 58,748 | 32,361 | 29,821 | 31,145 | 28,927 |
| 50 ～ 54 | 57,747 | 52,595 | 31,939 | 28,973 | 25,808 | 23,622 |
| 55 ～ 59 | 42,108 | 37,251 | 24,494 | 21,506 | 17,614 | 15,745 |
| 60 ～ 64 | 24,363 | 21,025 | 14,465 | 12,216 | 9,898 | 8,809 |
| 65 ～ 69 | 11,620 | 10,003 | 6,890 | 5,897 | 4,730 | 4,106 |
| 70 ～ 74 | 8,041 | 6,877 | 4,826 | 4,136 | 3,215 | 2,741 |
| 75 ～ 79 | 3,708 | 3,091 | 2,162 | 1,816 | 1,546 | 1,275 |
| 80 ～ 84 | 1,483 | 1,178 | 838 | 675 | 645 | 503 |
| 85 ～ 89 | 483 | 414 | 245 | 211 | 238 | 203 |
| 90 歳 以 上 and over | 119 | 88 | 48 | 40 | 71 | 48 |

資料：出入国在留管理庁「出入国管理統計」　　Source : Immigration Services Agency, "Statistics on Legal Migrants"
注）　＊滞在期間が3か月以内の者を除く。　　Note) * Excluding persons whose period of stay abroad is less than three months.

参考表４　　年齢（５歳階級）、男女別出入国者数－日本人、外国人（2021年10月～2022年９月）　（続き）
Reference Table 4.  Entries and Exits by Age (Five-Year Groups) and Sex‑Japanese, Foreigners
from October 2021 to September 2022 ‑ Continued

| 年 齢 階 級　　　　Age groups | 外 国 人　　　Foreigners　* | | | | | |
|---|---|---|---|---|---|---|
| | 男女計　Both sexes | | 男　Male | | 女　Female | |
| | 入国者数 Entries | 出国者数 Exits | 入国者数 Entries | 出国者数 Exits | 入国者数 Entries | 出国者数 Exits |
| 総　　　　数　Total | 1,008,689 | 818,024 | 541,712 | 431,365 | 466,977 | 386,659 |
| 0 ～ 4 歳　years old | 28,305 | 27,384 | 14,543 | 14,227 | 13,762 | 13,157 |
| 5 ～ 9 | 19,350 | 16,393 | 9,985 | 8,463 | 9,365 | 7,930 |
| 10 ～ 14 | 14,574 | 11,574 | 7,522 | 5,876 | 7,052 | 5,698 |
| 15 ～ 19 | 79,529 | 17,611 | 40,181 | 8,461 | 39,348 | 9,150 |
| 20 ～ 24 | 222,763 | 119,956 | 120,532 | 59,212 | 102,231 | 60,744 |
| 25 ～ 29 | 187,217 | 163,844 | 103,564 | 90,341 | 83,653 | 73,503 |
| 30 ～ 34 | 134,814 | 129,943 | 76,588 | 73,896 | 58,226 | 56,047 |
| 35 ～ 39 | 88,138 | 87,536 | 49,027 | 48,694 | 39,111 | 38,842 |
| 40 ～ 44 | 65,740 | 66,005 | 35,501 | 35,512 | 30,239 | 30,493 |
| 45 ～ 49 | 53,132 | 54,545 | 28,078 | 28,233 | 25,054 | 26,312 |
| 50 ～ 54 | 46,833 | 49,031 | 23,090 | 23,566 | 23,743 | 25,465 |
| 55 ～ 59 | 32,583 | 34,770 | 16,114 | 16,741 | 16,469 | 18,029 |
| 60 ～ 64 | 18,995 | 20,629 | 8,895 | 9,351 | 10,100 | 11,278 |
| 65 ～ 69 | 9,924 | 11,254 | 4,572 | 5,014 | 5,352 | 6,240 |
| 70 ～ 74 | 4,199 | 4,639 | 2,169 | 2,307 | 2,030 | 2,332 |
| 75 ～ 79 | 1,645 | 1,800 | 849 | 912 | 796 | 888 |
| 80 ～ 84 | 642 | 740 | 323 | 355 | 319 | 385 |
| 85 ～ 89 | 230 | 279 | 124 | 144 | 106 | 135 |
| 90 歳 以 上　and over | 76 | 91 | 55 | 60 | 21 | 31 |

資料：出入国在留管理庁「出入国管理統計」　　　　Source : Immigration Services Agency, "Statistics on Legal Migrants"
注)　＊滞在期間が３か月以内の者を除く。　　　　Note) ＊ Excluding persons whose intended period of stay is less than three months.
　　2021年10月１日現在の年齢　　　　　　　　　　Age as of October 1, 2021
　　なお、０～４歳の数値には2021年10月～　　　　Age group 0-4 includes entries and exits of the babies born
　2022年９月の出生児の出入国者数を含む。　　　　from October 2021 to September 2022.

参考表5　都 道 府 県、男 女 別 人 口 の 計 算 表－総人口、日本人人口
Reference Table 5.　Computation of Population by Sex for Prefectures－Total population, Japanese population

| 都　道　府　県 Prefectures | 総　人　口　　男　女　計 Total population　　Both sexes | | | | |
|---|---|---|---|---|---|
| | 2021 年 10 月 1 日 現 在 人 口 Population Oct. 1, 2021 | 2021 年 10 月 1 日 ～ 2022 年 9 月 30 日 Oct. 1, 2021 to Sept. 30, 2022 | | | 2022 年 10 月 1 日 現 在 人 口 Population Oct. 1, 2022 |
| | | 自 然 増 減 Natural change | 社 会 増 減 Net migration | 増 減 の 計 Total net change | |
| 全　　　　　　国　Japan | 125, 502, 290 | −730, 616 | 175, 115 | −555, 501 | 124, 946, 789 |
| 01 北　海　道　Hokkaido | 5, 182, 794 | −44, 033 | 1, 593 | −42, 440 | 5, 140, 354 |
| 02 青　森　県　Aomori-ken | 1, 221, 324 | −13, 277 | −3, 655 | −16, 932 | 1, 204, 392 |
| 03 岩　手　県　Iwate-ken | 1, 196, 433 | −12, 430 | −3, 408 | −15, 838 | 1, 180, 595 |
| 04 宮　城　県　Miyagi-ken | 2, 290, 159 | −13, 747 | 3, 565 | −10, 182 | 2, 279, 977 |
| 05 秋　田　県　Akita-ken | 944, 902 | −12, 384 | −2, 617 | −15, 001 | 929, 901 |
| 06 山　形　県　Yamagata-ken | 1, 054, 890 | −10, 542 | −3, 323 | −13, 865 | 1, 041, 025 |
| 07 福　島　県　Fukushima-ken | 1, 811, 940 | −16, 594 | −5, 165 | −21, 759 | 1, 790, 181 |
| 08 茨　城　県　Ibaraki-ken | 2, 851, 682 | −19, 565 | 7, 438 | −12, 127 | 2, 839, 555 |
| 09 栃　木　県　Tochigi-ken | 1, 921, 341 | −13, 317 | 797 | −12, 520 | 1, 908, 821 |
| 10 群　馬　県　Gumma-ken | 1, 926, 522 | −14, 264 | 996 | −13, 268 | 1, 913, 254 |
| 11 埼　玉　県　Saitama-ken | 7, 340, 467 | −34, 279 | 30, 901 | −3, 378 | 7, 337, 089 |
| 12 千　葉　県　Chiba-ken | 6, 275, 160 | −31, 446 | 22, 261 | −9, 185 | 6, 265, 975 |
| 13 東　京　都　Tokyo-to | 14, 010, 099 | −41, 336 | 69, 404 | 28, 068 | 14, 038, 167 |
| 14 神　奈　川　県　Kanagawa-ken | 9, 236, 322 | −37, 279 | 33, 446 | −3, 833 | 9, 232, 489 |
| 15 新　潟　県　Niigata-ken | 2, 177, 047 | −19, 506 | −4, 848 | −24, 354 | 2, 152, 693 |
| 16 富　山　県　Toyama-ken | 1, 025, 440 | −8, 341 | −565 | −8, 906 | 1, 016, 534 |
| 17 石　川　県　Ishikawa-ken | 1, 125, 139 | −6, 699 | −803 | −7, 502 | 1, 117, 637 |
| 18 福　井　県　Fukui-ken | 760, 440 | −5, 181 | −2, 404 | −7, 585 | 752, 855 |
| 19 山　梨　県　Yamanashi-ken | 805, 353 | −5, 793 | 2, 314 | −3, 479 | 801, 874 |
| 20 長　野　県　Nagano-ken | 2, 033, 182 | −14, 905 | 1, 716 | −13, 189 | 2, 019, 993 |
| 21 岐　阜　県　Gifu-ken | 1, 960, 941 | −13, 786 | −1, 392 | −15, 178 | 1, 945, 763 |
| 22 静　岡　県　Shizuoka-ken | 3, 607, 595 | −24, 105 | −1, 193 | −25, 298 | 3, 582, 297 |
| 23 愛　知　県　Aichi-ken | 7, 516, 604 | −26, 203 | 4, 770 | −21, 433 | 7, 495, 171 |
| 24 三　重　県　Mie-ken | 1, 755, 689 | −11, 788 | −1, 727 | −13, 515 | 1, 742, 174 |
| 25 滋　賀　県　Shiga-ken | 1, 410, 509 | −4, 400 | 2, 822 | −1, 578 | 1, 408, 931 |
| 26 京　都　府　Kyoto-fu | 2, 561, 399 | −15, 735 | 4, 085 | −11, 650 | 2, 549, 749 |
| 27 大　阪　府　Osaka-fu | 8, 806, 114 | −46, 198 | 22, 568 | −23, 630 | 8, 782, 484 |
| 28 兵　庫　県　Hyogo-ken | 5, 432, 413 | −31, 232 | 1, 312 | −29, 920 | 5, 402, 493 |
| 29 奈　良　県　Nara-ken | 1, 315, 339 | −9, 238 | −289 | −9, 527 | 1, 305, 812 |
| 30 和　歌　山　県　Wakayama-ken | 913, 599 | −8, 714 | −1, 620 | −10, 334 | 903, 265 |
| 31 鳥　取　県　Tottori-ken | 548, 629 | −4, 171 | −838 | −5, 009 | 543, 620 |
| 32 島　根　県　Shimane-ken | 664, 887 | −5, 855 | −1, 123 | −6, 978 | 657, 909 |
| 33 岡　山　県　Okayama-ken | 1, 876, 265 | −11, 529 | −2, 419 | −13, 948 | 1, 862, 317 |
| 34 広　島　県　Hiroshima-ken | 2, 779, 630 | −15, 672 | −4, 458 | −20, 130 | 2, 759, 500 |
| 35 山　口　県　Yamaguchi-ken | 1, 327, 518 | −12, 585 | −1, 530 | −14, 115 | 1, 313, 403 |
| 36 徳　島　県　Tokushima-ken | 711, 975 | −6, 596 | −1, 527 | −8, 123 | 703, 852 |
| 37 香　川　県　Kagawa-ken | 942, 224 | −7, 138 | −1, 026 | −8, 164 | 934, 060 |
| 38 愛　媛　県　Ehime-ken | 1, 320, 921 | −11, 860 | −2, 575 | −14, 435 | 1, 306, 486 |
| 39 高　知　県　Kochi-ken | 684, 039 | −7, 376 | −958 | −8, 334 | 675, 705 |
| 40 福　岡　県　Fukuoka-ken | 5, 123, 748 | −23, 420 | 15, 718 | −7, 702 | 5, 116, 046 |
| 41 佐　賀　県　Saga-ken | 805, 971 | −5, 188 | 4 | −5, 184 | 800, 787 |
| 42 長　崎　県　Nagasaki-ken | 1, 296, 839 | −10, 678 | −3, 033 | −13, 711 | 1, 283, 128 |
| 43 熊　本　県　Kumamoto-ken | 1, 728, 263 | −11, 550 | 1, 614 | −9, 936 | 1, 718, 327 |
| 44 大　分　県　Oita-ken | 1, 114, 449 | −8, 812 | 1, 194 | −7, 618 | 1, 106, 831 |
| 45 宮　崎　県　Miyazaki-ken | 1, 061, 240 | −8, 435 | −467 | −8, 902 | 1, 052, 338 |
| 46 鹿　児　島　県　Kagoshima-ken | 1, 576, 391 | −12, 718 | −1, 011 | −13, 729 | 1, 562, 662 |
| 47 沖　縄　県　Okinawa-ken | 1, 468, 463 | −716 | 571 | −145 | 1, 468, 318 |

## 参考表5　都道府県、男女別人口
### Reference Table 5.　Computation of Population by Sex for Prefectures

| 都　道　府　県<br>Prefectures | | | 総　人　口 Total population<br>2021 年 10 月 1 日<br>現　在　人　口<br>Population<br>Oct. 1, 2021 | 男 Male<br>2021 年 10 月 1 日 ～ 2022 年 9 月 30 日<br>Oct. 1, 2021 to Sept. 30, 2022 | | | 2022 年 10 月 1 日<br>現　在　人　口<br>Population<br>Oct. 1, 2022 |
|---|---|---|---|---|---|---|---|
| | | | | 自　然　増　減<br>Natural change | 社　会　増　減<br>Net migration | 増　減　の　計<br>Total net change | |
| 全 | | 国 Japan | 61,019,059 | −371,143 | 109,873 | −261,270 | 60,757,789 |
| 01 北　海 | 道 | Hokkaido | 2,445,889 | −21,806 | 2,581 | −19,225 | 2,426,664 |
| 02 青　森 | 県 | Aomori-ken | 575,493 | −6,255 | −1,339 | −7,594 | 567,899 |
| 03 岩　手 | 県 | Iwate-ken | 576,585 | −5,826 | −1,049 | −6,875 | 569,710 |
| 04 宮　城 | 県 | Miyagi-ken | 1,116,649 | −6,756 | 1,976 | −4,780 | 1,111,869 |
| 05 秋　田 | 県 | Akita-ken | 445,842 | −5,773 | −958 | −6,731 | 439,111 |
| 06 山　形 | 県 | Yamagata-ken | 510,576 | −4,822 | −1,175 | −5,997 | 504,579 |
| 07 福　島 | 県 | Fukushima-ken | 893,829 | −7,944 | −1,888 | −9,832 | 883,997 |
| 08 茨　城 | 県 | Ibaraki-ken | 1,423,320 | −10,554 | 5,226 | −5,328 | 1,417,992 |
| 09 栃　木 | 県 | Tochigi-ken | 958,485 | −6,883 | 880 | −6,003 | 952,482 |
| 10 群　馬 | 県 | Gumma-ken | 952,918 | −7,345 | 1,223 | −6,122 | 946,796 |
| 11 埼　玉 | 県 | Saitama-ken | 3,646,114 | −19,787 | 16,554 | −3,233 | 3,642,881 |
| 12 千　葉 | 県 | Chiba-ken | 3,111,253 | −17,881 | 10,801 | −7,080 | 3,104,173 |
| 13 東　京 | 都 | Tokyo-to | 6,875,232 | −21,570 | 35,593 | 14,023 | 6,889,255 |
| 14 神　奈　川 | 県 | Kanagawa-ken | 4,583,874 | −21,136 | 16,726 | −4,410 | 4,579,464 |
| 15 新　潟 | 県 | Niigata-ken | 1,057,254 | −9,314 | −1,795 | −11,109 | 1,046,145 |
| 16 富　山 | 県 | Toyama-ken | 498,282 | −3,969 | 338 | −3,631 | 494,651 |
| 17 石　川 | 県 | Ishikawa-ken | 546,161 | −3,180 | −347 | −3,527 | 542,634 |
| 18 福　井 | 県 | Fukui-ken | 371,104 | −2,359 | −734 | −3,093 | 368,011 |
| 19 山　梨 | 県 | Yamanashi-ken | 395,237 | −2,858 | 1,562 | −1,296 | 393,941 |
| 20 長　野 | 県 | Nagano-ken | 993,601 | −7,071 | 1,409 | −5,662 | 987,939 |
| 21 岐　阜 | 県 | Gifu-ken | 951,830 | −7,170 | 7 | −7,163 | 944,667 |
| 22 静　岡 | 県 | Shizuoka-ken | 1,778,357 | −12,395 | 430 | −11,965 | 1,766,392 |
| 23 愛　知 | 県 | Aichi-ken | 3,745,880 | −14,757 | 3,195 | −11,562 | 3,734,318 |
| 24 三　重 | 県 | Mie-ken | 857,257 | −5,898 | −9 | −5,907 | 851,350 |
| 25 滋　賀 | 県 | Shiga-ken | 695,534 | −2,115 | 1,650 | −465 | 695,069 |
| 26 京　都 | 府 | Kyoto-fu | 1,222,764 | −7,961 | 2,412 | −5,549 | 1,217,215 |
| 27 大　阪 | 府 | Osaka-fu | 4,216,031 | −25,394 | 11,365 | −14,029 | 4,202,002 |
| 28 兵　庫 | 県 | Hyogo-ken | 2,581,987 | −15,700 | 982 | −14,718 | 2,567,269 |
| 29 奈　良 | 県 | Nara-ken | 619,256 | −4,598 | −240 | −4,838 | 614,418 |
| 30 和　歌　山 | 県 | Wakayama-ken | 430,845 | −4,303 | −755 | −5,058 | 425,787 |
| 31 鳥　取 | 県 | Tottori-ken | 262,317 | −1,902 | −321 | −2,223 | 260,094 |
| 32 島　根 | 県 | Shimane-ken | 321,664 | −2,844 | −411 | −3,255 | 318,409 |
| 33 岡　山 | 県 | Okayama-ken | 902,302 | −5,557 | −831 | −6,388 | 895,914 |
| 34 広　島 | 県 | Hiroshima-ken | 1,347,329 | −7,693 | −1,703 | −9,396 | 1,337,933 |
| 35 山　口 | 県 | Yamaguchi-ken | 630,489 | −5,961 | −134 | −6,095 | 624,394 |
| 36 徳　島 | 県 | Tokushima-ken | 339,930 | −3,140 | −450 | −3,590 | 336,340 |
| 37 香　川 | 県 | Kagawa-ken | 455,148 | −3,339 | −440 | −3,779 | 451,369 |
| 38 愛　媛 | 県 | Ehime-ken | 626,559 | −5,615 | −813 | −6,428 | 620,131 |
| 39 高　知 | 県 | Kochi-ken | 323,149 | −3,457 | −109 | −3,566 | 319,583 |
| 40 福　岡 | 県 | Fukuoka-ken | 2,425,493 | −10,891 | 8,125 | −2,766 | 2,422,727 |
| 41 佐　賀 | 県 | Saga-ken | 382,073 | −2,383 | 227 | −2,156 | 379,917 |
| 42 長　崎 | 県 | Nagasaki-ken | 609,934 | −4,919 | −1,125 | −6,044 | 603,890 |
| 43 熊　本 | 県 | Kumamoto-ken | 818,164 | −5,312 | 1,433 | −3,879 | 814,285 |
| 44 大　分 | 県 | Oita-ken | 529,233 | −4,105 | 1,104 | −3,001 | 526,232 |
| 45 宮　崎 | 県 | Miyazaki-ken | 501,158 | −4,039 | 34 | −4,005 | 497,153 |
| 46 鹿　児　島 | 県 | Kagoshima-ken | 743,499 | −5,948 | 411 | −5,537 | 737,962 |
| 47 沖　縄 | 県 | Okinawa-ken | 723,179 | −658 | 255 | −403 | 722,776 |

の 計 算 表－総人口、日本人人口（続き）
- Total population, Japanese population – Continued

| 都 道 府 県 Prefectures | 総 人 口 Total population　女 Female | | | | |
| | 2021 年 10 月 1 日 現 在 人 口 Population Oct. 1, 2021 | 2021 年 10 月 1 日 ～ 2022 年 9 月 30 日 Oct. 1, 2021 to Sept. 30, 2022 | | | 2022 年 10 月 1 日 現 在 人 口 Population Oct. 1, 2022 |
| | | 自 然 増 減 Natural change | 社 会 増 減 Net migration | 増 減 の 計 Total net change | |
|---|---|---|---|---|---|
| 全　　　　　国 Japan | 64,483,231 | −359,473 | 65,242 | −294,231 | 64,189,000 |
| 01 北 海 道 Hokkaido | 2,736,905 | −22,227 | −988 | −23,215 | 2,713,690 |
| 02 青 森 県 Aomori-ken | 645,831 | −7,022 | −2,316 | −9,338 | 636,493 |
| 03 岩 手 県 Iwate-ken | 619,848 | −6,604 | −2,359 | −8,963 | 610,885 |
| 04 宮 城 県 Miyagi-ken | 1,173,510 | −6,991 | 1,589 | −5,402 | 1,168,108 |
| 05 秋 田 県 Akita-ken | 499,060 | −6,611 | −1,659 | −8,270 | 490,790 |
| 06 山 形 県 Yamagata-ken | 544,314 | −5,720 | −2,148 | −7,868 | 536,446 |
| 07 福 島 県 Fukushima-ken | 918,111 | −8,650 | −3,277 | −11,927 | 906,184 |
| 08 茨 城 県 Ibaraki-ken | 1,428,362 | −9,011 | 2,212 | −6,799 | 1,421,563 |
| 09 栃 木 県 Tochigi-ken | 962,856 | −6,434 | −83 | −6,517 | 956,339 |
| 10 群 馬 県 Gumma-ken | 973,604 | −6,919 | −227 | −7,146 | 966,458 |
| 11 埼 玉 県 Saitama-ken | 3,694,353 | −14,492 | 14,347 | −145 | 3,694,208 |
| 12 千 葉 県 Chiba-ken | 3,163,907 | −13,565 | 11,460 | −2,105 | 3,161,802 |
| 13 東 京 都 Tokyo-to | 7,134,867 | −19,766 | 33,811 | 14,045 | 7,148,912 |
| 14 神 奈 川 県 Kanagawa-ken | 4,652,448 | −16,143 | 16,720 | 577 | 4,653,025 |
| 15 新 潟 県 Niigata-ken | 1,119,793 | −10,192 | −3,053 | −13,245 | 1,106,548 |
| 16 富 山 県 Toyama-ken | 527,158 | −4,372 | −903 | −5,275 | 521,883 |
| 17 石 川 県 Ishikawa-ken | 578,978 | −3,519 | −456 | −3,975 | 575,003 |
| 18 福 井 県 Fukui-ken | 389,336 | −2,822 | −1,670 | −4,492 | 384,844 |
| 19 山 梨 県 Yamanashi-ken | 410,116 | −2,935 | 752 | −2,183 | 407,933 |
| 20 長 野 県 Nagano-ken | 1,039,581 | −7,834 | 307 | −7,527 | 1,032,054 |
| 21 岐 阜 県 Gifu-ken | 1,009,111 | −6,616 | −1,399 | −8,015 | 1,001,096 |
| 22 静 岡 県 Shizuoka-ken | 1,829,238 | −11,710 | −1,623 | −13,333 | 1,815,905 |
| 23 愛 知 県 Aichi-ken | 3,770,724 | −11,446 | 1,575 | −9,871 | 3,760,853 |
| 24 三 重 県 Mie-ken | 898,432 | −5,890 | −1,718 | −7,608 | 890,824 |
| 25 滋 賀 県 Shiga-ken | 714,975 | −2,285 | 1,172 | −1,113 | 713,862 |
| 26 京 都 府 Kyoto-fu | 1,338,635 | −7,774 | 1,673 | −6,101 | 1,332,534 |
| 27 大 阪 府 Osaka-fu | 4,590,083 | −20,804 | 11,203 | −9,601 | 4,580,482 |
| 28 兵 庫 県 Hyogo-ken | 2,850,426 | −15,532 | 330 | −15,202 | 2,835,224 |
| 29 奈 良 県 Nara-ken | 696,083 | −4,640 | −49 | −4,689 | 691,394 |
| 30 和 歌 山 県 Wakayama-ken | 482,754 | −4,411 | −865 | −5,276 | 477,478 |
| 31 鳥 取 県 Tottori-ken | 286,312 | −2,269 | −517 | −2,786 | 283,526 |
| 32 島 根 県 Shimane-ken | 343,223 | −3,011 | −712 | −3,723 | 339,500 |
| 33 岡 山 県 Okayama-ken | 973,963 | −5,972 | −1,588 | −7,560 | 966,403 |
| 34 広 島 県 Hiroshima-ken | 1,432,301 | −7,979 | −2,755 | −10,734 | 1,421,567 |
| 35 山 口 県 Yamaguchi-ken | 697,029 | −6,624 | −1,396 | −8,020 | 689,009 |
| 36 徳 島 県 Tokushima-ken | 372,045 | −3,456 | −1,077 | −4,533 | 367,512 |
| 37 香 川 県 Kagawa-ken | 487,076 | −3,799 | −586 | −4,385 | 482,691 |
| 38 愛 媛 県 Ehime-ken | 694,362 | −6,245 | −1,762 | −8,007 | 686,355 |
| 39 高 知 県 Kochi-ken | 360,890 | −3,919 | −849 | −4,768 | 356,122 |
| 40 福 岡 県 Fukuoka-ken | 2,698,255 | −12,529 | 7,593 | −4,936 | 2,693,319 |
| 41 佐 賀 県 Saga-ken | 423,898 | −2,805 | −223 | −3,028 | 420,870 |
| 42 長 崎 県 Nagasaki-ken | 686,905 | −5,759 | −1,908 | −7,667 | 679,238 |
| 43 熊 本 県 Kumamoto-ken | 910,099 | −6,238 | 181 | −6,057 | 904,042 |
| 44 大 分 県 Oita-ken | 585,216 | −4,707 | 90 | −4,617 | 580,599 |
| 45 宮 崎 県 Miyazaki-ken | 560,082 | −4,396 | −501 | −4,897 | 555,185 |
| 46 鹿 児 島 県 Kagoshima-ken | 832,892 | −6,770 | −1,422 | −8,192 | 824,700 |
| 47 沖 縄 県 Okinawa-ken | 745,284 | −58 | 316 | 258 | 745,542 |

参考表5　都道府県、男女別人口
Reference Table 5.　Computation of Population by Sex for Prefectures

| 都　道　府　県　Prefectures | 日本人人口 Japanese population | | | | | 男女計 Both sexes |
|---|---|---|---|---|---|---|
| | 2021 年 10 月 1 日 現在人口 Population Oct. 1, 2021 | 2021 年 10 月 1 日 ～ 2022 年 9 月 30 日 Oct. 1, 2021 to Sept. 30, 2022 | | | | 2022 年 10 月 1 日 現在人口 Population Oct. 1, 2022 |
| | | 自然増減 Natural change | 社会増減 Net migration | 国籍の異動 による純増減 (a) | 増減の計 Total net change | |
| 全　　　　国　Japan | 122,780,487 | −739,346 | −15,550 | 4,932 | −749,964 | 122,030,523 |
| 01 北　海　道　Hokkaido | 5,146,560 | −44,082 | −4,289 | −62 | −48,433 | 5,098,127 |
| 02 青　森　県　Aomori-ken | 1,215,692 | −13,276 | −4,232 | −9 | −17,517 | 1,198,175 |
| 03 岩　手　県　Iwate-ken | 1,189,397 | −12,439 | −4,142 | −11 | −16,592 | 1,172,805 |
| 04 宮　城　県　Miyagi-ken | 2,269,153 | −13,807 | 954 | 12 | −12,841 | 2,256,312 |
| 05 秋　田　県　Akita-ken | 941,213 | −12,374 | −3,161 | −12 | −15,547 | 925,666 |
| 06 山　形　県　Yamagata-ken | 1,047,573 | −10,544 | −3,591 | −6 | −14,141 | 1,033,432 |
| 07 福　島　県　Fukushima-ken | 1,798,642 | −16,630 | −5,984 | −18 | −22,632 | 1,776,010 |
| 08 茨　城　県　Ibaraki-ken | 2,785,230 | −19,913 | 1,116 | 100 | −18,697 | 2,766,533 |
| 09 栃　木　県　Tochigi-ken | 1,880,061 | −13,548 | −1,875 | 18 | −15,405 | 1,864,656 |
| 10 群　馬　県　Gumma-ken | 1,865,938 | −14,723 | −1,826 | 180 | −16,369 | 1,849,569 |
| 11 埼　玉　県　Saitama-ken | 7,151,653 | −35,575 | 19,497 | 353 | −15,725 | 7,135,928 |
| 12 千　葉　県　Chiba-ken | 6,114,166 | −32,419 | 18,026 | 347 | −14,046 | 6,100,120 |
| 13 東　京　都　Tokyo-to | 13,459,137 | −43,305 | 25,649 | 1,216 | −16,440 | 13,442,697 |
| 14 神　奈　川　県　Kanagawa-ken | 9,006,858 | −38,360 | 21,723 | 402 | −16,235 | 8,990,623 |
| 15 新　潟　県　Niigata-ken | 2,161,250 | −19,524 | −6,090 | −10 | −25,624 | 2,135,626 |
| 16 富　山　県　Toyama-ken | 1,008,425 | −8,424 | −1,919 | 7 | −10,336 | 998,089 |
| 17 石　川　県　Ishikawa-ken | 1,110,514 | −6,747 | −2,160 | 5 | −8,902 | 1,101,612 |
| 18 福　井　県　Fukui-ken | 745,548 | −5,233 | −2,744 | 26 | −7,951 | 737,597 |
| 19 山　梨　県　Yamanashi-ken | 789,393 | −5,860 | 125 | 4 | −5,731 | 783,662 |
| 20 長　野　県　Nagano-ken | 1,998,962 | −14,974 | −253 | 37 | −15,190 | 1,983,772 |
| 21 岐　阜　県　Gifu-ken | 1,907,383 | −14,085 | −4,950 | 33 | −19,002 | 1,888,381 |
| 22 静　岡　県　Shizuoka-ken | 3,515,001 | −24,642 | −6,096 | 116 | −30,622 | 3,484,379 |
| 23 愛　知　県　Aichi-ken | 7,260,994 | −27,477 | −6,096 | 605 | −32,968 | 7,228,026 |
| 24 三　重　県　Mie-ken | 1,704,607 | −12,045 | −3,764 | 53 | −15,756 | 1,688,851 |
| 25 滋　賀　県　Shiga-ken | 1,377,047 | −4,536 | 510 | 76 | −3,950 | 1,373,097 |
| 26 京　都　府　Kyoto-fu | 2,504,556 | −15,499 | −4,261 | 210 | −19,550 | 2,485,006 |
| 27 大　阪　府　Osaka-fu | 8,565,220 | −45,654 | 3,724 | 1,002 | −40,928 | 8,524,292 |
| 28 兵　庫　県　Hyogo-ken | 5,323,800 | −30,976 | −6,234 | 215 | −36,995 | 5,286,805 |
| 29 奈　良　県　Nara-ken | 1,302,110 | −9,205 | −1,685 | 48 | −10,842 | 1,291,268 |
| 30 和　歌　山　県　Wakayama-ken | 906,918 | −8,683 | −2,217 | −6 | −10,906 | 896,012 |
| 31 鳥　取　県　Tottori-ken | 544,174 | −4,157 | −1,252 | 4 | −5,405 | 538,769 |
| 32 島　根　県　Shimane-ken | 655,459 | −5,914 | −1,428 | −5 | −7,347 | 648,112 |
| 33 岡　山　県　Okayama-ken | 1,846,790 | −11,569 | −3,362 | 10 | −14,921 | 1,831,869 |
| 34 広　島　県　Hiroshima-ken | 2,729,440 | −15,723 | −6,188 | 39 | −21,872 | 2,707,568 |
| 35 山　口　県　Yamaguchi-ken | 1,312,031 | −12,514 | −2,507 | −5 | −15,026 | 1,297,005 |
| 36 徳　島　県　Tokushima-ken | 706,315 | −6,614 | −1,867 | 0 | −8,481 | 697,834 |
| 37 香　川　県　Kagawa-ken | 929,569 | −7,186 | −2,062 | −7 | −9,255 | 920,314 |
| 38 愛　媛　県　Ehime-ken | 1,309,158 | −11,856 | −3,386 | −12 | −15,254 | 1,293,904 |
| 39 高　知　県　Kochi-ken | 679,529 | −7,368 | −1,604 | −3 | −8,975 | 670,554 |
| 40 福　岡　県　Fukuoka-ken | 5,045,269 | −23,606 | 8,538 | 194 | −14,874 | 5,030,395 |
| 41 佐　賀　県　Saga-ken | 799,543 | −5,204 | −1,120 | −24 | −6,348 | 793,195 |
| 42 長　崎　県　Nagasaki-ken | 1,288,100 | −10,713 | −4,898 | −10 | −15,621 | 1,272,479 |
| 43 熊　本　県　Kumamoto-ken | 1,711,866 | −11,564 | −1,080 | −5 | −12,649 | 1,699,217 |
| 44 大　分　県　Oita-ken | 1,102,341 | −8,824 | −1,584 | −15 | −10,423 | 1,091,918 |
| 45 宮　崎　県　Miyazaki-ken | 1,054,290 | −8,441 | −1,621 | −8 | −10,070 | 1,044,220 |
| 46 鹿　児　島　県　Kagoshima-ken | 1,564,774 | −12,732 | −2,457 | −36 | −15,225 | 1,549,549 |
| 47 沖　縄　県　Okinawa-ken | 1,448,838 | −802 | −1,427 | −116 | −2,345 | 1,446,493 |

の 計 算 表－総人口、日本人人口（続き）
- Total population, Japanese population - Continued

| 都　道　府　県 Prefectures | 日 本 人 人 口 Japanese population　　男 Male | | | | | |
|---|---|---|---|---|---|---|
| | 2021 年 10 月 1 日 現 在 人 口 Population Oct. 1, 2021 | 2021 年 10 月 1 日 ～ 2022 年 9 月 30 日 Oct. 1, 2021 to Sept. 30, 2022 | | | | 2022 年 10 月 1 日 現 在 人 口 Population Oct. 1, 2022 |
| | | 自 然 増 減 Natural change | 社 会 増 減 Net migration | 国籍の異動 による純増減 (a) | 増 減 の 計 Total net change | |
| 全　　　　　　　国　Japan | 59, 686, 643 | −375, 432 | −474 | 2, 941 | −372, 965 | 59, 313, 678 |
| 01 北　海　道　Hokkaido | 2, 429, 087 | −21, 828 | −709 | −10 | −22, 547 | 2, 406, 540 |
| 02 青　森　県　Aomori-ken | 573, 356 | −6, 257 | −1, 632 | −1 | −7, 890 | 565, 466 |
| 03 岩　手　県　Iwate-ken | 573, 963 | −5, 828 | −1, 704 | −3 | −7, 535 | 566, 428 |
| 04 宮　城　県　Miyagi-ken | 1, 106, 745 | −6, 788 | 484 | 10 | −6, 294 | 1, 100, 451 |
| 05 秋　田　県　Akita-ken | 444, 487 | −5, 766 | −1, 191 | −3 | −6, 960 | 437, 527 |
| 06 山　形　県　Yamagata-ken | 507, 969 | −4, 829 | −1, 446 | −5 | −6, 280 | 501, 689 |
| 07 福　島　県　Fukushima-ken | 888, 125 | −7, 966 | −2, 584 | −9 | −10, 559 | 877, 566 |
| 08 茨　城　県　Ibaraki-ken | 1, 389, 140 | −10, 730 | 1, 429 | 54 | −9, 247 | 1, 379, 893 |
| 09 栃　木　県　Tochigi-ken | 938, 000 | −6, 992 | −581 | 18 | −7, 555 | 930, 445 |
| 10 群　馬　県　Gumma-ken | 921, 763 | −7, 579 | −371 | 94 | −7, 856 | 913, 907 |
| 11 埼　玉　県　Saitama-ken | 3, 552, 318 | −20, 509 | 9, 718 | 205 | −10, 586 | 3, 541, 732 |
| 12 千　葉　県　Chiba-ken | 3, 033, 443 | −18, 355 | 8, 735 | 182 | −9, 438 | 3, 024, 005 |
| 13 東　京　都　Tokyo-to | 6, 606, 296 | −22, 551 | 10, 343 | 737 | −11, 471 | 6, 594, 825 |
| 14 神　奈　川　県　Kanagawa-ken | 4, 471, 151 | −21, 678 | 9, 566 | 252 | −11, 860 | 4, 459, 291 |
| 15 新　潟　県　Niigata-ken | 1, 050, 807 | −9, 331 | −2, 529 | 8 | −11, 852 | 1, 038, 955 |
| 16 富　山　県　Toyama-ken | 490, 002 | −4, 013 | −687 | 6 | −4, 694 | 485, 308 |
| 17 石　川　県　Ishikawa-ken | 538, 346 | −3, 208 | −1, 211 | 9 | −4, 410 | 533, 936 |
| 18 福　井　県　Fukui-ken | 364, 354 | −2, 386 | −1, 011 | 12 | −3, 385 | 360, 969 |
| 19 山　梨　県　Yamanashi-ken | 387, 808 | −2, 887 | 313 | 5 | −2, 569 | 385, 239 |
| 20 長　野　県　Nagano-ken | 978, 392 | −7, 111 | −7 | 14 | −7, 104 | 971, 288 |
| 21 岐　阜　県　Gifu-ken | 925, 951 | −7, 302 | −2, 188 | 25 | −9, 465 | 916, 486 |
| 22 静　岡　県　Shizuoka-ken | 1, 732, 962 | −12, 648 | −2, 324 | 62 | −14, 910 | 1, 718, 052 |
| 23 愛　知　県　Aichi-ken | 3, 619, 485 | −15, 363 | −3, 043 | 308 | −18, 098 | 3, 601, 387 |
| 24 三　重　県　Mie-ken | 831, 189 | −6, 010 | −1, 069 | 41 | −7, 038 | 824, 151 |
| 25 滋　賀　県　Shiga-ken | 677, 649 | −2, 183 | 239 | 46 | −1, 898 | 675, 751 |
| 26 京　都　府　Kyoto-fu | 1, 194, 638 | −7, 827 | −2, 021 | 104 | −9, 744 | 1, 184, 894 |
| 27 大　阪　府　Osaka-fu | 4, 097, 389 | −25, 066 | 1, 040 | 498 | −23, 528 | 4, 073, 861 |
| 28 兵　庫　県　Hyogo-ken | 2, 528, 824 | −15, 557 | −3, 310 | 127 | −18, 740 | 2, 510, 084 |
| 29 奈　良　県　Nara-ken | 612, 937 | −4, 586 | −883 | 23 | −5, 446 | 607, 491 |
| 30 和　歌　山　県　Wakayama-ken | 428, 044 | −4, 286 | −1, 087 | −1 | −5, 374 | 422, 670 |
| 31 鳥　取　県　Tottori-ken | 260, 681 | −1, 895 | −584 | 4 | −2, 475 | 258, 206 |
| 32 島　根　県　Shimane-ken | 317, 060 | −2, 865 | −581 | 1 | −3, 445 | 313, 615 |
| 33 岡　山　県　Okayama-ken | 887, 765 | −5, 594 | −1, 653 | 13 | −7, 234 | 880, 531 |
| 34 広　島　県　Hiroshima-ken | 1, 322, 143 | −7, 721 | −2, 889 | 36 | −10, 574 | 1, 311, 569 |
| 35 山　口　県　Yamaguchi-ken | 623, 037 | −5, 932 | −851 | 3 | −6, 780 | 616, 257 |
| 36 徳　島　県　Tokushima-ken | 337, 844 | −3, 154 | −716 | 1 | −3, 869 | 333, 975 |
| 37 香　川　県　Kagawa-ken | 448, 723 | −3, 363 | −993 | 0 | −4, 356 | 444, 367 |
| 38 愛　媛　県　Ehime-ken | 620, 697 | −5, 610 | −1, 419 | 4 | −7, 025 | 613, 672 |
| 39 高　知　県　Kochi-ken | 320, 828 | −3, 455 | −595 | −1 | −4, 051 | 316, 777 |
| 40 福　岡　県　Fukuoka-ken | 2, 384, 308 | −10, 965 | 4, 254 | 107 | −6, 604 | 2, 377, 704 |
| 41 佐　賀　県　Saga-ken | 379, 372 | −2, 385 | −337 | −7 | −2, 729 | 376, 643 |
| 42 長　崎　県　Nagasaki-ken | 605, 737 | −4, 935 | −2, 059 | 6 | −6, 988 | 598, 749 |
| 43 熊　本　県　Kumamoto-ken | 810, 982 | −5, 318 | 18 | −2 | −5, 302 | 805, 680 |
| 44 大　分　県　Oita-ken | 523, 486 | −4, 115 | −419 | −3 | −4, 537 | 518, 949 |
| 45 宮　崎　県　Miyazaki-ken | 498, 324 | −4, 050 | −640 | −2 | −4, 692 | 493, 632 |
| 46 鹿　児　島　県　Kagoshima-ken | 739, 109 | −5, 957 | −511 | −10 | −6, 478 | 732, 631 |
| 47 沖　縄　県　Okinawa-ken | 711, 927 | −698 | −778 | −17 | −1, 493 | 710, 434 |

(a) Net increase or decrease by change of nationality

参考表5　都 道 府 県、男 女 別 人 口 の 計 算 表－総人口、日本人人口（続き）
Reference Table 5.　Computation of Population by Sex for Prefectures－Total population, Japanese population－Continued

| 都　道　府　県 Prefectures | 日 本 人 人 口　Japanese population 女 Female | | | | | |
|---|---|---|---|---|---|---|
| | 2021 年 10 月 1 日 現 在 人 口 Population Oct. 1, 2021 | 2021 年 10 月 1 日 ～ 2022 年 9 月 30 日 Oct. 1, 2021 to Sept. 30, 2022 | | | | 2022 年 10 月 1 日 現 在 人 口 Population Oct. 1, 2022 |
| | | 自 然 増 減 Natural change | 社 会 増 減 Net migration | 国籍の異動 による純増減 (a) | 増 減 の 計 Total net change | |
| 全　　　　　国　Japan | 63, 093, 844 | −363, 914 | −15, 076 | 1, 991 | −376, 999 | 62, 716, 845 |
| 01 北 海 道　Hokkaido | 2, 717, 473 | −22, 254 | −3, 580 | −52 | −25, 886 | 2, 691, 587 |
| 02 青 森 県　Aomori-ken | 642, 336 | −7, 019 | −2, 600 | −8 | −9, 627 | 632, 709 |
| 03 岩 手 県　Iwate-ken | 615, 434 | −6, 611 | −2, 438 | −8 | −9, 057 | 606, 377 |
| 04 宮 城 県　Miyagi-ken | 1, 162, 408 | −7, 019 | 470 | 2 | −6, 547 | 1, 155, 861 |
| 05 秋 田 県　Akita-ken | 496, 726 | −6, 608 | −1, 970 | −9 | −8, 587 | 488, 139 |
| 06 山 形 県　Yamagata-ken | 539, 604 | −5, 715 | −2, 145 | −1 | −7, 861 | 531, 743 |
| 07 福 島 県　Fukushima-ken | 910, 517 | −8, 664 | −3, 400 | −9 | −12, 073 | 898, 444 |
| 08 茨 城 県　Ibaraki-ken | 1, 396, 090 | −9, 183 | −313 | 46 | −9, 450 | 1, 386, 640 |
| 09 栃 木 県　Tochigi-ken | 942, 061 | −6, 556 | −1, 294 | 0 | −7, 850 | 934, 211 |
| 10 群 馬 県　Gumma-ken | 944, 175 | −7, 144 | −1, 455 | 86 | −8, 513 | 935, 662 |
| 11 埼 玉 県　Saitama-ken | 3, 599, 335 | −15, 066 | 9, 779 | 148 | −5, 139 | 3, 594, 196 |
| 12 千 葉 県　Chiba-ken | 3, 080, 723 | −14, 064 | 9, 291 | 165 | −4, 608 | 3, 076, 115 |
| 13 東 京 都　Tokyo-to | 6, 852, 841 | −20, 754 | 15, 306 | 479 | −4, 969 | 6, 847, 872 |
| 14 神 奈 川 県　Kanagawa-ken | 4, 535, 707 | −16, 682 | 12, 157 | 150 | −4, 375 | 4, 531, 332 |
| 15 新 潟 県　Niigata-ken | 1, 110, 443 | −10, 193 | −3, 561 | −18 | −13, 772 | 1, 096, 671 |
| 16 富 山 県　Toyama-ken | 518, 423 | −4, 411 | −1, 232 | 1 | −5, 642 | 512, 781 |
| 17 石 川 県　Ishikawa-ken | 572, 168 | −3, 539 | −949 | −4 | −4, 492 | 567, 676 |
| 18 福 井 県　Fukui-ken | 381, 194 | −2, 847 | −1, 733 | 14 | −4, 566 | 376, 628 |
| 19 山 梨 県　Yamanashi-ken | 401, 585 | −2, 973 | −188 | −1 | −3, 162 | 398, 423 |
| 20 長 野 県　Nagano-ken | 1, 020, 570 | −7, 863 | −246 | 23 | −8, 086 | 1, 012, 484 |
| 21 岐 阜 県　Gifu-ken | 981, 432 | −6, 783 | −2, 762 | 8 | −9, 537 | 971, 895 |
| 22 静 岡 県　Shizuoka-ken | 1, 782, 039 | −11, 994 | −3, 772 | 54 | −15, 712 | 1, 766, 327 |
| 23 愛 知 県　Aichi-ken | 3, 641, 509 | −12, 114 | −3, 053 | 297 | −14, 870 | 3, 626, 639 |
| 24 三 重 県　Mie-ken | 873, 418 | −6, 035 | −2, 695 | 12 | −8, 718 | 864, 700 |
| 25 滋 賀 県　Shiga-ken | 699, 398 | −2, 353 | 271 | 30 | −2, 052 | 697, 346 |
| 26 京 都 府　Kyoto-fu | 1, 309, 918 | −7, 672 | −2, 240 | 106 | −9, 806 | 1, 300, 112 |
| 27 大 阪 府　Osaka-fu | 4, 467, 831 | −20, 588 | 2, 684 | 504 | −17, 400 | 4, 450, 431 |
| 28 兵 庫 県　Hyogo-ken | 2, 794, 976 | −15, 419 | −2, 924 | 88 | −18, 255 | 2, 776, 721 |
| 29 奈 良 県　Nara-ken | 689, 173 | −4, 619 | −802 | 25 | −5, 396 | 683, 777 |
| 30 和 歌 山 県　Wakayama-ken | 478, 874 | −4, 397 | −1, 130 | −5 | −5, 532 | 473, 342 |
| 31 鳥 取 県　Tottori-ken | 283, 493 | −2, 262 | −668 | 0 | −2, 930 | 280, 563 |
| 32 島 根 県　Shimane-ken | 338, 399 | −3, 049 | −847 | −6 | −3, 902 | 334, 497 |
| 33 岡 山 県　Okayama-ken | 959, 025 | −5, 975 | −1, 709 | −3 | −7, 687 | 951, 338 |
| 34 広 島 県　Hiroshima-ken | 1, 407, 297 | −8, 002 | −3, 299 | 3 | −11, 298 | 1, 395, 999 |
| 35 山 口 県　Yamaguchi-ken | 688, 994 | −6, 582 | −1, 656 | −8 | −8, 246 | 680, 748 |
| 36 徳 島 県　Tokushima-ken | 368, 471 | −3, 460 | −1, 151 | −1 | −4, 612 | 363, 859 |
| 37 香 川 県　Kagawa-ken | 480, 846 | −3, 823 | −1, 069 | −7 | −4, 899 | 475, 947 |
| 38 愛 媛 県　Ehime-ken | 688, 461 | −6, 246 | −1, 967 | −16 | −8, 229 | 680, 232 |
| 39 高 知 県　Kochi-ken | 358, 701 | −3, 913 | −1, 009 | −2 | −4, 924 | 353, 777 |
| 40 福 岡 県　Fukuoka-ken | 2, 660, 961 | −12, 641 | 4, 284 | 87 | −8, 270 | 2, 652, 691 |
| 41 佐 賀 県　Saga-ken | 420, 171 | −2, 819 | −783 | −17 | −3, 619 | 416, 552 |
| 42 長 崎 県　Nagasaki-ken | 682, 363 | −5, 778 | −2, 839 | −16 | −8, 633 | 673, 730 |
| 43 熊 本 県　Kumamoto-ken | 900, 884 | −6, 246 | −1, 098 | −3 | −7, 347 | 893, 537 |
| 44 大 分 県　Oita-ken | 578, 855 | −4, 709 | −1, 165 | −12 | −5, 886 | 572, 969 |
| 45 宮 崎 県　Miyazaki-ken | 555, 966 | −4, 391 | −981 | −6 | −5, 378 | 550, 588 |
| 46 鹿 児 島 県　Kagoshima-ken | 825, 665 | −6, 775 | −1, 946 | −26 | −8, 747 | 816, 918 |
| 47 沖 縄 県　Okinawa-ken | 736, 911 | −104 | −649 | −99 | −852 | 736, 059 |

(a) Net increase or decrease by change of nationality

参考表6　都道府県、男女別出生児数及び死亡者数－日本人、外国人（2021年10月～2022年9月）
Reference Table 6.  Live births and Deaths by Sex for Prefectures－Japanese, Foreigners
from October 2021 to September 2022

| 都　道　府　県<br>Prefectures | 日　本　人　Japanese ||||||
| | 男　女　計　Both sexes || 男　Male || 女　Female ||
| | 出生児数<br>Live births | 死亡者数<br>Deaths | 出生児数<br>Live births | 死亡者数<br>Deaths | 出生児数<br>Live births | 死亡者数<br>Deaths |
|---|---|---|---|---|---|---|
| 全　　　　　　　　国　Japan | 782,089 | 1,521,435 | 401,369 | 776,801 | 380,720 | 744,634 |
| 01 北　海　道　Hokkaido | 27,064 | 71,146 | 13,861 | 35,689 | 13,203 | 35,457 |
| 02 青　森　県　Aomori-ken | 6,072 | 19,348 | 3,136 | 9,393 | 2,936 | 9,955 |
| 03 岩　手　県　Iwate-ken | 6,000 | 18,439 | 3,124 | 8,952 | 2,876 | 9,487 |
| 04 宮　城　県　Miyagi-ken | 13,139 | 26,946 | 6,682 | 13,470 | 6,457 | 13,476 |
| 05 秋　田　県　Akita-ken | 4,100 | 16,474 | 2,141 | 7,907 | 1,959 | 8,567 |
| 06 山　形　県　Yamagata-ken | 5,714 | 16,258 | 2,962 | 7,791 | 2,752 | 8,467 |
| 07 福　島　県　Fukushima-ken | 9,884 | 26,514 | 5,104 | 13,070 | 4,780 | 13,444 |
| 08 茨　城　県　Ibaraki-ken | 16,055 | 35,968 | 8,197 | 18,927 | 7,858 | 17,041 |
| 09 栃　木　県　Tochigi-ken | 10,711 | 24,259 | 5,429 | 12,421 | 5,282 | 11,838 |
| 10 群　馬　県　Gumma-ken | 10,827 | 25,550 | 5,647 | 13,226 | 5,180 | 12,324 |
| 11 埼　玉　県　Saitama-ken | 44,154 | 79,729 | 22,815 | 43,324 | 21,339 | 36,405 |
| 12 千　葉　県　Chiba-ken | 37,688 | 70,107 | 19,341 | 37,696 | 18,347 | 32,411 |
| 13 東　京　都　Tokyo-to | 92,276 | 135,581 | 47,567 | 70,118 | 44,709 | 65,463 |
| 14 神　奈　川　県　Kanagawa-ken | 57,427 | 95,787 | 29,250 | 50,928 | 28,177 | 44,859 |
| 15 新　潟　県　Niigata-ken | 11,947 | 31,471 | 6,102 | 15,433 | 5,845 | 16,038 |
| 16 富　山　県　Toyama-ken | 6,056 | 14,480 | 3,129 | 7,142 | 2,927 | 7,338 |
| 17 石　川　県　Ishikawa-ken | 7,101 | 13,848 | 3,584 | 6,792 | 3,517 | 7,056 |
| 18 福　井　県　Fukui-ken | 4,960 | 10,193 | 2,549 | 4,935 | 2,411 | 5,258 |
| 19 山　梨　県　Yamanashi-ken | 4,847 | 10,707 | 2,424 | 5,311 | 2,423 | 5,396 |
| 20 長　野　県　Nagano-ken | 12,333 | 27,307 | 6,428 | 13,539 | 5,905 | 13,768 |
| 21 岐　阜　県　Gifu-ken | 11,327 | 25,412 | 5,735 | 13,037 | 5,592 | 12,375 |
| 22 静　岡　県　Shizuoka-ken | 21,087 | 45,729 | 10,882 | 23,530 | 10,205 | 22,199 |
| 23 愛　知　県　Aichi-ken | 51,723 | 79,200 | 26,707 | 42,070 | 25,016 | 37,130 |
| 24 三　重　県　Mie-ken | 10,607 | 22,652 | 5,444 | 11,454 | 5,163 | 11,198 |
| 25 滋　賀　県　Shiga-ken | 9,832 | 14,368 | 5,129 | 7,312 | 4,703 | 7,056 |
| 26 京　都　府　Kyoto-fu | 15,171 | 30,670 | 7,699 | 15,526 | 7,472 | 15,144 |
| 27 大　阪　府　Osaka-fu | 57,919 | 103,573 | 29,825 | 54,891 | 28,094 | 48,682 |
| 28 兵　庫　県　Hyogo-ken | 34,210 | 65,186 | 17,489 | 33,046 | 16,721 | 32,140 |
| 29 奈　良　県　Nara-ken | 7,477 | 16,682 | 3,838 | 8,424 | 3,639 | 8,258 |
| 30 和　歌　山　県　Wakayama-ken | 5,214 | 13,897 | 2,670 | 6,956 | 2,544 | 6,941 |
| 31 鳥　取　県　Tottori-ken | 3,730 | 7,887 | 1,924 | 3,819 | 1,806 | 4,068 |
| 32 島　根　県　Shimane-ken | 4,233 | 10,147 | 2,138 | 5,003 | 2,095 | 5,144 |
| 33 岡　山　県　Okayama-ken | 12,580 | 24,149 | 6,524 | 12,118 | 6,056 | 12,031 |
| 34 広　島　県　Hiroshima-ken | 17,966 | 33,689 | 9,205 | 16,926 | 8,761 | 16,763 |
| 35 山　口　県　Yamaguchi-ken | 7,858 | 20,372 | 3,983 | 9,915 | 3,875 | 10,457 |
| 36 徳　島　県　Tokushima-ken | 4,175 | 10,789 | 2,163 | 5,317 | 2,012 | 5,472 |
| 37 香　川　県　Kagawa-ken | 5,861 | 13,047 | 3,056 | 6,419 | 2,805 | 6,628 |
| 38 愛　媛　県　Ehime-ken | 7,572 | 19,428 | 3,814 | 9,424 | 3,758 | 10,004 |
| 39 高　知　県　Kochi-ken | 3,747 | 11,115 | 1,925 | 5,380 | 1,822 | 5,735 |
| 40 福　岡　県　Fukuoka-ken | 36,507 | 60,113 | 18,730 | 29,695 | 17,777 | 30,418 |
| 41 佐　賀　県　Saga-ken | 5,602 | 10,806 | 2,826 | 5,211 | 2,776 | 5,595 |
| 42 長　崎　県　Nagasaki-ken | 8,343 | 19,056 | 4,286 | 9,221 | 4,057 | 9,835 |
| 43 熊　本　県　Kumamoto-ken | 12,091 | 23,655 | 6,064 | 11,382 | 6,027 | 12,273 |
| 44 大　分　県　Oita-ken | 6,939 | 15,763 | 3,565 | 7,680 | 3,374 | 8,083 |
| 45 宮　崎　県　Miyazaki-ken | 7,258 | 15,699 | 3,731 | 7,781 | 3,527 | 7,918 |
| 46 鹿　児　島　県　Kagoshima-ken | 10,818 | 23,550 | 5,447 | 11,404 | 5,371 | 12,146 |
| 47 沖　縄　県　Okinawa-ken | 13,887 | 14,689 | 7,098 | 7,796 | 6,789 | 6,893 |

資料：厚生労働省「人口動態統計」（概数）
　　　ただし、死亡者数は住所地不詳の数値を
　　各都道府県別にあん分して含めた数値である。

Source : Ministry of Health, Labour and Welfare, "Preliminary Report of the Vital Statistics"
For deaths, persons whose prefecture of residence is unknown are prorated
to all the prefectures.

参考表6　都道府県、男女別出生児数及び死亡者数－日本人、外国人（2021年10月～2022年9月）（続き）
Reference Table 6. Live births and Deaths by Sex for Prefectures － Japanese, Foreigners
from October 2021 to September 2022 － Continued

| 都　道　府　県 Prefectures | 外　国　人　Foreigners | | | | | |
|---|---|---|---|---|---|---|
| | 男女計　Both sexes | | 男　Male | | 女　Female | |
| | 出生児数 Live births | 死亡者数 Deaths | 出生児数 Live births | 死亡者数 Deaths | 出生児数 Live births | 死亡者数 Deaths |
| 全　　　　　　国　Japan | 17,397 | 8,667 | 8,919 | 4,630 | 8,478 | 4,037 |
| 01 北　海　道　Hokkaido | 143 | 94 | 74 | 52 | 69 | 42 |
| 02 青　森　県　Aomori-ken | 15 | 16 | 9 | 7 | 6 | 9 |
| 03 岩　手　県　Iwate-ken | 22 | 13 | 7 | 5 | 15 | 8 |
| 04 宮　城　県　Miyagi-ken | 109 | 49 | 58 | 26 | 51 | 23 |
| 05 秋　田　県　Akita-ken | 4 | 14 | 1 | 8 | 3 | 6 |
| 06 山　形　県　Yamagata-ken | 16 | 14 | 10 | 3 | 6 | 11 |
| 07 福　島　県　Fukushima-ken | 68 | 32 | 34 | 12 | 34 | 20 |
| 08 茨　城　県　Ibaraki-ken | 467 | 119 | 226 | 50 | 241 | 69 |
| 09 栃　木　県　Tochigi-ken | 299 | 68 | 149 | 40 | 150 | 28 |
| 10 群　馬　県　Gumma-ken | 572 | 113 | 302 | 68 | 270 | 45 |
| 11 埼　玉　県　Saitama-ken | 1,623 | 327 | 884 | 162 | 739 | 165 |
| 12 千　葉　県　Chiba-ken | 1,269 | 296 | 633 | 159 | 636 | 137 |
| 13 東　京　都　Tokyo-to | 3,135 | 1,166 | 1,609 | 628 | 1,526 | 538 |
| 14 神　奈　川　県　Kanagawa-ken | 1,663 | 582 | 852 | 310 | 811 | 272 |
| 15 新　潟　県　Niigata-ken | 51 | 33 | 33 | 16 | 18 | 17 |
| 16 富　山　県　Toyama-ken | 116 | 33 | 61 | 17 | 55 | 16 |
| 17 石　川　県　Ishikawa-ken | 74 | 26 | 41 | 13 | 33 | 13 |
| 18 福　井　県　Fukui-ken | 94 | 42 | 44 | 17 | 50 | 25 |
| 19 山　梨　県　Yamanashi-ken | 110 | 43 | 47 | 18 | 63 | 25 |
| 20 長　野　県　Nagano-ken | 137 | 68 | 75 | 35 | 62 | 33 |
| 21 岐　阜　県　Gifu-ken | 428 | 129 | 206 | 74 | 222 | 55 |
| 22 静　岡　県　Shizuoka-ken | 725 | 188 | 368 | 115 | 357 | 73 |
| 23 愛　知　県　Aichi-ken | 2,030 | 756 | 1,017 | 411 | 1,013 | 345 |
| 24 三　重　県　Mie-ken | 383 | 126 | 188 | 76 | 195 | 50 |
| 25 滋　賀　県　Shiga-ken | 224 | 88 | 121 | 53 | 103 | 35 |
| 26 京　都　府　Kyoto-fu | 202 | 438 | 98 | 232 | 104 | 206 |
| 27 大　阪　府　Osaka-fu | 1,336 | 1,880 | 678 | 1,006 | 658 | 874 |
| 28 兵　庫　県　Hyogo-ken | 537 | 793 | 290 | 433 | 247 | 360 |
| 29 奈　良　県　Nara-ken | 44 | 77 | 27 | 39 | 17 | 38 |
| 30 和　歌　山　県　Wakayama-ken | 14 | 45 | 5 | 22 | 9 | 23 |
| 31 鳥　取　県　Tottori-ken | 3 | 17 | 3 | 10 | 0 | 7 |
| 32 島　根　県　Shimane-ken | 78 | 19 | 33 | 12 | 45 | 7 |
| 33 岡　山　県　Okayama-ken | 134 | 94 | 80 | 43 | 54 | 51 |
| 34 広　島　県　Hiroshima-ken | 256 | 205 | 131 | 103 | 125 | 102 |
| 35 山　口　県　Yamaguchi-ken | 60 | 131 | 31 | 60 | 29 | 71 |
| 36 徳　島　県　Tokushima-ken | 23 | 5 | 16 | 2 | 7 | 3 |
| 37 香　川　県　Kagawa-ken | 66 | 18 | 32 | 8 | 34 | 10 |
| 38 愛　媛　県　Ehime-ken | 27 | 31 | 11 | 16 | 16 | 15 |
| 39 高　知　県　Kochi-ken | 8 | 16 | 6 | 8 | 2 | 8 |
| 40 福　岡　県　Fukuoka-ken | 466 | 280 | 228 | 154 | 238 | 126 |
| 41 佐　賀　県　Saga-ken | 36 | 20 | 17 | 15 | 19 | 5 |
| 42 長　崎　県　Nagasaki-ken | 63 | 28 | 33 | 17 | 30 | 11 |
| 43 熊　本　県　Kumamoto-ken | 43 | 29 | 21 | 15 | 22 | 14 |
| 44 大　分　県　Oita-ken | 42 | 30 | 25 | 15 | 17 | 15 |
| 45 宮　崎　県　Miyazaki-ken | 20 | 14 | 15 | 4 | 5 | 10 |
| 46 鹿　児　島　県　Kagoshima-ken | 26 | 12 | 14 | 5 | 12 | 7 |
| 47 沖　縄　県　Okinawa-ken | 136 | 50 | 76 | 36 | 60 | 14 |

資料：厚生労働省「人口動態統計」（概数）
　　　ただし、死亡者数は住所地不詳の数値を
　　　各都道府県別にあん分して含めた数値である。

Source : Ministry of Health, Labour and Welfare, "Preliminary Report of the Vital Statistics"
For deaths, persons whose prefecture of residence is unknown are prorated
to all the prefectures.

参考表 7　　都道府県、男女別都道府県間転出入者数－日本人、外国人（2021年10月～2022年 9 月）

Reference Table 7.　Inter-Prefectural Migrants by Sex for Prefectures－Japanese, Foreigners
from October 2021 to September 2022

| 都　道　府　県<br>Prefectures | 日　本　人　Japanese | | | | | |
|---|---|---|---|---|---|---|
| | 男女計　Both sexes | | 男　Male | | 女　Female | |
| | 転入者数<br>In-migrants | 転出者数<br>Out-migrants | 転入者数<br>In-migrants | 転出者数<br>Out-migrants | 転入者数<br>In-migrants | 転出者数<br>Out-migrants |
| 全　　　　　　国　Japan | 2, 260, 332 | 2, 260, 332 | 1, 248, 461 | 1, 248, 461 | 1, 011, 871 | 1, 011, 871 |
| 01 北　海　道　Hokkaido | 49, 205 | 52, 641 | 29, 450 | 29, 774 | 19, 755 | 22, 867 |
| 02 青　森　県　Aomori-ken | 16, 389 | 20, 596 | 9, 900 | 11, 537 | 6, 489 | 9, 059 |
| 03 岩　手　県　Iwate-ken | 15, 718 | 19, 808 | 9, 194 | 10, 890 | 6, 524 | 8, 918 |
| 04 宮　城　県　Miyagi-ken | 44, 655 | 43, 638 | 25, 519 | 25, 158 | 19, 136 | 18, 480 |
| 05 秋　田　県　Akita-ken | 10, 346 | 13, 350 | 6, 077 | 7, 220 | 4, 269 | 6, 130 |
| 06 山　形　県　Yamagata-ken | 11, 886 | 15, 412 | 6, 879 | 8, 333 | 5, 007 | 7, 079 |
| 07 福　島　県　Fukushima-ken | 22, 515 | 28, 566 | 13, 463 | 16, 123 | 9, 052 | 12, 443 |
| 08 茨　城　県　Ibaraki-ken | 48, 085 | 46, 634 | 28, 115 | 26, 568 | 19, 970 | 20, 066 |
| 09 栃　木　県　Tochigi-ken | 30, 976 | 32, 648 | 17, 823 | 18, 410 | 13, 153 | 14, 238 |
| 10 群　馬　県　Gumma-ken | 27, 159 | 28, 866 | 15, 992 | 16, 295 | 11, 167 | 12, 571 |
| 11 埼　玉　県　Saitama-ken | 165, 779 | 145, 458 | 89, 107 | 79, 310 | 76, 672 | 66, 148 |
| 12 千　葉　県　Chiba-ken | 144, 905 | 126, 311 | 78, 804 | 69, 905 | 66, 101 | 56, 406 |
| 13 東　京　都　Tokyo-to | 398, 787 | 370, 832 | 209, 150 | 198, 776 | 189, 637 | 172, 056 |
| 14 神　奈　川　県　Kanagawa-ken | 215, 606 | 192, 960 | 116, 574 | 107, 226 | 99, 032 | 85, 734 |
| 15 新　潟　県　Niigata-ken | 20, 691 | 26, 575 | 12, 163 | 14, 703 | 8, 528 | 11, 872 |
| 16 富　山　県　Toyama-ken | 11, 707 | 13, 461 | 6, 928 | 7, 574 | 4, 779 | 5, 887 |
| 17 石　川　県　Ishikawa-ken | 16, 635 | 18, 665 | 9, 602 | 10, 798 | 7, 033 | 7, 867 |
| 18 福　井　県　Fukui-ken | 8, 503 | 11, 072 | 5, 132 | 6, 178 | 3, 371 | 4, 894 |
| 19 山　梨　県　Yamanashi-ken | 13, 754 | 13, 608 | 7, 970 | 7, 682 | 5, 784 | 5, 926 |
| 20 長　野　県　Nagano-ken | 27, 724 | 27, 724 | 15, 292 | 15, 251 | 12, 432 | 12, 473 |
| 21 岐　阜　県　Gifu-ken | 25, 164 | 30, 048 | 14, 132 | 16, 272 | 11, 032 | 13, 776 |
| 22 静　岡　県　Shizuoka-ken | 48, 987 | 54, 269 | 28, 578 | 30, 756 | 20, 409 | 23, 513 |
| 23 愛　知　県　Aichi-ken | 104, 200 | 109, 074 | 60, 515 | 63, 725 | 43, 685 | 45, 349 |
| 24 三　重　県　Mie-ken | 25, 295 | 28, 869 | 15, 362 | 16, 572 | 9, 933 | 12, 297 |
| 25 滋　賀　県　Shiga-ken | 26, 025 | 25, 236 | 14, 692 | 14, 446 | 11, 333 | 10, 790 |
| 26 京　都　府　Kyoto-fu | 52, 238 | 55, 507 | 27, 910 | 29, 784 | 24, 328 | 25, 723 |
| 27 大　阪　府　Osaka-fu | 155, 497 | 149, 793 | 82, 902 | 81, 424 | 72, 595 | 68, 369 |
| 28 兵　庫　県　Hyogo-ken | 84, 719 | 90, 124 | 45, 153 | 48, 552 | 39, 566 | 41, 572 |
| 29 奈　良　県　Nara-ken | 22, 774 | 24, 392 | 11, 652 | 12, 588 | 11, 122 | 11, 804 |
| 30 和　歌　山　県　Wakayama-ken | 11, 243 | 13, 394 | 6, 164 | 7, 251 | 5, 079 | 6, 143 |
| 31 鳥　取　県　Tottori-ken | 8, 143 | 9, 369 | 4, 617 | 5, 195 | 3, 526 | 4, 174 |
| 32 島　根　県　Shimane-ken | 9, 682 | 11, 024 | 5, 520 | 6, 062 | 4, 162 | 4, 962 |
| 33 岡　山　県　Okayama-ken | 25, 995 | 29, 300 | 14, 551 | 16, 247 | 11, 444 | 13, 053 |
| 34 広　島　県　Hiroshima-ken | 41, 292 | 47, 631 | 24, 068 | 27, 328 | 17, 224 | 20, 303 |
| 35 山　口　県　Yamaguchi-ken | 20, 707 | 23, 367 | 11, 965 | 12, 979 | 8, 742 | 10, 388 |
| 36 徳　島　県　Tokushima-ken | 8, 999 | 10, 839 | 5, 233 | 5, 972 | 3, 766 | 4, 867 |
| 37 香　川　県　Kagawa-ken | 15, 248 | 17, 277 | 8, 699 | 9, 707 | 6, 549 | 7, 570 |
| 38 愛　媛　県　Ehime-ken | 16, 736 | 20, 068 | 9, 657 | 11, 110 | 7, 079 | 8, 958 |
| 39 高　知　県　Kochi-ken | 8, 721 | 10, 194 | 5, 025 | 5, 563 | 3, 696 | 4, 631 |
| 40 福　岡　県　Fukuoka-ken | 99, 005 | 89, 817 | 54, 482 | 50, 180 | 44, 523 | 39, 637 |
| 41 佐　賀　県　Saga-ken | 15, 090 | 16, 163 | 8, 277 | 8, 613 | 6, 813 | 7, 550 |
| 42 長　崎　県　Nagasaki-ken | 20, 975 | 25, 979 | 12, 239 | 14, 400 | 8, 736 | 11, 579 |
| 43 熊　本　県　Kumamoto-ken | 27, 497 | 28, 423 | 15, 758 | 15, 739 | 11, 739 | 12, 684 |
| 44 大　分　県　Oita-ken | 17, 573 | 19, 025 | 10, 160 | 10, 542 | 7, 413 | 8, 483 |
| 45 宮　崎　県　Miyazaki-ken | 17, 135 | 18, 644 | 9, 759 | 10, 333 | 7, 376 | 8, 311 |
| 46 鹿　児　島　県　Kagoshima-ken | 24, 671 | 26, 952 | 14, 242 | 14, 727 | 10, 429 | 12, 225 |
| 47 沖　縄　県　Okinawa-ken | 25, 696 | 26, 729 | 14, 015 | 14, 683 | 11, 681 | 12, 046 |

資料：総務省統計局「住民基本台帳人口移動報告 月報」

Source : Statistics Bureau, Ministry of Internal Affairs and Communications,
"Monthly Report on Internal Migration in Japan Derived
from the Basic Resident Registration"

参考表 7　都道府県、男女別都道府県間転出入者数－日本人、外国人（2021年10月～2022年９月）（続き）
Reference Table 7.　Inter-Prefectural Migrants by Sex for Prefectures － Japanese, Foreigners
from October 2021 to September 2022 - Continued

| 都　道　府　県 Prefectures | 外　国　人　　Foreigners | | | | | |
|---|---|---|---|---|---|---|
| | 男女計　Both sexes | | 男　Male | | 女　Female | |
| | 転入者数 In-migrants | 転出者数 Out-migrants | 転入者数 In-migrants | 転出者数 Out-migrants | 転入者数 In-migrants | 転出者数 Out-migrants |
| 全　　　　　　国　Japan | 278,973 | 278,973 | 162,771 | 162,771 | 116,202 | 116,202 |
| 01 北　海　道　Hokkaido | 4,790 | 4,482 | 2,556 | 2,157 | 2,234 | 2,325 |
| 02 青　森　県　Aomori-ken | 912 | 1,108 | 420 | 408 | 492 | 700 |
| 03 岩　手　県　Iwate-ken | 1,121 | 1,246 | 663 | 546 | 458 | 700 |
| 04 宮　城　県　Miyagi-ken | 2,703 | 3,083 | 1,472 | 1,686 | 1,231 | 1,397 |
| 05 秋　田　県　Akita-ken | 576 | 408 | 292 | 201 | 284 | 207 |
| 06 山　形　県　Yamagata-ken | 1,073 | 948 | 641 | 528 | 432 | 420 |
| 07 福　島　県　Fukushima-ken | 2,185 | 2,520 | 1,477 | 1,469 | 708 | 1,051 |
| 08 茨　城　県　Ibaraki-ken | 11,134 | 11,341 | 6,923 | 6,994 | 4,211 | 4,347 |
| 09 栃　木　県　Tochigi-ken | 6,719 | 5,843 | 4,118 | 3,725 | 2,601 | 2,118 |
| 10 群　馬　県　Gumma-ken | 8,418 | 7,548 | 5,253 | 4,699 | 3,165 | 2,849 |
| 11 埼　玉　県　Saitama-ken | 26,240 | 20,583 | 15,739 | 12,512 | 10,501 | 8,071 |
| 12 千　葉　県　Chiba-ken | 18,336 | 26,573 | 10,813 | 16,505 | 7,523 | 10,068 |
| 13 東　京　都　Tokyo-to | 37,517 | 35,467 | 21,470 | 20,602 | 16,047 | 14,865 |
| 14 神　奈　川　県　Kanagawa-ken | 21,578 | 16,840 | 12,982 | 9,619 | 8,596 | 7,221 |
| 15 新　潟　県　Niigata-ken | 2,026 | 2,038 | 1,037 | 1,119 | 989 | 919 |
| 16 富　山　県　Toyama-ken | 2,266 | 1,992 | 1,471 | 1,209 | 795 | 783 |
| 17 石　川　県　Ishikawa-ken | 2,579 | 2,644 | 1,668 | 1,454 | 911 | 1,190 |
| 18 福　井　県　Fukui-ken | 1,908 | 2,503 | 1,133 | 1,403 | 775 | 1,100 |
| 19 山　梨　県　Yamanashi-ken | 2,472 | 1,803 | 1,349 | 1,013 | 1,123 | 790 |
| 20 長　野　県　Nagano-ken | 4,961 | 4,152 | 3,079 | 2,439 | 1,882 | 1,713 |
| 21 岐　阜　県　Gifu-ken | 7,311 | 6,683 | 4,331 | 3,843 | 2,980 | 2,840 |
| 22 静　岡　県　Shizuoka-ken | 9,482 | 8,465 | 5,476 | 5,180 | 4,006 | 3,285 |
| 23 愛　知　県　Aichi-ken | 19,705 | 20,808 | 11,658 | 12,857 | 8,047 | 7,951 |
| 24 三　重　県　Mie-ken | 6,391 | 6,742 | 3,849 | 4,173 | 2,542 | 2,569 |
| 25 滋　賀　県　Shiga-ken | 5,181 | 4,313 | 3,252 | 2,810 | 1,929 | 1,503 |
| 26 京　都　府　Kyoto-fu | 6,445 | 5,341 | 3,498 | 3,148 | 2,947 | 2,193 |
| 27 大　阪　府　Osaka-fu | 16,433 | 16,469 | 9,403 | 9,981 | 7,030 | 6,488 |
| 28 兵　庫　県　Hyogo-ken | 9,587 | 9,490 | 5,284 | 5,410 | 4,303 | 4,080 |
| 29 奈　良　県　Nara-ken | 2,005 | 1,569 | 1,101 | 875 | 904 | 694 |
| 30 和　歌　山　県　Wakayama-ken | 1,014 | 811 | 548 | 418 | 466 | 393 |
| 31 鳥　取　県　Tottori-ken | 624 | 636 | 299 | 308 | 325 | 328 |
| 32 島　根　県　Shimane-ken | 916 | 1,129 | 498 | 572 | 418 | 557 |
| 33 岡　山　県　Okayama-ken | 3,136 | 4,673 | 1,697 | 2,379 | 1,439 | 2,294 |
| 34 広　島　県　Hiroshima-ken | 3,924 | 6,650 | 2,301 | 3,651 | 1,623 | 2,999 |
| 35 山　口　県　Yamaguchi-ken | 2,114 | 2,318 | 1,191 | 1,143 | 923 | 1,175 |
| 36 徳　島　県　Tokushima-ken | 853 | 1,182 | 419 | 526 | 434 | 656 |
| 37 香　川　県　Kagawa-ken | 1,590 | 1,982 | 788 | 1,082 | 802 | 900 |
| 38 愛　媛　県　Ehime-ken | 1,641 | 2,127 | 927 | 1,101 | 714 | 1,026 |
| 39 高　知　県　Kochi-ken | 650 | 628 | 392 | 311 | 258 | 317 |
| 40 福　岡　県　Fukuoka-ken | 6,546 | 10,110 | 3,700 | 5,722 | 2,846 | 4,388 |
| 41 佐　賀　県　Saga-ken | 1,505 | 1,345 | 722 | 676 | 783 | 669 |
| 42 長　崎　県　Nagasaki-ken | 1,429 | 1,404 | 775 | 671 | 654 | 733 |
| 43 熊　本　県　Kumamoto-ken | 3,138 | 3,105 | 1,672 | 1,558 | 1,466 | 1,547 |
| 44 大　分　県　Oita-ken | 2,361 | 2,428 | 1,539 | 1,378 | 822 | 1,050 |
| 45 宮　崎　県　Miyazaki-ken | 1,557 | 1,180 | 723 | 540 | 834 | 640 |
| 46 鹿　児　島　県　Kagoshima-ken | 2,139 | 2,248 | 1,116 | 926 | 1,023 | 1,322 |
| 47 沖　縄　県　Okinawa-ken | 1,782 | 2,015 | 1,056 | 1,244 | 726 | 771 |

資料：総務省統計局「住民基本台帳人口移動報告 月報」

Source : Statistics Bureau, Ministry of Internal Affairs and Communications,
"Monthly Report on Internal Migration in Japan Derived
from the Basic Resident Registration"

参考表8　都道府県、男女別出入国者数－日本人、外国人（2021年10月～2022年9月）
Reference Table 8.　Entries and Exits by Sex for Prefectures － Japanese, Foreigners
from October 2021 to September 2022

| 都 道 府 県 Prefectures | 日 本 人　Japanese * | | | | | |
| --- | --- | --- | --- | --- | --- | --- |
| | 男女計　Both sexes | | 男　Male | | 女　Female | |
| | 入国者数 Entries | 出国者数 Exits | 入国者数 Entries | 出国者数 Exits | 入国者数 Entries | 出国者数 Exits |
| 全　　　　　国　Japan | 587,183 | 602,733 | 296,982 | 297,456 | 290,201 | 305,277 |
| 01 北 海 道　Hokkaido | 7,806 | 8,659 | 3,099 | 3,484 | 4,707 | 5,175 |
| 02 青 森 県　Aomori-ken | 1,393 | 1,418 | 710 | 705 | 683 | 713 |
| 03 岩 手 県　Iwate-ken | 1,419 | 1,471 | 750 | 758 | 669 | 713 |
| 04 宮 城 県　Miyagi-ken | 5,237 | 5,300 | 2,770 | 2,647 | 2,467 | 2,653 |
| 05 秋 田 県　Akita-ken | 968 | 1,125 | 513 | 561 | 455 | 564 |
| 06 山 形 県　Yamagata-ken | 1,211 | 1,276 | 754 | 746 | 457 | 530 |
| 07 福 島 県　Fukushima-ken | 2,786 | 2,719 | 1,591 | 1,515 | 1,195 | 1,204 |
| 08 茨 城 県　Ibaraki-ken | 8,684 | 9,019 | 4,878 | 4,996 | 3,806 | 4,023 |
| 09 栃 木 県　Tochigi-ken | 7,634 | 7,837 | 4,450 | 4,444 | 3,184 | 3,393 |
| 10 群 馬 県　Gumma-ken | 5,403 | 5,522 | 3,130 | 3,198 | 2,273 | 2,324 |
| 11 埼 玉 県　Saitama-ken | 30,069 | 30,893 | 15,894 | 15,973 | 14,175 | 14,920 |
| 12 千 葉 県　Chiba-ken | 32,297 | 32,865 | 16,699 | 16,863 | 15,598 | 16,002 |
| 13 東 京 都　Tokyo-to | 166,356 | 168,662 | 76,515 | 76,546 | 89,841 | 92,116 |
| 14 神 奈 川 県　Kanagawa-ken | 71,168 | 72,091 | 36,502 | 36,284 | 34,666 | 35,807 |
| 15 新 潟 県　Niigata-ken | 3,388 | 3,594 | 2,011 | 2,000 | 1,377 | 1,594 |
| 16 富 山 県　Toyama-ken | 2,442 | 2,607 | 1,417 | 1,458 | 1,025 | 1,149 |
| 17 石 川 県　Ishikawa-ken | 2,779 | 2,909 | 1,381 | 1,396 | 1,398 | 1,513 |
| 18 福 井 県　Fukui-ken | 1,768 | 1,943 | 1,048 | 1,013 | 720 | 930 |
| 19 山 梨 県　Yamanashi-ken | 2,417 | 2,438 | 1,300 | 1,275 | 1,117 | 1,163 |
| 20 長 野 県　Nagano-ken | 5,820 | 6,073 | 3,297 | 3,345 | 2,523 | 2,728 |
| 21 岐 阜 県　Gifu-ken | 5,909 | 5,975 | 2,978 | 3,026 | 2,931 | 2,949 |
| 22 静 岡 県　Shizuoka-ken | 16,311 | 17,125 | 9,764 | 9,910 | 6,547 | 7,215 |
| 23 愛 知 県　Aichi-ken | 47,692 | 48,914 | 27,246 | 27,079 | 20,446 | 21,835 |
| 24 三 重 県　Mie-ken | 6,877 | 7,067 | 4,329 | 4,188 | 2,548 | 2,879 |
| 25 滋 賀 県　Shiga-ken | 7,086 | 7,365 | 4,330 | 4,337 | 2,756 | 3,028 |
| 26 京 都 府　Kyoto-fu | 12,598 | 13,590 | 6,129 | 6,276 | 6,469 | 7,314 |
| 27 大 阪 府　Osaka-fu | 39,287 | 41,267 | 18,919 | 19,357 | 20,368 | 21,910 |
| 28 兵 庫 県　Hyogo-ken | 26,336 | 27,165 | 13,280 | 13,191 | 13,056 | 13,974 |
| 29 奈 良 県　Nara-ken | 5,082 | 5,149 | 2,406 | 2,353 | 2,676 | 2,796 |
| 30 和 歌 山 県　Wakayama-ken | 1,725 | 1,791 | 815 | 815 | 910 | 976 |
| 31 鳥 取 県　Tottori-ken | 717 | 743 | 356 | 362 | 361 | 381 |
| 32 島 根 県　Shimane-ken | 740 | 826 | 354 | 393 | 386 | 433 |
| 33 岡 山 県　Okayama-ken | 4,252 | 4,309 | 2,354 | 2,311 | 1,898 | 1,998 |
| 34 広 島 県　Hiroshima-ken | 9,483 | 9,332 | 5,460 | 5,089 | 4,023 | 4,243 |
| 35 山 口 県　Yamaguchi-ken | 2,853 | 2,700 | 1,577 | 1,414 | 1,276 | 1,286 |
| 36 徳 島 県　Tokushima-ken | 1,219 | 1,246 | 636 | 613 | 583 | 633 |
| 37 香 川 県　Kagawa-ken | 1,687 | 1,720 | 863 | 848 | 824 | 872 |
| 38 愛 媛 県　Ehime-ken | 2,326 | 2,380 | 1,258 | 1,224 | 1,068 | 1,156 |
| 39 高 知 県　Kochi-ken | 867 | 998 | 363 | 420 | 504 | 578 |
| 40 福 岡 県　Fukuoka-ken | 13,824 | 14,474 | 6,347 | 6,395 | 7,477 | 8,079 |
| 41 佐 賀 県　Saga-ken | 1,303 | 1,350 | 631 | 632 | 672 | 718 |
| 42 長 崎 県　Nagasaki-ken | 2,752 | 2,646 | 1,210 | 1,108 | 1,542 | 1,538 |
| 43 熊 本 県　Kumamoto-ken | 4,048 | 4,202 | 2,207 | 2,208 | 1,841 | 1,994 |
| 44 大 分 県　Oita-ken | 1,642 | 1,774 | 764 | 801 | 878 | 973 |
| 45 宮 崎 県　Miyazaki-ken | 1,474 | 1,586 | 699 | 765 | 775 | 821 |
| 46 鹿 児 島 県　Kagoshima-ken | 2,148 | 2,324 | 1,020 | 1,046 | 1,128 | 1,278 |
| 47 沖 縄 県　Okinawa-ken | 5,900 | 6,294 | 1,978 | 2,088 | 3,922 | 4,206 |

資料：出入国在留管理庁「出入国管理統計」
　　　ただし、住所地が外国の出入国者数を
　　　それぞれ各都道府県別にあん分して含めた。
注）　＊ 滞在期間が3か月以内の者を除く。

Source : Immigration Services Agency, "Statistics on Legal Migrants"
For persons who live in foreign countries,
their entries and exits are prorated to all the prefectures.
Note) ＊ Excluding persons whose period of stay abroad is less than three months.

参考表８　　都道府県、男女別出入国者数－日本人、外国人（2021年10月～2022年９月）（続き）
Reference Table 8. Entries and Exits by Sex for Prefectures － Japanese, Foreigners
from October 2021 to September 2022 - Continued

| 都　道　府　県<br>Prefectures | 外　国　人　　Foreigners　* | | | | | |
| --- | --- | --- | --- | --- | --- | --- |
| | 男女計　Both sexes | | 男　Male | | 女　Female | |
| | 入国者数<br>Entries | 出国者数<br>Exits | 入国者数<br>Entries | 出国者数<br>Exits | 入国者数<br>Entries | 出国者数<br>Exits |
| 全　　　　　　　国　Japan | 1,008,689 | 818,024 | 541,712 | 431,365 | 466,977 | 386,659 |
| 01 北　海　道　Hokkaido | 17,526 | 11,952 | 9,277 | 6,386 | 8,249 | 5,566 |
| 02 青　森　県　Aomori-ken | 2,488 | 1,715 | 1,058 | 777 | 1,430 | 938 |
| 03 岩　手　県　Iwate-ken | 2,901 | 2,042 | 1,458 | 920 | 1,443 | 1,122 |
| 04 宮　城　県　Miyagi-ken | 9,144 | 6,153 | 4,931 | 3,225 | 4,213 | 2,928 |
| 05 秋　田　県　Akita-ken | 1,639 | 1,263 | 804 | 662 | 835 | 601 |
| 06 山　形　県　Yamagata-ken | 2,277 | 2,134 | 1,060 | 902 | 1,217 | 1,232 |
| 07 福　島　県　Fukushima-ken | 4,959 | 3,805 | 2,538 | 1,850 | 2,421 | 1,955 |
| 08 茨　城　県　Ibaraki-ken | 28,394 | 21,865 | 16,413 | 12,545 | 11,981 | 9,320 |
| 09 栃　木　県　Tochigi-ken | 12,855 | 11,059 | 6,995 | 5,927 | 5,860 | 5,132 |
| 10 群　馬　県　Gumma-ken | 16,011 | 14,059 | 8,665 | 7,625 | 7,346 | 6,434 |
| 11 埼　玉　県　Saitama-ken | 56,911 | 51,164 | 30,760 | 27,151 | 26,151 | 24,013 |
| 12 千　葉　県　Chiba-ken | 62,790 | 50,318 | 34,219 | 26,461 | 28,571 | 23,857 |
| 13 東　京　都　Tokyo-to | 268,329 | 226,624 | 145,033 | 120,651 | 123,296 | 105,973 |
| 14 神　奈　川　県　Kanagawa-ken | 78,932 | 71,947 | 42,267 | 38,470 | 36,665 | 33,477 |
| 15 新　潟　県　Niigata-ken | 6,256 | 5,002 | 3,212 | 2,396 | 3,044 | 2,606 |
| 16 富　山　県　Toyama-ken | 5,750 | 4,670 | 3,362 | 2,599 | 2,388 | 2,071 |
| 17 石　川　県　Ishikawa-ken | 5,545 | 4,123 | 3,066 | 2,416 | 2,479 | 1,707 |
| 18 福　井　県　Fukui-ken | 4,773 | 3,838 | 2,271 | 1,724 | 2,502 | 2,114 |
| 19 山　梨　県　Yamanashi-ken | 6,196 | 4,676 | 3,216 | 2,303 | 2,980 | 2,373 |
| 20 長　野　県　Nagano-ken | 10,157 | 8,997 | 5,224 | 4,448 | 4,933 | 4,549 |
| 21 岐　阜　県　Gifu-ken | 15,653 | 12,723 | 7,951 | 6,244 | 7,702 | 6,479 |
| 22 静　岡　県　Shizuoka-ken | 23,918 | 20,032 | 12,496 | 10,038 | 11,422 | 9,994 |
| 23 愛　知　県　Aichi-ken | 73,874 | 61,905 | 39,580 | 32,143 | 34,294 | 29,762 |
| 24 三　重　県　Mie-ken | 14,321 | 11,933 | 7,821 | 6,437 | 6,500 | 5,496 |
| 25 滋　賀　県　Shiga-ken | 9,304 | 7,860 | 5,484 | 4,515 | 3,820 | 3,345 |
| 26 京　都　府　Kyoto-fu | 23,712 | 16,470 | 12,755 | 8,672 | 10,957 | 7,798 |
| 27 大　阪　府　Osaka-fu | 77,599 | 58,719 | 41,529 | 30,626 | 36,070 | 28,093 |
| 28 兵　庫　県　Hyogo-ken | 35,143 | 27,694 | 18,837 | 14,419 | 16,306 | 13,275 |
| 29 奈　良　県　Nara-ken | 4,622 | 3,662 | 2,413 | 1,996 | 2,209 | 1,666 |
| 30 和　歌　山　県　Wakayama-ken | 2,104 | 1,710 | 880 | 678 | 1,224 | 1,032 |
| 31 鳥　取　県　Tottori-ken | 1,620 | 1,194 | 743 | 471 | 877 | 723 |
| 32 島　根　県　Shimane-ken | 2,769 | 2,251 | 1,316 | 1,072 | 1,453 | 1,179 |
| 33 岡　山　県　Okayama-ken | 10,441 | 7,961 | 5,633 | 4,129 | 4,808 | 3,832 |
| 34 広　島　県　Hiroshima-ken | 18,055 | 13,599 | 9,916 | 7,380 | 8,139 | 6,219 |
| 35 山　口　県　Yamaguchi-ken | 4,883 | 3,702 | 2,566 | 1,897 | 2,317 | 1,805 |
| 36 徳　島　県　Tokushima-ken | 2,461 | 1,792 | 1,138 | 765 | 1,323 | 1,027 |
| 37 香　川　県　Kagawa-ken | 5,037 | 3,609 | 2,856 | 2,009 | 2,181 | 1,600 |
| 38 愛　媛　県　Ehime-ken | 4,919 | 3,622 | 2,834 | 2,054 | 2,085 | 1,568 |
| 39 高　知　県　Kochi-ken | 2,022 | 1,398 | 1,178 | 773 | 844 | 625 |
| 40 福　岡　県　Fukuoka-ken | 32,986 | 22,242 | 18,039 | 12,146 | 14,947 | 10,096 |
| 41 佐　賀　県　Saga-ken | 2,853 | 1,889 | 1,420 | 902 | 1,433 | 987 |
| 42 長　崎　県　Nagasaki-ken | 4,861 | 3,021 | 2,398 | 1,568 | 2,463 | 1,453 |
| 43 熊　本　県　Kumamoto-ken | 7,929 | 5,268 | 3,818 | 2,517 | 4,111 | 2,751 |
| 44 大　分　県　Oita-ken | 7,449 | 4,604 | 3,696 | 2,334 | 3,753 | 2,270 |
| 45 宮　崎　県　Miyazaki-ken | 3,080 | 2,303 | 1,562 | 1,071 | 1,518 | 1,232 |
| 46 鹿　児　島　県　Kagoshima-ken | 4,901 | 3,346 | 2,093 | 1,361 | 2,808 | 1,985 |
| 47 沖　縄　県　Okinawa-ken | 8,340 | 6,109 | 4,931 | 3,710 | 3,409 | 2,399 |

資料：出入国在留管理庁「出入国管理統計」
　　　ただし、住所地不詳の出入国者数を
　　　それぞれ各都道府県別にあん分して含めた。
注）　＊ 滞在期間が３か月以内の者を除く。

Source : Immigration Services Agency, "Statistics on Legal Migrants"
For persons whose prefecture of residence is unknown,
their entries and exits are prorated to all the prefectures.
Note) * Excluding persons whose intended period of stay is less than three months.

参考表9　都　道　府　県　、年　齢　（5　歳　階　級）、
Reference Table 9.　Population by Age (Five-Year Groups) and Sex

| 都　道　府　県 Prefectures | 総　人　口　　男　女　計 | | | | | | | |
|---|---|---|---|---|---|---|---|---|
| | 総　数 Total | 0〜4歳 years old | 5〜9 | 10〜14 | 15〜19 | 20〜24 | 25〜29 | 30〜34 |
| 全　　　　　　　　国　Japan | 124,946,789 | 4,247,017 | 4,947,992 | 5,307,628 | 5,512,327 | 6,263,291 | 6,412,065 | 6,445,672 |
| 01 北　海　道　Hokkaido | 5,140,354 | 149,871 | 180,900 | 199,228 | 212,981 | 227,311 | 226,244 | 239,735 |
| 02 青　森　県　Aomori-ken | 1,204,392 | 34,041 | 42,046 | 46,618 | 49,823 | 44,800 | 44,808 | 50,155 |
| 03 岩　手　県　Iwate-ken | 1,180,595 | 33,710 | 42,864 | 48,202 | 50,311 | 45,100 | 45,821 | 51,396 |
| 04 宮　城　県　Miyagi-ken | 2,279,977 | 72,865 | 89,108 | 95,817 | 102,210 | 122,953 | 115,393 | 118,276 |
| 05 秋　田　県　Akita-ken | 929,901 | 22,831 | 29,310 | 34,335 | 35,885 | 28,941 | 30,980 | 35,634 |
| 06 山　形　県　Yamagata-ken | 1,041,025 | 31,334 | 38,674 | 43,452 | 45,647 | 40,491 | 40,036 | 45,611 |
| 07 福　島　県　Fukushima-ken | 1,790,181 | 55,332 | 68,658 | 72,611 | 79,111 | 69,970 | 74,981 | 84,676 |
| 08 茨　城　県　Ibaraki-ken | 2,839,555 | 90,016 | 109,488 | 121,104 | 128,525 | 134,386 | 132,998 | 140,084 |
| 09 栃　木　県　Tochigi-ken | 1,908,821 | 60,554 | 74,392 | 81,843 | 86,830 | 85,000 | 88,409 | 96,099 |
| 10 群　馬　県　Gumma-ken | 1,913,254 | 60,979 | 72,643 | 82,114 | 89,307 | 89,650 | 88,508 | 91,933 |
| 11 埼　玉　県　Saitama-ken | 7,337,089 | 249,005 | 289,567 | 308,183 | 323,000 | 386,762 | 396,795 | 395,821 |
| 12 千　葉　県　Chiba-ken | 6,265,975 | 211,529 | 243,540 | 261,584 | 273,873 | 325,578 | 333,444 | 333,361 |
| 13 東　京　都　Tokyo-to | 14,038,167 | 479,711 | 532,611 | 522,316 | 534,642 | 852,177 | 1,014,113 | 935,622 |
| 14 神　奈　川　県　Kanagawa-ken | 9,232,489 | 312,159 | 358,708 | 382,018 | 399,727 | 510,995 | 531,633 | 504,227 |
| 15 新　潟　県　Niigata-ken | 2,152,693 | 65,349 | 80,315 | 89,350 | 93,687 | 87,560 | 87,175 | 96,981 |
| 16 富　山　県　Toyama-ken | 1,016,534 | 32,236 | 37,512 | 41,500 | 45,138 | 43,413 | 44,586 | 45,261 |
| 17 石　川　県　Ishikawa-ken | 1,117,637 | 38,109 | 44,911 | 48,632 | 53,113 | 58,845 | 52,712 | 53,076 |
| 18 福　井　県　Fukui-ken | 752,855 | 26,542 | 30,705 | 34,365 | 36,277 | 31,315 | 33,628 | 35,849 |
| 19 山　梨　県　Yamanashi-ken | 801,874 | 26,119 | 30,113 | 33,048 | 37,572 | 39,228 | 35,624 | 36,616 |
| 20 長　野　県　Nagano-ken | 2,019,993 | 66,740 | 79,491 | 88,313 | 93,070 | 79,267 | 84,559 | 91,071 |
| 21 岐　阜　県　Gifu-ken | 1,945,763 | 64,262 | 78,219 | 88,437 | 93,020 | 91,951 | 85,045 | 88,971 |
| 22 静　岡　県　Shizuoka-ken | 3,582,297 | 116,279 | 142,305 | 158,781 | 162,985 | 151,780 | 161,788 | 172,404 |
| 23 愛　知　県　Aichi-ken | 7,495,171 | 282,026 | 321,861 | 343,664 | 349,690 | 411,152 | 425,122 | 420,027 |
| 24 三　重　県　Mie-ken | 1,742,174 | 58,083 | 68,674 | 77,009 | 80,885 | 79,416 | 81,092 | 84,179 |
| 25 滋　賀　県　Shiga-ken | 1,408,931 | 54,125 | 63,601 | 68,436 | 70,247 | 76,109 | 70,506 | 73,062 |
| 26 京　都　府　Kyoto-fu | 2,549,749 | 81,823 | 96,071 | 104,288 | 116,272 | 157,685 | 137,752 | 123,336 |
| 27 大　阪　府　Osaka-fu | 8,782,484 | 304,134 | 336,216 | 361,449 | 383,488 | 494,844 | 498,979 | 473,862 |
| 28 兵　庫　県　Hyogo-ken | 5,402,493 | 186,354 | 219,256 | 238,117 | 246,503 | 261,810 | 248,102 | 257,525 |
| 29 奈　良　県　Nara-ken | 1,305,812 | 41,710 | 50,612 | 56,176 | 61,331 | 62,704 | 53,157 | 56,710 |
| 30 和　歌　山　県　Wakayama-ken | 903,265 | 28,748 | 34,446 | 38,269 | 39,720 | 34,309 | 35,200 | 39,325 |
| 31 鳥　取　県　Tottori-ken | 543,620 | 19,506 | 22,643 | 23,978 | 25,175 | 22,350 | 21,733 | 24,568 |
| 32 島　根　県　Shimane-ken | 657,909 | 22,861 | 27,249 | 28,844 | 30,151 | 25,353 | 26,184 | 28,973 |
| 33 岡　山　県　Okayama-ken | 1,862,317 | 66,548 | 76,430 | 82,321 | 86,369 | 97,174 | 90,857 | 90,513 |
| 34 広　島　県　Hiroshima-ken | 2,759,500 | 97,803 | 116,081 | 125,759 | 127,240 | 132,786 | 131,662 | 136,237 |
| 35 山　口　県　Yamaguchi-ken | 1,313,403 | 41,649 | 49,792 | 55,650 | 57,670 | 55,283 | 52,349 | 55,396 |
| 36 徳　島　県　Tokushima-ken | 703,852 | 21,848 | 25,606 | 27,874 | 29,240 | 30,118 | 27,837 | 29,981 |
| 37 香　川　県　Kagawa-ken | 934,060 | 31,593 | 37,544 | 40,998 | 42,917 | 39,219 | 39,174 | 43,068 |
| 38 愛　媛　県　Ehime-ken | 1,306,486 | 40,944 | 50,074 | 56,292 | 57,128 | 51,431 | 52,405 | 57,684 |
| 39 高　知　県　Kochi-ken | 675,705 | 20,559 | 24,476 | 26,712 | 28,777 | 26,629 | 25,230 | 26,924 |
| 40 福　岡　県　Fukuoka-ken | 5,116,046 | 195,941 | 223,844 | 234,221 | 231,698 | 279,484 | 267,323 | 265,125 |
| 41 佐　賀　県　Saga-ken | 800,787 | 30,802 | 35,691 | 38,974 | 39,276 | 35,489 | 33,845 | 36,484 |
| 42 長　崎　県　Nagasaki-ken | 1,283,128 | 45,607 | 54,048 | 58,128 | 57,569 | 48,627 | 48,750 | 55,243 |
| 43 熊　本　県　Kumamoto-ken | 1,718,327 | 65,541 | 76,339 | 81,260 | 78,981 | 74,118 | 73,105 | 79,938 |
| 44 大　分　県　Oita-ken | 1,106,831 | 37,561 | 44,568 | 48,810 | 49,590 | 46,783 | 45,089 | 48,677 |
| 45 宮　崎　県　Miyazaki-ken | 1,052,338 | 39,190 | 46,047 | 50,498 | 48,103 | 39,842 | 40,887 | 45,690 |
| 46 鹿　児　島　県　Kagoshima-ken | 1,562,662 | 58,355 | 68,640 | 74,339 | 69,784 | 60,714 | 60,714 | 68,653 |
| 47 沖　縄　県　Okinawa-ken | 1,468,318 | 74,133 | 82,103 | 83,711 | 77,789 | 72,389 | 75,671 | 81,633 |

男　女　別　人　口－総人口（2022年10月1日現在）
for Prefectures - Total population, October 1, 2022

| | | | | | Total population | | Both sexes | | | |
|---|---|---|---|---|---|---|---|---|---|---|
| 35〜39 | 40〜44 | 45〜49 | 50〜54 | 55〜59 | 60〜64 | 65〜69 | 70〜74 | 75〜79 | 80〜84 | 85歳以上 and over |
| 7,211,964 | 7,945,834 | 9,462,394 | 9,435,217 | 8,074,748 | 7,444,652 | 7,534,720 | 9,336,849 | 7,029,591 | 5,742,867 | 6,591,961 |
| 277,876 | 315,149 | 380,179 | 371,565 | 338,169 | 334,902 | 357,844 | 440,768 | 314,164 | 259,304 | 314,164 |
| 61,857 | 71,671 | 84,424 | 85,674 | 81,569 | 88,236 | 94,108 | 107,734 | 75,346 | 62,896 | 78,586 |
| 61,162 | 70,865 | 82,300 | 80,399 | 76,977 | 83,233 | 89,747 | 101,554 | 70,299 | 62,859 | 83,796 |
| 136,306 | 151,742 | 170,538 | 160,582 | 141,571 | 143,172 | 152,427 | 175,246 | 115,479 | 96,009 | 120,283 |
| 45,426 | 54,179 | 62,733 | 61,014 | 59,980 | 69,666 | 78,304 | 89,118 | 60,993 | 54,181 | 76,391 |
| 55,189 | 63,220 | 69,877 | 67,065 | 65,270 | 73,211 | 79,521 | 91,185 | 60,882 | 53,569 | 76,791 |
| 98,601 | 109,120 | 125,252 | 120,770 | 116,807 | 128,158 | 137,628 | 153,626 | 98,256 | 84,230 | 112,394 |
| 161,053 | 179,520 | 213,545 | 211,297 | 179,929 | 173,951 | 192,007 | 229,490 | 169,071 | 132,058 | 141,033 |
| 111,752 | 124,130 | 146,102 | 140,754 | 121,367 | 120,076 | 132,065 | 154,843 | 107,946 | 82,488 | 94,171 |
| 103,384 | 118,045 | 145,134 | 144,638 | 122,393 | 115,104 | 124,789 | 153,429 | 117,080 | 90,658 | 103,466 |
| 432,280 | 480,623 | 582,938 | 591,620 | 483,031 | 410,378 | 412,778 | 527,870 | 426,350 | 334,044 | 306,044 |
| 370,217 | 407,874 | 490,405 | 501,801 | 407,417 | 352,200 | 357,899 | 457,461 | 369,325 | 287,565 | 280,902 |
| 971,747 | 1,017,654 | 1,135,390 | 1,139,675 | 949,753 | 750,664 | 651,005 | 789,336 | 636,977 | 526,383 | 598,391 |
| 551,560 | 612,724 | 740,729 | 776,644 | 647,039 | 521,619 | 475,556 | 604,605 | 489,357 | 398,041 | 415,148 |
| 114,810 | 132,006 | 155,613 | 149,533 | 138,084 | 140,047 | 155,052 | 185,748 | 128,388 | 108,792 | 144,203 |
| 52,039 | 60,470 | 78,252 | 76,301 | 63,320 | 61,264 | 65,256 | 85,482 | 67,638 | 51,855 | 65,011 |
| 59,259 | 67,397 | 85,661 | 81,851 | 69,051 | 66,633 | 68,447 | 88,696 | 67,802 | 51,056 | 62,386 |
| 40,782 | 45,137 | 54,394 | 52,909 | 47,568 | 48,210 | 49,173 | 61,912 | 42,239 | 34,871 | 46,979 |
| 41,299 | 46,299 | 56,570 | 59,495 | 55,060 | 52,339 | 54,527 | 63,908 | 46,855 | 38,975 | 48,227 |
| 104,225 | 121,393 | 149,567 | 148,363 | 130,369 | 126,676 | 130,727 | 162,171 | 124,349 | 103,135 | 136,507 |
| 102,396 | 116,731 | 144,279 | 144,032 | 124,745 | 119,753 | 123,369 | 158,505 | 117,480 | 96,197 | 108,371 |
| 199,928 | 221,812 | 267,849 | 269,542 | 233,390 | 222,509 | 229,061 | 285,250 | 214,246 | 175,105 | 197,283 |
| 456,129 | 490,236 | 588,974 | 590,980 | 482,821 | 412,774 | 390,183 | 498,014 | 395,195 | 319,039 | 317,284 |
| 94,421 | 104,677 | 130,609 | 130,722 | 114,241 | 107,644 | 108,812 | 136,547 | 103,559 | 84,205 | 97,399 |
| 82,996 | 91,625 | 108,141 | 103,929 | 87,028 | 81,337 | 81,142 | 100,788 | 73,562 | 56,778 | 65,519 |
| 136,363 | 153,191 | 191,290 | 191,676 | 161,290 | 143,531 | 141,801 | 196,617 | 153,742 | 123,838 | 139,183 |
| 501,785 | 543,121 | 679,090 | 711,984 | 580,256 | 481,559 | 458,161 | 622,656 | 507,566 | 426,318 | 417,016 |
| 295,321 | 329,202 | 411,341 | 419,979 | 355,872 | 325,205 | 324,186 | 414,633 | 320,839 | 258,775 | 289,473 |
| 66,378 | 75,140 | 94,758 | 98,427 | 85,845 | 80,130 | 83,556 | 110,060 | 85,415 | 69,790 | 73,913 |
| 46,081 | 50,676 | 63,990 | 65,862 | 60,007 | 59,667 | 61,576 | 78,073 | 58,559 | 49,088 | 59,669 |
| 29,624 | 33,273 | 38,074 | 35,216 | 32,472 | 35,217 | 39,516 | 45,809 | 31,095 | 25,675 | 37,696 |
| 34,202 | 38,487 | 45,177 | 41,738 | 37,951 | 42,159 | 46,161 | 57,589 | 40,360 | 32,747 | 51,723 |
| 102,261 | 110,322 | 136,907 | 130,633 | 108,956 | 108,635 | 113,810 | 144,791 | 113,381 | 88,960 | 113,449 |
| 153,921 | 169,717 | 209,388 | 203,898 | 168,026 | 160,683 | 165,506 | 211,121 | 166,673 | 128,645 | 154,354 |
| 66,174 | 74,586 | 93,347 | 91,041 | 77,632 | 81,012 | 90,391 | 118,299 | 89,439 | 72,577 | 91,116 |
| 36,370 | 41,545 | 49,279 | 47,641 | 43,928 | 46,109 | 52,387 | 65,215 | 43,621 | 36,055 | 49,198 |
| 50,786 | 57,126 | 70,805 | 66,189 | 55,588 | 56,678 | 60,983 | 79,265 | 57,684 | 45,032 | 59,411 |
| 68,262 | 76,922 | 94,745 | 91,220 | 81,471 | 84,792 | 91,082 | 115,217 | 81,820 | 67,067 | 87,930 |
| 33,649 | 38,891 | 48,601 | 46,146 | 41,144 | 44,098 | 47,778 | 61,289 | 46,034 | 36,977 | 51,791 |
| 305,191 | 333,968 | 375,818 | 355,490 | 301,321 | 297,862 | 315,141 | 385,305 | 267,509 | 219,579 | 261,226 |
| 44,557 | 48,861 | 53,898 | 50,866 | 48,079 | 52,634 | 57,327 | 65,210 | 42,704 | 36,716 | 49,374 |
| 66,224 | 73,550 | 85,037 | 84,783 | 81,201 | 89,203 | 97,652 | 112,702 | 74,307 | 65,480 | 85,017 |
| 94,819 | 103,956 | 114,325 | 107,297 | 104,459 | 112,258 | 122,936 | 138,709 | 94,590 | 81,561 | 114,075 |
| 58,806 | 66,189 | 76,981 | 72,388 | 65,191 | 70,583 | 79,064 | 96,187 | 68,365 | 56,515 | 75,484 |
| 56,171 | 63,525 | 71,893 | 65,875 | 62,883 | 69,960 | 78,716 | 90,854 | 59,645 | 51,818 | 70,741 |
| 84,318 | 92,978 | 100,262 | 95,582 | 96,394 | 108,591 | 122,772 | 132,466 | 84,170 | 76,167 | 107,763 |
| 94,007 | 96,309 | 107,933 | 100,131 | 87,833 | 90,330 | 92,791 | 91,496 | 49,235 | 49,194 | 61,630 |

参考表9 都道府県、年齢（5歳階級）、
Reference Table 9. Population by Age (Five-Year Groups) and Sex

| 都道府県<br>Prefectures | 総人口　男 | | | | | | | |
|---|---|---|---|---|---|---|---|---|
| | 総数<br><br>Total | 0〜4歳<br><br>years old | 5〜9 | 10〜14 | 15〜19 | 20〜24 | 25〜29 | 30〜34 |
| 全　　　　国 Japan | 60,757,789 | 2,173,953 | 2,534,562 | 2,719,830 | 2,830,196 | 3,215,850 | 3,294,537 | 3,299,955 |
| 01 北　海　道 Hokkaido | 2,426,664 | 76,671 | 92,589 | 101,878 | 109,583 | 117,958 | 115,596 | 120,902 |
| 02 青　森　県 Aomori-ken | 567,899 | 17,483 | 21,489 | 23,788 | 25,621 | 23,755 | 23,565 | 25,917 |
| 03 岩　手　県 Iwate-ken | 569,710 | 17,211 | 21,948 | 24,773 | 25,920 | 23,935 | 24,360 | 26,620 |
| 04 宮　城　県 Miyagi-ken | 1,111,869 | 37,133 | 45,922 | 48,876 | 52,489 | 63,503 | 59,546 | 60,180 |
| 05 秋　田　県 Akita-ken | 439,111 | 11,686 | 14,983 | 17,545 | 18,482 | 15,678 | 16,414 | 18,357 |
| 06 山　形　県 Yamagata-ken | 504,579 | 16,142 | 19,784 | 22,284 | 23,608 | 21,688 | 21,307 | 23,454 |
| 07 福　島　県 Fukushima-ken | 883,997 | 28,025 | 35,068 | 37,395 | 40,896 | 38,447 | 40,191 | 44,647 |
| 08 茨　城　県 Ibaraki-ken | 1,417,992 | 46,015 | 56,181 | 62,259 | 66,451 | 71,960 | 72,378 | 75,167 |
| 09 栃　木　県 Tochigi-ken | 952,482 | 31,314 | 38,212 | 42,214 | 44,624 | 44,544 | 47,949 | 51,308 |
| 10 群　馬　県 Gumma-ken | 946,796 | 31,326 | 37,070 | 42,272 | 46,093 | 47,300 | 47,562 | 49,045 |
| 11 埼　玉　県 Saitama-ken | 3,642,881 | 127,603 | 148,053 | 157,949 | 165,522 | 198,069 | 203,264 | 205,474 |
| 12 千　葉　県 Chiba-ken | 3,104,173 | 108,145 | 124,842 | 134,491 | 140,563 | 167,688 | 171,620 | 172,721 |
| 13 東　京　都 Tokyo-to | 6,889,255 | 245,463 | 271,731 | 268,001 | 272,773 | 426,471 | 511,086 | 473,722 |
| 14 神　奈　川　県 Kanagawa-ken | 4,579,464 | 159,754 | 183,818 | 195,589 | 205,628 | 261,815 | 277,134 | 261,714 |
| 15 新　潟　県 Niigata-ken | 1,046,145 | 33,313 | 41,277 | 45,861 | 48,254 | 46,285 | 45,724 | 50,122 |
| 16 富　山　県 Toyama-ken | 494,651 | 16,558 | 19,260 | 21,329 | 23,518 | 23,733 | 24,025 | 24,156 |
| 17 石　川　県 Ishikawa-ken | 542,634 | 19,487 | 23,134 | 24,734 | 27,543 | 31,809 | 27,889 | 27,206 |
| 18 福　井　県 Fukui-ken | 368,011 | 13,606 | 15,836 | 17,648 | 18,807 | 17,036 | 17,895 | 18,711 |
| 19 山　梨　県 Yamanashi-ken | 393,941 | 13,249 | 15,316 | 16,936 | 19,502 | 20,726 | 19,091 | 19,224 |
| 20 長　野　県 Nagano-ken | 987,939 | 34,248 | 40,822 | 45,124 | 48,051 | 41,818 | 44,977 | 47,218 |
| 21 岐　阜　県 Gifu-ken | 944,667 | 32,801 | 40,128 | 45,344 | 47,356 | 47,240 | 44,195 | 45,997 |
| 22 静　岡　県 Shizuoka-ken | 1,766,392 | 59,751 | 73,312 | 81,385 | 83,980 | 80,215 | 86,285 | 90,602 |
| 23 愛　知　県 Aichi-ken | 3,734,318 | 144,801 | 164,997 | 176,313 | 179,681 | 213,541 | 223,484 | 222,118 |
| 24 三　重　県 Mie-ken | 851,350 | 29,878 | 35,086 | 39,426 | 41,560 | 41,047 | 43,479 | 44,102 |
| 25 滋　賀　県 Shiga-ken | 695,069 | 27,828 | 32,658 | 35,156 | 36,341 | 40,377 | 37,556 | 38,251 |
| 26 京　都　府 Kyoto-fu | 1,217,215 | 41,957 | 49,223 | 53,606 | 59,909 | 80,103 | 69,646 | 61,792 |
| 27 大　阪　府 Osaka-fu | 4,202,002 | 155,869 | 171,732 | 185,093 | 195,047 | 246,800 | 246,867 | 235,002 |
| 28 兵　庫　県 Hyogo-ken | 2,567,269 | 95,190 | 112,464 | 121,888 | 126,333 | 129,521 | 122,599 | 128,643 |
| 29 奈　良　県 Nara-ken | 614,418 | 21,429 | 25,827 | 28,588 | 31,238 | 30,875 | 25,874 | 27,930 |
| 30 和　歌　山　県 Wakayama-ken | 425,787 | 14,775 | 17,600 | 19,529 | 20,517 | 17,776 | 17,835 | 19,846 |
| 31 鳥　取　県 Tottori-ken | 260,094 | 10,130 | 11,645 | 12,215 | 12,944 | 11,835 | 10,932 | 12,453 |
| 32 島　根　県 Shimane-ken | 318,409 | 11,641 | 14,080 | 14,848 | 15,863 | 13,375 | 13,878 | 14,830 |
| 33 岡　山　県 Okayama-ken | 895,914 | 34,159 | 39,187 | 42,351 | 44,777 | 49,229 | 46,370 | 45,826 |
| 34 広　島　県 Hiroshima-ken | 1,337,933 | 50,206 | 59,243 | 64,356 | 65,603 | 69,442 | 68,374 | 70,820 |
| 35 山　口　県 Yamaguchi-ken | 624,394 | 21,280 | 25,807 | 28,304 | 29,605 | 29,296 | 27,456 | 29,046 |
| 36 徳　島　県 Tokushima-ken | 336,340 | 11,266 | 13,209 | 14,300 | 15,032 | 15,651 | 14,578 | 15,356 |
| 37 香　川　県 Kagawa-ken | 451,369 | 16,087 | 19,376 | 21,069 | 22,057 | 20,814 | 20,225 | 22,185 |
| 38 愛　媛　県 Ehime-ken | 620,131 | 20,945 | 25,745 | 28,772 | 29,422 | 26,773 | 27,206 | 29,446 |
| 39 高　知　県 Kochi-ken | 319,583 | 10,497 | 12,445 | 13,717 | 14,830 | 14,292 | 13,254 | 13,603 |
| 40 福　岡　県 Fukuoka-ken | 2,422,727 | 99,722 | 114,852 | 119,692 | 117,897 | 140,560 | 131,971 | 130,116 |
| 41 佐　賀　県 Saga-ken | 379,917 | 15,771 | 18,349 | 19,886 | 20,193 | 17,791 | 17,127 | 18,038 |
| 42 長　崎　県 Nagasaki-ken | 603,890 | 23,333 | 27,711 | 29,923 | 29,623 | 24,883 | 24,557 | 27,481 |
| 43 熊　本　県 Kumamoto-ken | 814,285 | 33,247 | 39,022 | 41,711 | 40,400 | 37,737 | 36,734 | 39,623 |
| 44 大　分　県 Oita-ken | 526,232 | 19,097 | 22,852 | 24,927 | 25,544 | 24,596 | 23,443 | 24,754 |
| 45 宮　崎　県 Miyazaki-ken | 497,153 | 20,044 | 23,446 | 25,777 | 24,705 | 20,293 | 20,735 | 22,676 |
| 46 鹿　児　島　県 Kagoshima-ken | 737,962 | 29,709 | 35,351 | 38,179 | 35,932 | 30,292 | 29,981 | 32,860 |
| 47 沖　縄　県 Okinawa-ken | 722,776 | 38,108 | 41,880 | 42,529 | 39,879 | 37,278 | 38,323 | 40,694 |

男　女　別　人　口－総人口（2022年10月1日現在）（続き）
for Prefectures - Total population, October 1, 2022 – Continued

| | | | | | Total population | | Male | | | |
|---|---|---|---|---|---|---|---|---|---|---|
| 35～39 | 40～44 | 45～49 | 50～54 | 55～59 | 60～64 | 65～69 | 70～74 | 75～79 | 80～84 | 85歳以上 and over |
| 3,668,232 | 4,027,929 | 4,791,885 | 4,755,644 | 4,036,466 | 3,683,871 | 3,664,577 | 4,405,103 | 3,151,269 | 2,392,447 | 2,111,483 |
| 138,723 | 156,140 | 188,658 | 181,661 | 161,354 | 160,384 | 168,929 | 200,305 | 133,861 | 101,660 | 99,812 |
| 31,033 | 36,268 | 42,406 | 42,353 | 39,540 | 42,267 | 44,250 | 49,624 | 32,297 | 23,816 | 22,427 |
| 31,318 | 36,438 | 42,314 | 41,063 | 38,673 | 41,383 | 44,019 | 48,457 | 31,219 | 24,622 | 25,437 |
| 68,700 | 76,570 | 86,674 | 81,713 | 70,883 | 70,772 | 74,442 | 83,789 | 52,714 | 39,905 | 38,058 |
| 23,124 | 27,797 | 32,111 | 30,294 | 29,432 | 33,838 | 37,698 | 41,934 | 26,613 | 20,738 | 22,387 |
| 28,393 | 32,391 | 35,704 | 33,896 | 32,331 | 36,092 | 38,989 | 44,756 | 28,202 | 22,001 | 23,557 |
| 51,597 | 56,918 | 65,589 | 62,435 | 59,736 | 64,672 | 68,708 | 75,410 | 45,438 | 34,537 | 34,288 |
| 84,588 | 93,576 | 111,608 | 109,703 | 91,911 | 87,001 | 94,627 | 109,827 | 78,941 | 59,039 | 46,760 |
| 58,892 | 64,853 | 76,477 | 72,988 | 61,904 | 60,386 | 65,483 | 75,161 | 50,269 | 35,700 | 30,204 |
| 53,938 | 61,330 | 74,746 | 74,244 | 61,880 | 57,814 | 61,778 | 73,559 | 54,113 | 38,992 | 33,734 |
| 223,377 | 248,877 | 302,043 | 306,227 | 247,663 | 208,028 | 203,787 | 249,793 | 193,972 | 146,375 | 106,805 |
| 191,311 | 210,060 | 253,446 | 258,829 | 209,200 | 178,150 | 175,243 | 216,671 | 167,740 | 125,973 | 97,480 |
| 494,266 | 518,307 | 575,289 | 577,465 | 488,602 | 383,230 | 322,690 | 375,811 | 281,431 | 211,840 | 191,077 |
| 285,299 | 314,708 | 379,601 | 398,769 | 335,897 | 267,061 | 235,315 | 286,512 | 220,392 | 169,614 | 140,844 |
| 59,055 | 67,567 | 79,186 | 76,533 | 69,104 | 70,063 | 76,335 | 89,207 | 58,846 | 45,312 | 44,101 |
| 27,036 | 31,292 | 40,249 | 38,896 | 31,521 | 30,142 | 31,369 | 40,210 | 30,500 | 21,517 | 19,340 |
| 30,181 | 34,095 | 43,609 | 41,211 | 34,036 | 32,446 | 32,977 | 41,522 | 30,789 | 21,255 | 18,711 |
| 20,901 | 23,226 | 27,903 | 26,823 | 23,611 | 23,734 | 24,072 | 29,663 | 19,300 | 14,592 | 14,647 |
| 21,407 | 23,765 | 28,810 | 30,401 | 27,877 | 26,213 | 26,831 | 30,714 | 21,569 | 16,604 | 15,706 |
| 53,254 | 62,128 | 76,360 | 75,672 | 65,452 | 62,858 | 64,634 | 77,928 | 57,319 | 44,542 | 45,534 |
| 52,424 | 59,439 | 73,266 | 72,383 | 61,324 | 58,191 | 59,033 | 75,041 | 53,826 | 41,003 | 35,676 |
| 103,978 | 114,207 | 137,881 | 137,937 | 118,522 | 111,197 | 112,725 | 136,675 | 98,073 | 75,047 | 64,620 |
| 238,638 | 254,584 | 304,208 | 304,602 | 248,077 | 207,891 | 191,959 | 234,708 | 180,355 | 137,753 | 106,608 |
| 48,962 | 53,674 | 66,520 | 66,276 | 57,147 | 52,616 | 52,259 | 64,166 | 47,158 | 35,936 | 32,058 |
| 42,369 | 46,133 | 54,573 | 52,478 | 43,311 | 39,877 | 39,461 | 48,104 | 34,002 | 24,911 | 21,683 |
| 67,419 | 75,266 | 94,089 | 94,484 | 78,293 | 69,689 | 67,141 | 90,287 | 67,816 | 51,560 | 44,935 |
| 249,005 | 268,102 | 335,124 | 352,549 | 286,140 | 236,461 | 219,858 | 286,269 | 221,795 | 175,795 | 134,494 |
| 146,337 | 161,341 | 201,242 | 204,623 | 171,850 | 155,548 | 154,803 | 192,666 | 142,257 | 107,473 | 92,491 |
| 32,258 | 36,276 | 45,870 | 47,093 | 40,407 | 37,772 | 39,175 | 50,607 | 37,996 | 30,266 | 24,937 |
| 23,015 | 24,964 | 31,788 | 32,062 | 28,116 | 28,346 | 29,366 | 36,304 | 25,646 | 20,057 | 18,245 |
| 15,068 | 16,868 | 19,345 | 17,633 | 15,824 | 17,033 | 19,191 | 21,823 | 13,954 | 10,187 | 11,014 |
| 17,544 | 19,878 | 23,369 | 21,191 | 18,923 | 20,991 | 22,912 | 28,071 | 18,271 | 13,129 | 15,615 |
| 51,360 | 55,449 | 68,721 | 65,003 | 53,460 | 52,717 | 55,282 | 68,101 | 50,967 | 37,279 | 35,676 |
| 78,357 | 85,848 | 105,779 | 101,819 | 83,027 | 78,451 | 80,028 | 99,380 | 75,053 | 53,697 | 48,450 |
| 33,428 | 37,673 | 47,222 | 44,856 | 37,541 | 38,784 | 43,348 | 55,166 | 39,156 | 28,985 | 27,441 |
| 18,260 | 21,105 | 24,500 | 23,305 | 21,204 | 22,189 | 25,289 | 31,306 | 19,909 | 14,870 | 15,011 |
| 25,808 | 28,805 | 35,641 | 33,287 | 27,383 | 27,589 | 29,549 | 37,439 | 26,090 | 18,963 | 19,002 |
| 33,995 | 38,528 | 47,466 | 44,746 | 39,116 | 40,648 | 43,247 | 53,869 | 36,257 | 26,979 | 26,971 |
| 16,757 | 19,629 | 24,386 | 22,681 | 19,848 | 21,294 | 22,850 | 28,879 | 20,356 | 14,924 | 15,341 |
| 150,524 | 164,278 | 185,300 | 173,768 | 144,226 | 142,864 | 149,836 | 177,833 | 116,152 | 86,914 | 76,222 |
| 22,137 | 24,289 | 26,838 | 24,768 | 23,007 | 25,360 | 27,558 | 30,929 | 18,819 | 14,431 | 14,626 |
| 32,748 | 36,110 | 41,603 | 41,043 | 38,437 | 42,797 | 46,889 | 53,236 | 32,368 | 25,486 | 25,662 |
| 46,907 | 51,556 | 56,527 | 52,183 | 49,669 | 53,887 | 59,190 | 65,938 | 42,152 | 32,397 | 35,405 |
| 29,748 | 33,281 | 38,522 | 35,435 | 31,197 | 33,704 | 37,803 | 45,157 | 30,100 | 22,854 | 23,218 |
| 27,387 | 31,383 | 35,537 | 31,886 | 30,000 | 33,492 | 37,683 | 42,610 | 26,593 | 20,951 | 21,955 |
| 40,725 | 45,113 | 49,166 | 45,929 | 45,962 | 52,620 | 59,853 | 64,558 | 37,914 | 30,808 | 33,010 |
| 46,681 | 47,844 | 54,619 | 50,448 | 43,848 | 45,329 | 46,113 | 45,128 | 22,709 | 21,158 | 20,208 |

参考表9　都道府県、年齢（5歳階級）、
Reference Table 9.　Population by Age (Five-Year Groups) and Sex

| 都　道　府　県<br><br>Prefectures | 総　数<br><br>Total | 0〜4歳<br><br>years old | 5〜9 | 10〜14 | 15〜19 | 20〜24 | 25〜29 | 30〜34 |
|---|---|---|---|---|---|---|---|---|
| | | | 総　人　口　　女 | | | | | |
| 全　　　　　国　Japan | 64,189,000 | 2,073,064 | 2,413,430 | 2,587,798 | 2,682,131 | 3,047,441 | 3,117,528 | 3,145,717 |
| 01 北　海　道　Hokkaido | 2,713,690 | 73,200 | 88,311 | 97,350 | 103,398 | 109,353 | 110,648 | 118,833 |
| 02 青　森　県　Aomori-ken | 636,493 | 16,558 | 20,557 | 22,830 | 24,202 | 21,045 | 21,243 | 24,238 |
| 03 岩　手　県　Iwate-ken | 610,885 | 16,499 | 20,916 | 23,429 | 24,391 | 21,165 | 21,461 | 24,776 |
| 04 宮　城　県　Miyagi-ken | 1,168,108 | 35,732 | 43,186 | 46,941 | 49,721 | 59,450 | 55,847 | 58,096 |
| 05 秋　田　県　Akita-ken | 490,790 | 11,145 | 14,327 | 16,790 | 17,403 | 13,263 | 14,566 | 17,277 |
| 06 山　形　県　Yamagata-ken | 536,446 | 15,192 | 18,890 | 21,168 | 22,039 | 18,803 | 18,729 | 22,157 |
| 07 福　島　県　Fukushima-ken | 906,184 | 27,307 | 33,590 | 35,216 | 38,215 | 31,523 | 34,790 | 40,029 |
| 08 茨　城　県　Ibaraki-ken | 1,421,563 | 44,001 | 53,307 | 58,845 | 62,074 | 62,426 | 60,620 | 64,917 |
| 09 栃　木　県　Tochigi-ken | 956,339 | 29,240 | 36,180 | 39,629 | 42,206 | 40,456 | 40,460 | 44,791 |
| 10 群　馬　県　Gumma-ken | 966,458 | 29,653 | 35,573 | 39,842 | 43,214 | 42,350 | 40,946 | 42,888 |
| 11 埼　玉　県　Saitama-ken | 3,694,208 | 121,402 | 141,514 | 150,234 | 157,478 | 188,693 | 193,531 | 190,347 |
| 12 千　葉　県　Chiba-ken | 3,161,802 | 103,384 | 118,698 | 127,093 | 133,310 | 157,890 | 161,824 | 160,640 |
| 13 東　京　都　Tokyo-to | 7,148,912 | 234,248 | 260,880 | 254,315 | 261,869 | 425,706 | 503,027 | 461,900 |
| 14 神　奈　川　県　Kanagawa-ken | 4,653,025 | 152,405 | 174,890 | 186,429 | 194,099 | 249,180 | 254,499 | 242,513 |
| 15 新　潟　県　Niigata-ken | 1,106,548 | 32,036 | 39,038 | 43,489 | 45,433 | 41,275 | 41,451 | 46,859 |
| 16 富　山　県　Toyama-ken | 521,883 | 15,678 | 18,252 | 20,171 | 21,620 | 19,680 | 20,561 | 21,105 |
| 17 石　川　県　Ishikawa-ken | 575,003 | 18,622 | 21,777 | 23,898 | 25,570 | 27,036 | 24,823 | 25,870 |
| 18 福　井　県　Fukui-ken | 384,844 | 12,936 | 14,869 | 16,717 | 17,470 | 14,279 | 15,733 | 17,138 |
| 19 山　梨　県　Yamanashi-ken | 407,933 | 12,870 | 14,797 | 16,112 | 18,070 | 18,502 | 16,533 | 17,392 |
| 20 長　野　県　Nagano-ken | 1,032,054 | 32,492 | 38,669 | 43,189 | 45,019 | 37,449 | 39,582 | 43,853 |
| 21 岐　阜　県　Gifu-ken | 1,001,096 | 31,461 | 38,091 | 43,093 | 45,664 | 44,711 | 40,850 | 42,974 |
| 22 静　岡　県　Shizuoka-ken | 1,815,905 | 56,528 | 68,993 | 77,396 | 79,005 | 71,565 | 75,503 | 81,802 |
| 23 愛　知　県　Aichi-ken | 3,760,853 | 137,225 | 156,864 | 167,351 | 170,009 | 197,611 | 201,638 | 197,909 |
| 24 三　重　県　Mie-ken | 890,824 | 28,205 | 33,588 | 37,583 | 39,325 | 38,369 | 37,613 | 40,077 |
| 25 滋　賀　県　Shiga-ken | 713,862 | 26,297 | 30,943 | 33,280 | 33,906 | 35,732 | 32,950 | 34,811 |
| 26 京　都　府　Kyoto-fu | 1,332,534 | 39,866 | 46,848 | 50,682 | 56,363 | 77,582 | 68,106 | 61,544 |
| 27 大　阪　府　Osaka-fu | 4,580,482 | 148,265 | 164,484 | 176,356 | 188,441 | 248,044 | 252,112 | 238,860 |
| 28 兵　庫　県　Hyogo-ken | 2,835,224 | 91,164 | 106,792 | 116,229 | 120,170 | 132,289 | 125,503 | 128,882 |
| 29 奈　良　県　Nara-ken | 691,394 | 20,281 | 24,785 | 27,588 | 30,093 | 31,829 | 27,283 | 28,780 |
| 30 和　歌　山　県　Wakayama-ken | 477,478 | 13,973 | 16,846 | 18,740 | 19,203 | 16,533 | 17,365 | 19,479 |
| 31 鳥　取　県　Tottori-ken | 283,526 | 9,376 | 10,998 | 11,763 | 12,231 | 10,515 | 10,801 | 12,115 |
| 32 島　根　県　Shimane-ken | 339,500 | 11,220 | 13,169 | 13,996 | 14,288 | 11,978 | 12,306 | 14,143 |
| 33 岡　山　県　Okayama-ken | 966,403 | 32,389 | 37,243 | 39,970 | 41,592 | 47,945 | 44,487 | 44,687 |
| 34 広　島　県　Hiroshima-ken | 1,421,567 | 47,597 | 56,838 | 61,403 | 61,637 | 63,344 | 63,288 | 65,417 |
| 35 山　口　県　Yamaguchi-ken | 689,009 | 20,369 | 23,985 | 27,346 | 28,065 | 25,987 | 24,893 | 26,350 |
| 36 徳　島　県　Tokushima-ken | 367,512 | 10,582 | 12,397 | 13,574 | 14,208 | 14,467 | 13,259 | 14,625 |
| 37 香　川　県　Kagawa-ken | 482,691 | 15,506 | 18,168 | 19,929 | 20,860 | 18,405 | 18,949 | 20,883 |
| 38 愛　媛　県　Ehime-ken | 686,355 | 19,999 | 24,329 | 27,520 | 27,706 | 24,658 | 25,199 | 28,238 |
| 39 高　知　県　Kochi-ken | 356,122 | 10,062 | 12,031 | 12,995 | 13,947 | 12,337 | 11,976 | 13,321 |
| 40 福　岡　県　Fukuoka-ken | 2,693,319 | 96,219 | 108,992 | 114,529 | 113,801 | 138,924 | 135,352 | 135,009 |
| 41 佐　賀　県　Saga-ken | 420,870 | 15,031 | 17,342 | 19,088 | 19,083 | 17,698 | 16,718 | 18,446 |
| 42 長　崎　県　Nagasaki-ken | 679,238 | 22,274 | 26,337 | 28,205 | 27,946 | 23,744 | 24,193 | 27,762 |
| 43 熊　本　県　Kumamoto-ken | 904,042 | 32,294 | 37,317 | 39,549 | 38,581 | 36,381 | 36,431 | 40,315 |
| 44 大　分　県　Oita-ken | 580,599 | 18,464 | 21,716 | 23,883 | 24,046 | 22,187 | 21,646 | 23,923 |
| 45 宮　崎　県　Miyazaki-ken | 555,185 | 19,146 | 22,601 | 24,721 | 23,398 | 19,549 | 20,152 | 23,014 |
| 46 鹿　児　島　県　Kagoshima-ken | 824,700 | 28,646 | 33,289 | 36,160 | 33,852 | 30,422 | 30,733 | 35,793 |
| 47 沖　縄　県　Okinawa-ken | 745,542 | 36,025 | 40,223 | 41,182 | 37,910 | 35,111 | 37,348 | 40,939 |

男　女　別　人　口－総人口（2022年10月1日現在）（続き）
for Prefectures - Total population, October 1, 2022 - Continued

|  |  |  |  |  | Total population | Female |  |  |  |  |
|---|---|---|---|---|---|---|---|---|---|---|
| 35～39 | 40～44 | 45～49 | 50～54 | 55～59 | 60～64 | 65～69 | 70～74 | 75～79 | 80～84 | 85歳以上 and over |
| 3,543,732 | 3,917,905 | 4,670,509 | 4,679,573 | 4,038,282 | 3,760,781 | 3,870,143 | 4,931,746 | 3,878,322 | 3,350,420 | 4,480,478 |
| 139,153 | 159,009 | 191,521 | 189,904 | 176,815 | 174,518 | 188,915 | 240,463 | 180,303 | 157,644 | 214,352 |
| 30,824 | 35,403 | 42,018 | 43,321 | 42,029 | 45,969 | 49,858 | 58,110 | 43,049 | 39,080 | 56,159 |
| 29,844 | 34,427 | 39,986 | 39,336 | 38,304 | 41,850 | 45,728 | 53,097 | 39,080 | 38,237 | 58,359 |
| 67,606 | 75,172 | 83,864 | 78,869 | 70,688 | 72,400 | 77,985 | 91,457 | 62,765 | 56,104 | 82,225 |
| 22,302 | 26,382 | 30,622 | 30,720 | 30,548 | 35,828 | 40,606 | 47,184 | 34,380 | 33,443 | 54,004 |
| 26,796 | 30,829 | 34,173 | 33,169 | 32,939 | 37,119 | 40,532 | 46,429 | 32,680 | 31,568 | 53,234 |
| 47,004 | 52,202 | 59,663 | 58,335 | 57,071 | 63,486 | 68,920 | 78,216 | 52,818 | 49,693 | 78,106 |
| 76,465 | 85,944 | 101,937 | 101,594 | 88,018 | 86,950 | 97,380 | 119,663 | 90,130 | 73,019 | 94,273 |
| 52,860 | 59,277 | 69,625 | 67,766 | 59,463 | 59,690 | 66,582 | 79,682 | 57,677 | 46,788 | 63,967 |
| 49,446 | 56,715 | 70,388 | 70,394 | 60,513 | 57,290 | 63,011 | 79,870 | 62,967 | 51,666 | 69,732 |
| 208,903 | 231,746 | 280,895 | 285,393 | 235,368 | 202,350 | 208,991 | 278,077 | 232,378 | 187,669 | 199,239 |
| 178,906 | 197,814 | 236,959 | 242,972 | 198,217 | 174,050 | 182,656 | 240,790 | 201,585 | 161,592 | 183,422 |
| 477,481 | 499,347 | 560,101 | 562,210 | 461,151 | 367,434 | 328,315 | 413,525 | 355,546 | 314,543 | 407,314 |
| 266,261 | 298,016 | 361,128 | 377,875 | 311,142 | 254,558 | 240,241 | 318,093 | 268,965 | 228,427 | 274,304 |
| 55,755 | 64,439 | 76,427 | 73,000 | 68,980 | 69,984 | 78,717 | 96,541 | 69,542 | 63,480 | 100,102 |
| 25,003 | 29,178 | 38,003 | 37,405 | 31,799 | 31,122 | 33,887 | 45,272 | 37,138 | 30,338 | 45,671 |
| 29,078 | 33,302 | 42,052 | 40,640 | 35,015 | 34,187 | 35,470 | 47,174 | 37,013 | 29,801 | 43,675 |
| 19,881 | 21,911 | 26,491 | 26,086 | 23,957 | 24,476 | 25,101 | 32,249 | 22,939 | 20,279 | 32,332 |
| 19,892 | 22,534 | 27,760 | 29,094 | 27,183 | 26,126 | 27,696 | 33,194 | 25,286 | 22,371 | 32,521 |
| 50,971 | 59,265 | 73,207 | 72,691 | 64,917 | 63,818 | 66,093 | 84,243 | 67,030 | 58,593 | 90,973 |
| 49,972 | 57,292 | 71,013 | 71,649 | 63,421 | 61,562 | 64,336 | 83,464 | 63,654 | 55,194 | 72,695 |
| 95,950 | 107,605 | 129,968 | 131,605 | 114,868 | 111,312 | 116,336 | 148,575 | 116,173 | 100,058 | 132,663 |
| 217,491 | 235,652 | 284,766 | 286,378 | 234,744 | 204,883 | 198,224 | 263,306 | 214,840 | 181,286 | 210,676 |
| 45,459 | 51,003 | 64,089 | 64,446 | 57,094 | 55,028 | 56,553 | 72,381 | 56,401 | 48,269 | 65,341 |
| 40,627 | 45,492 | 53,568 | 51,451 | 43,717 | 41,460 | 41,681 | 52,684 | 39,560 | 31,867 | 43,836 |
| 68,944 | 77,925 | 97,201 | 97,192 | 82,997 | 73,842 | 74,660 | 106,330 | 85,926 | 72,278 | 94,248 |
| 252,780 | 275,019 | 343,966 | 359,435 | 294,116 | 245,098 | 238,303 | 336,387 | 285,771 | 250,523 | 282,522 |
| 148,984 | 167,861 | 210,099 | 215,356 | 184,022 | 169,657 | 169,383 | 221,967 | 178,582 | 151,302 | 196,982 |
| 34,120 | 38,864 | 48,888 | 51,334 | 45,438 | 42,358 | 44,381 | 59,453 | 47,419 | 39,524 | 48,976 |
| 23,066 | 25,712 | 32,202 | 33,800 | 31,891 | 31,321 | 32,210 | 41,769 | 32,913 | 29,031 | 41,424 |
| 14,556 | 16,405 | 18,729 | 17,583 | 16,648 | 18,184 | 20,325 | 23,986 | 17,141 | 15,488 | 26,682 |
| 16,658 | 18,609 | 21,808 | 20,547 | 19,028 | 21,168 | 23,249 | 29,518 | 22,089 | 19,618 | 36,108 |
| 50,901 | 54,873 | 68,186 | 65,630 | 55,496 | 55,918 | 58,528 | 76,690 | 62,414 | 51,681 | 77,773 |
| 75,564 | 83,869 | 103,609 | 102,079 | 84,999 | 82,232 | 85,478 | 111,741 | 91,620 | 74,948 | 105,904 |
| 32,746 | 36,913 | 46,125 | 46,185 | 40,091 | 42,228 | 47,043 | 63,133 | 50,283 | 43,592 | 63,675 |
| 18,110 | 20,440 | 24,779 | 24,336 | 22,724 | 23,920 | 27,098 | 33,909 | 23,712 | 21,185 | 34,187 |
| 24,978 | 28,321 | 35,164 | 32,902 | 28,205 | 29,089 | 31,434 | 41,826 | 31,594 | 26,069 | 40,409 |
| 34,267 | 38,394 | 47,279 | 46,474 | 42,355 | 44,144 | 47,835 | 61,348 | 45,563 | 40,088 | 60,959 |
| 16,892 | 19,262 | 24,215 | 23,465 | 21,296 | 22,804 | 24,928 | 32,410 | 25,678 | 22,053 | 36,450 |
| 154,667 | 169,690 | 190,518 | 181,722 | 157,095 | 154,998 | 165,305 | 207,472 | 151,357 | 132,665 | 185,004 |
| 22,420 | 24,572 | 27,060 | 26,098 | 25,072 | 27,274 | 29,769 | 34,281 | 23,885 | 22,285 | 34,748 |
| 33,476 | 37,440 | 43,434 | 43,740 | 42,764 | 46,406 | 50,763 | 59,466 | 41,939 | 39,994 | 59,355 |
| 47,912 | 52,400 | 57,798 | 55,114 | 54,790 | 58,371 | 63,746 | 72,771 | 52,438 | 49,164 | 78,670 |
| 29,058 | 32,908 | 38,459 | 36,953 | 33,994 | 36,879 | 41,261 | 51,030 | 38,265 | 33,661 | 52,266 |
| 28,784 | 32,142 | 36,356 | 33,989 | 32,883 | 36,468 | 41,033 | 48,244 | 33,052 | 30,867 | 48,786 |
| 43,593 | 47,865 | 51,096 | 49,653 | 50,432 | 55,971 | 62,919 | 67,908 | 46,256 | 45,359 | 74,753 |
| 47,326 | 48,465 | 53,314 | 49,683 | 43,985 | 45,001 | 46,678 | 46,368 | 26,526 | 28,036 | 41,422 |

## 付1 「人口推計」における人口の算出方法

### Ⅰ 概要

#### 1 人口推計の範囲

人口推計の範囲は、我が国に常住している*全人口（外国人を含む。）である。ただし、外国人のうち、外国政府の外交使節団・領事機関の構成員（随員及び家族を含む。）及び外国軍隊の軍人・軍属（家族を含む。）は除いている。

＊ 3か月以上にわたって住んでいる又は住むことになっている者をいう。

#### 2 推計の方法

（1） 推計の基本式

人口推計では、下に示すとおり、前年10月1日現在の人口を基準人口（推計の基礎となる人口）とし、その後1年間（前年10月1日～当年9月30日）の自然動態、社会動態及び国籍異動による異動人口を求め、これを加減することにより、当年10月1日現在の人口を算出している。

【推計の基本式】

当年10月1日現在の人口
＝基準人口（前年10月1日現在）
　　＋1年間の異動人口（自然動態、社会動態及び国籍異動）

> 人口＝基準人口（前年10月1日現在）
> 　　　＋1年間の自然動態
> 　　　＋1年間の社会動態
> 　　　＋1年間の国籍異動（日本人についてのみ）
>
> 　自然動態＝出生児数－死亡者数
> 　社会動態＝入国者数－出国者数
> 　　　都道府県別人口を算出する場合は、更に次の式を加える。
> 　　　　　　＋都道府県間転入者数－都道府県間転出者数
> 　国籍異動＝日本国籍取得者数－日本国籍喪失者数

（2） 推計の方法

① 国勢調査の翌年の人口

ア 国勢調査の確定人口（不詳補完値）を基準人口として用いている。

イ 国勢調査の確定人口を前年10月1日現在の人口（基準人口）として、その後1年間の自然動態・社会動態による異動人口を他の人口関連資料から求め、これを加減することにより当年10月1日現在における人口を算出している。

② 国勢調査の翌年以外の年の人口
　ア　前年10月１日現在の人口を基準人口として用いている。
　イ　前述①と同様、前年の人口に、その後の異動人口を加減することにより、当年
　　10月１日現在における人口を算出している。


（例）2022年10月１日現在人口の算出方法
　・　2022年10月１日現在人口
　　＝2021年10月１日現在人口　　＋１年間（2021年10月～2022年９月）の自然動態
　　　　　　　　　　　　　　　　＋１年間（2021年10月～2022年９月）の社会動態
　　　　　　　　　　　　　　　　＋１年間（2021年10月～2022年９月）の国籍異動


## 3　推計のための基礎資料
　・　出生児数及び死亡者数 ・・・・・・・・・・・・ 「人口動態統計（概数）」（厚生労働省）
　・　出入国者数 ・・・・・・・・・・・・・・・・・・ 「出入国管理統計」（出入国在留管理庁）
　・　日本国籍取得者数及び日本国籍喪失者数・・・ 法務省資料及び官報
　・　都道府県間転出入者数
　　　　　　・・・・・・・・・・・・ 「住民基本台帳人口移動報告　月報」（総務省統計局）
　・　その他 ・・・・・・・・・・・ 「国勢調査」（総務省統計局）


# Ⅱ　推計方法
## 1　推計のための各要素
　(1)　基準人口
　　　　国勢調査の翌年は、国勢統計の確定人口を基準人口とし、国勢調査の翌年以外の
　　　年は前年10月１日現在人口の確定値を基準人口とする。
　(2)　異動人口（＝自然動態＋社会動態＋国籍異動）
　　ア　自然動態（＝出生児数－死亡者数）
　　　　「人口動態統計（概数）」（厚生労働省）による出生児数及び死亡者数を用いる。
　　　　なお、都道府県及び年齢不詳の死亡者数は、不詳を除く死亡者数の都道府県別
　　　年齢別割合により比例配分し、各都道府県の年齢別死亡者数に含める。
　　　　死亡者数は、出生年月により、前年10月１日現在の年齢別に集計して用いる。
　　イ　社会動態（＝入国超過数＋都道府県間転入超過数）
　　（ア）入国超過数（＝入国者数－出国者数）
　　　　　「出入国管理統計」（出入国在留管理庁)による入国者数及び出国者数を用
　　　　いる。ただし、日本人は海外滞在期間３か月以内の出入（帰）国者（出国か
　　　　ら入国までの期間が３か月以内の者）を除き、外国人は国内滞在期間３か月
　　　　以内の者を除く。
　　　　　なお、「住所地が外国」の日本人は、年齢（各歳）別に出入国者数の都道府
　　　　県別割合により比例配分して、各都道府県の出入国者数に加算する。
　　　　　また、都道府県及び年齢不詳の外国人の出入国者数は、出入国者数の都道
　　　　府県別年齢別割合により比例配分し、各都道府県の年齢（各歳）別出入国者
　　　　数に含める。

日本人は、出生年月別に集計されていないため、「出入国管理統計」の年齢別結果を用い、外国人は、出生年月により、前年10月1日現在の年齢別に集計して用いる。

（イ）都道府県間転入超過数（＝転入者数－転出者数）

「住民基本台帳人口移動報告」（総務省）による都道府県間転出入者数を用いる。

ウ　国籍異動（＝日本国籍取得者数－日本国籍喪失者数）

「官報に基づく帰化人口」（官報告示（「日本国に帰化を許可する件」）による「日本国籍を取得した者」を、総務省で出生年月により前年10月1日現在の年齢別に集計した数）及び「日本国籍取得者数及び喪失者数」（法務省）を用いる。

## 2　全国及び都道府県、年齢、男女別人口の推計

基準人口に、年齢（各歳）、男女別に、その後1年間の出生児数、死亡者数、入国者数、出国者数及び都道府県間転入超過数を加減（日本人については、更に日本国籍取得者数及び日本国籍喪失者数を加減）して当年10月1日現在の都道府県、年齢（各歳）、男女別総人口及び日本人人口を算出する。

これらを年齢（5歳階級）別に足し上げ「都道府県、年齢（5歳階級）、男女別人口－総人口、日本人人口」を算出する。また、「全国、年齢（各歳）、男女別人口－総人口、日本人人口」及び「都道府県、男女別人口－総人口、日本人人口」を算出する。

（例：男性の人口の推計）

# 付2　用語の解説

◎　人口構成に関するもの

人口性比：女性100人に対する男性の数　$= \dfrac{男性の人口}{女性の人口} \times 100$

◎　人口増減に関するもの

自然動態：自然増減　＝　出生児数－死亡者数

（都道府県別人口について）

社会動態：社会増減　＝　入国超過数＋都道府県間転入超過数

入国超過数　　　　　　＝　入国者数－出国者数

都道府県間転入超過数　＝　都道府県間転入者数－都道府県間転出者数

国籍異動　＝　日本国籍取得者数－日本国籍喪失者数

◎　年齢構造に関するもの

年少人口指数　$= \dfrac{15歳未満人口}{15～64歳人口} \times 100$

老年人口指数　$= \dfrac{65歳以上人口}{15～64歳人口} \times 100$

従属人口指数　$= \dfrac{15歳未満人口＋65歳以上人口}{15～64歳人口} \times 100$

老年化指数　$= \dfrac{65歳以上人口}{15歳未満人口} \times 100$

## 付3　既刊の人口推計資料

　総務省統計局では、各年10月1日現在の都道府県別人口と全国年齢別人口（大正10年以降）及び各月1日現在の全国人口（昭和25年11月以降）を推計し公表している。

　これらの人口については、公表後、人口動態統計の数字を置き換えたり、推計の期首・期末時の国勢調査結果による補間補正を行うなどの改定を行っているが、必ずしも各年（又は各月）の表題のついた報告書にその年（又は月）の人口の最新改定値が掲載されていない。

　そこで、利用の便を考慮して、各年（又は各月）の人口（最新改定値）がどの報告書等に掲載されているかを次表に示した。

### （全国　男女別人口）

| 人　　口 | | 資　料　名 | 備　　考 |
|---|---|---|---|
| 大正10年～昭和24年各年10月1日現在人口 | 沖縄県を含む | 人口推計資料 1956－1「大正9年～昭和15年および昭和22年～25年全国年令別人口の推計」 | ・昭和15年～19年（沖縄県を含む）は「人口推計月報昭和42年8月」 |
| | 沖縄県を含まない | 人口推計資料 1953－2「大正9年～昭和25年わが国年次別人口の推計」 | ・補間補正済み・1953-2 男女計のみ |
| 昭和25年11月～40年9月各月1日現在人口 | | 人口推計月報（改訂数字特集）　　　　　　　　　　　　　　　　　－昭和42年10月刊－ | ・補間補正済み・男女計のみ・沖縄県を含まない |
| 昭和40年11月～45年9月各月1日現在人口 | | 人口推計月報（改訂数字特集）　　　　　　　　　　　　　　　　　－昭和47年10月刊－ | ・補間補正済み・沖縄県を含まない |
| 昭和45年11月～50年9月各月1日現在人口 | | 人口推計月報（改訂数字特集）　　　　　　　　　　　　　　　　　－昭和53年3月刊－ | 補間補正済み |
| 昭和50年11月～55年9月各月1日現在人口 | | 人口推計月報（改訂数字特集）　　　　　　　　　　　　　　　　　－昭和58年8月刊－ | 同　　上 |
| 昭和55年11月～60年9月各月1日現在人口 | | 人口推計月報（改訂数字特集）　　　　　　　　　　　　　　　　　－昭和62年12月刊－ | 同　　上 |
| 昭和60年11月～平成2年9月各月1日現在人口 | | 人口推計月報昭和60年及び平成2年国勢調査結果による補間補正　　　　　　　　－平成4年10月刊－ | 同　　上 |
| 平成2年11月～7年9月各月1日現在人口 | | 人口推計資料 No.69人口推計 国勢調査結果による補間補正人口　　　　　　　　　　　　　－平成9年12月刊－ | 同　　上 |
| 平成7年11月～12年9月各月1日現在人口 | | 人口推計資料 No.74人口推計 国勢調査結果による補間補正人口　　　　　　　　　　　　　－平成14年7月刊－ | 同　　上 |
| 平成12年11月～17年9月各月1日現在人口 | | 人口推計資料 No.79人口推計 国勢調査結果による補間補正人口　　　　　　　　　　　　　－平成18年12月刊－ | 同　　上 |
| 平成17年11月～22年9月各月1日現在人口 | | 人口推計資料 No.84人口推計 国勢調査結果による補間補正人口　　　　　　　　　　　　　－平成24年3月刊－ | 同　　上 |
| 平成22年11月～27年9月各月1日現在人口 | | 人口推計資料 No.89人口推計 国勢調査結果による補間補正人口　　　　　　　　　　　　　－平成29年3月刊－ | 同　　上 |
| 2015年（平成27年）11月～2020年（令和2年）9月各月1日現在人口 | | 人口推計資料 No.94人口推計 国勢調査結果による補間補正人口　　　　　　　　　－2022年（令和4年）3月刊－ | 同　　上 |

（全国　男女別人口）（続き）

| 人　口 | 資　料　名 | 備　考 |
|---|---|---|
| 2020 年（令和 2 年）11 月〜<br>2021 年（令和 3 年）10 月<br>各月 1 日現在人口 | 人口推計資料 No.95<br>人口推計 「2021 年（令和 3 年）10 月 1 日現在」 | |
| 2021 年（令和 3 年）11 月〜<br>2022 年（令和 4 年）10 月<br>各月 1 日現在人口 | 人口推計資料 No.96<br>人口推計 「2022 年（令和 4 年）10 月 1 日現在」 | |
| 2022 年（令和 4 年）11 月<br>以降　各月 1 日現在人口 | 2023 年（令和 5 年）4 月以降の人口推計<br>−各月 1 日現在人口− | ・インターネット |

（都道府県　男女別人口　−各年 10 月 1 日現在−）

| 人　口 | 資　料　名 | 備　考 |
|---|---|---|
| 大正 10 年〜昭和 24 年 | 人口推計資料 1957−1<br>「大正 9 年〜昭和 25 年都道府県人口の推計」 | ・補間補正済み<br>・昭和 20 年〜25 年は沖縄県を含まない |
| 昭和 26 年〜29 年 | 人口推計資料 No.21<br>「昭和 26 年〜29 年各年 10 月 1 日現在都道府県人口の推計（改訂）」 | ・補間補正済み<br>・沖縄県を含まない |
| 昭和 31 年〜34 年 | 人口推計資料 No.26<br>「昭和 31 年〜34 年各年 10 月 1 日現在都道府県人口の推計（改訂）」 | 同　上 |
| 昭和 36 年〜39 年 | 人口推計資料 No.35<br>「昭和 36 年〜39 年各年 10 月 1 日現在都道府県人口の推計（改訂）」 | 同　上 |
| 昭和 41 年〜44 年 | 人口推計資料 No.42<br>「昭和 41 年〜44 年各年 10 月 1 日現在都道府県人口の推計（改訂）」 | 同　上 |
| 昭和 46 年〜49 年 | 人口推計資料 No.49<br>「昭和 46 年〜49 年各年 10 月 1 日現在都道府県人口の推計（改訂）」 | 補間補正済み |
| 昭和 51 年〜54 年 | 人口推計資料 No.55<br>「昭和 51 年〜54 年各年 10 月 1 日現在都道府県人口の推計（改訂）」 | 同　上 |
| 昭和 56 年〜59 年 | 人口推計資料 No.59<br>「昭和 56 年〜59 年各年 10 月 1 日現在都道府県人口の推計（改訂）」 | 同　上 |
| 昭和 61 年〜平成元年 | 人口推計資料 No.64<br>「昭和 61 年〜平成元年各年 10 月 1 日現在都道府県人口の推計」昭和 60 年及び平成 2 年国勢調査結果による補間補正 | 同　上 |
| 平成 3 年〜6 年 | 人口推計資料 No.69<br>人口推計 国勢調査結果による補間補正人口<br>−平成 9 年 12 月刊− | 同　上 |
| 平成 8 年〜11 年 | 人口推計資料 No.74<br>人口推計 国勢調査結果による補間補正人口<br>−平成 14 年 7 月刊− | 同　上 |
| 平成 13 年〜16 年 | 人口推計資料 No.79<br>人口推計 国勢調査結果による補間補正人口<br>−平成 18 年 12 月刊− | 同　上 |

（都道府県　男女別人口　－各年10月1日現在－）（続き）

| 人　　　口 | 資　料　名 | 備　　考 |
|---|---|---|
| 平成 18 年～21 年 | 人口推計資料 No.84<br>人口推計 国勢調査結果による補間補正人口<br>　　　　　　　　　　　　　－平成 24 年 3 月刊－ | 同　上 |
| 平成 23 年～26 年 | 人口推計資料 No.89<br>人口推計 国勢調査結果による補間補正人口<br>　　　　　　　　　　　　　－平成 29 年 3 月刊－ | 同　上 |
| 2016 年（平成 28 年）～<br>2019 年（令和元年） | 人口推計資料 No.94<br>人口推計 国勢調査結果による補間補正人口<br>　　　　　　　　　　　－2022 年（令和 4 年）3 月刊－ | 同　上 |
| 2021 年（令和 3 年） | 人口推計資料 No.95<br>人口推計 「2021 年（令和 3 年）10 月 1 日現在」 | |
| 2022 年（令和 4 年） | 人口推計資料 No.96<br>人口推計 「2022 年（令和 4 年）10 月 1 日現在」 | |

（全国　年齢、男女別人口　－各年10月1日現在－）

| 人　　　口 | 資　料　名 | 備　　考 |
|---|---|---|
| 大正 10 年～昭和 15 年<br>昭和 23 年、24 年 | 人口推計資料 1956－1「大正 9 年～昭和 15 年および昭<br>和 22 年～25 年全国年令別人口の推計」 | ・補間補正済み<br>・昭和 22 年～25 年は<br>沖縄県を含まない |
| 昭和 26 年 | 人口推計資料 1953－1<br>「昭和 26 年 10 月 1 日現在全国年令別人口の推計」 | 沖縄県を含まない |
| 昭和 27 年、28 年 | 人口推計資料 1954－3<br>「昭和 28 年 10 月 1 日現在全国年令別人口の推計」 | 同　上 |
| 昭和 29 年 | 人口推計資料 1955－2<br>「昭和 29 年 10 月 1 日現在全国年令別人口の推計」 | 同　上 |
| 昭和 31 年、32 年 | 人口推計資料 No.16<br>「昭和 33 年 10 月 1 日現在全国年令別人口の推計」 | 同　上 |
| 昭和 33 年、34 年 | 人口推計資料 No.18<br>「昭和 34 年 10 月 1 日現在全国年令別人口の推計」 | 同　上 |
| 昭和 36 年～38 年 | 人口推計資料 No.25<br>「昭和 38 年 10 月 1 日現在全国年令別人口の推計」 | 同　上 |
| 昭和 39 年 | 人口推計資料 No.28<br>「昭和 39 年 10 月 1 日現在全国年令別人口の推計」 | 同　上 |
| 昭和 41 年、42 年 | 人口推計資料 No.32<br>「昭和 42 年 10 月 1 日現在全国年令別人口の推計」 | 同　上 |
| 昭和 43 年 | 人口推計資料 No.34<br>「昭和 43 年 10 月 1 日現在全国年令別人口の推計」 | 同　上 |
| 昭和 44 年 | 人口推計資料 No.38<br>「昭和 44 年 10 月 1 日現在全国年令別人口の推計」 | 同　上 |
| 昭和 46 年、47 年 | 人口推計資料 No.44<br>「昭和 47 年 10 月 1 日現在全国年齢別人口の推計」 | |
| 昭和 48 年 | 人口推計資料 No.46<br>「昭和 48 年 10 月 1 日現在全国年齢別人口の推計」 | |

（全国　都道府県　年齢、男女別人口　－各年 10 月 1 日現在－）

| 人　　口 | 資　料　名 | 備　　考 |
|---|---|---|
| 昭和 49 年 | 人口推計資料 No. 47<br>「昭和 49 年 10 月 1 日現在推計人口」 | 昭和 46 年～48 年の<br>都道府県別人口の<br>記載あり |
| 昭和 51 年 | 人口推計資料 No. 48<br>「昭和 51 年 10 月 1 日現在推計人口」 | |
| 昭和 52 年 | 人口推計資料 No. 50<br>「昭和 52 年 10 月 1 日現在推計人口」 | |
| 昭和 53 年 | 人口推計資料 No. 51<br>「昭和 53 年 10 月 1 日現在推計人口」 | |
| 昭和 54 年 | 人口推計資料 No. 52<br>「昭和 54 年 10 月 1 日現在推計人口」 | |
| 昭和 56 年 | 人口推計資料 No. 53<br>「昭和 56 年 10 月 1 日現在推計人口」 | |
| 昭和 57 年 | 人口推計資料 No. 54<br>「昭和 57 年 10 月 1 日現在推計人口」 | |
| 昭和 58 年 | 人口推計資料 No. 56<br>「昭和 58 年 10 月 1 日現在推計人口」 | |
| 昭和 59 年 | 人口推計資料 No. 57<br>「昭和 59 年 10 月 1 日現在推計人口」 | |
| 昭和 61 年 | 人口推計資料 No. 58<br>「昭和 61 年 10 月 1 日現在推計人口」 | |
| 昭和 62 年 | 人口推計資料 No. 60<br>「昭和 62 年 10 月 1 日現在推計人口」 | |
| 昭和 63 年 | 人口推計資料 No. 61<br>「昭和 63 年 10 月 1 日現在推計人口」 | |
| 平成元年 | 人口推計資料 No. 62<br>「平成元年 10 月 1 日現在推計人口」 | |
| 平成 3 年 | 人口推計資料 No. 63<br>「平成 3 年 10 月 1 日現在推計人口」 | |
| 平成 4 年 | 人口推計資料 No. 65<br>「平成 4 年 10 月 1 日現在推計人口」 | |
| 平成 5 年 | 人口推計資料 No. 66<br>「平成 5 年 10 月 1 日現在推計人口」 | |
| 平成 6 年 | 人口推計資料 No. 67<br>「平成 6 年 10 月 1 日現在推計人口」 | |
| 平成 8 年 | 人口推計資料 No. 68<br>「平成 8 年 10 月 1 日現在推計人口」 | |
| 平成 9 年 | 人口推計資料 No. 70<br>人口推計年報　「平成 9 年 10 月 1 日現在推計人口」 | |
| 平成 10 年 | 人口推計資料 No. 71<br>人口推計年報　「平成 10 年 10 月 1 日現在推計人口」 | |
| 平成 11 年 | 人口推計資料 No. 72<br>人口推計年報　「平成 11 年 10 月 1 日現在推計人口」 | |
| 平成 13 年 | 人口推計資料 No. 73<br>人口推計年報　「平成 13 年 10 月 1 日現在推計人口」 | |
| 平成 14 年 | 人口推計資料 No. 75<br>人口推計年報　「平成 14 年 10 月 1 日現在推計人口」 | |

（全国　都道府県　年齢、男女別人口　－各年10月1日現在－）（続き）

| 人　　口 | 資　　料　　名 | 備　　考 |
|---|---|---|
| 平成15年 | 人口推計資料No.77<br>人口推計年報　「平成15年10月1日現在推計人口」 | |
| 平成16年 | 人口推計資料No.78<br>人口推計年報　「平成16年10月1日現在推計人口」 | |
| 平成18年 | 人口推計資料No.80<br>人口推計年報　「平成18年10月1日現在推計人口」 | |
| 平成19年 | 人口推計資料No.81<br>人口推計年報　「平成19年10月1日現在推計人口」 | |
| 平成20年 | 人口推計資料No.82<br>人口推計年報　「平成20年10月1日現在推計人口」 | |
| 平成21年 | 人口推計資料No.83<br>人口推計　「平成21年10月1日現在」 | |
| 平成23年 | 人口推計資料No.85<br>人口推計　「平成23年10月1日現在」 | |
| 平成24年 | 人口推計資料No.86<br>人口推計　「平成24年10月1日現在」 | |
| 平成25年 | 人口推計資料No.87<br>人口推計　「平成25年10月1日現在」 | |
| 平成26年 | 人口推計資料No.88<br>人口推計　「平成26年10月1日現在」 | |
| 2016年（平成28年）<br>～2019年（令和元年） | 人口推計資料No.94<br>人口推計 国勢調査結果による補間補正人口<br>　　　　　　　－2022年（令和4年）3月刊－ | 補間補正済み |
| 2021年（令和3年） | 人口推計資料No.95<br>人口推計　「2021年（令和3年）10月1日現在」 | |
| 2022年（令和4年） | 人口推計資料No.96<br>人口推計　「2022年（令和4年）10月1日現在」 | |

（その他）

| 資　　料　　名 | 備　　考 |
|---|---|
| 人口推計資料No.76<br>「我が国の推計人口」大正9年～平成12年<br>　　　　　　　－平成15年9月刊－ | 大正9年国勢調査以降、平成12年までの主な推計結果を掲載 |
| 人口推計資料No.36　「日本の推計人口」<br>　　　　　　　－昭和45年3月刊－ | 大正10年以降、昭和44年3月までの人口推計について、その推計方法、推計結果などをまとめて掲載 |
| 「明治5年以降わが国の人口」<br>　　　　　　内閣統計局　－昭和5年刊－ | 明治5年～大正9年各年1月1日現在男女別全国推計人口 |
| 「道府県現住人口」<br>　　　　　　内閣統計局　－明治42年8月刊－ | 明治17年～40年　道府県現住人口 |
| 「道府県現住人口」<br>　　　　　　内閣統計局　－明治40年11月刊－ | 明治17年～36年　道府県現住人口 |

# Appendix 1    Outline of the Population Estimates

## *I  Outline*

### *1  Coverage of the population estimates*
The population estimates cover all the population, including foreigners, who usually live in Japan.  However, of the foreigners, foreign diplomatic and consular corps, including their party or family members, and foreign military personnel, including their family members, are excluded.

### *2  Method of the estimation*
The population estimates are calculated using the recent census population(as of October 1) as the base by the following formula.

*[ Basic formula]*

**Estimated population of the stated year＝Estimated population of the previous year\***
**＋ Total net change during the year**

Total net change＝Natural change + Migration change
＋ Net increase by change of nationality\*\*

Natural change＝Live births－Deaths
Migration change＝(Entries－Exits)＋(Net inter-prefectural migrants)\*\*\*
Net inter-prefectural migrants＝In-migrants－Out-migrants
Net increase by change of nationality＝Acquisition of Japanese nationality－Loss of Japanese nationality

\*     : The census population for the year when the population census was held.
\*\*    : Only for the Japanese.
\*\*\* : Only for the population by prefectures.

### *3  Sources for the estimation*

Live births and Deaths        : "Vital Statistics (preliminary report)", Ministry of Health, Labour and Welfare
Entries and Exits             : "Statistics on Legal Migrants", the Immigration Services Agency

Net increase by change of nationality
: The Statistics Bureau, Ministry of Internal Affairs and Communications tabulated the data of Ministry of Justice
Inter-prefectural migrants  : "Monthly Report on Internal Migration in Japan Derived from the Basic Resident Registration", Statistics Bureau, Ministry of Internal Affairs and Communications

Others    :    "Population Census", Statistics Bureau, Ministry of Internal Affairs and Communications

## II   The estimation method

### 1   Elements of the population estimates

a.   Base population

The complete counts of Census population are used as the base population for the year following a Population Census, and for the year after the following year and thereafter, the final population estimates as of October 1 of the previous year is used as the base population.

b.   Total net change (= Natural change + Migration change + Net increase by change of nationality)

(i) Natural change (= Live births − Deaths)

For live births and deaths, the data of the Vital Statistics (preliminary results) (Ministry of Health, Labour and Welfare) is used.

Note that the number of deaths at unknown age and of unknown prefecture is divided according to the age-at-death distribution by prefecture of all those whose age at death and prefecture are identified and added to the corresponding age and prefecture data.

The number of deaths is tabulated by the age on October 1 of the previous year referring to the birth date and used for the estimates.

(ii) Migration change (= Entry/exit balance of immigrants + Entry/exit balance of inter-prefecture migrants)

(1) Entry/exit balance of immigrants (=Entries − Exits)

For entering/exiting immigrants, the data of the Statistics on Legal Migrants (the Immigration Services Agency) is used. Note that the numbers of Japanese whose period of stay in foreign countries is within 3 months (i.e., reentry within 3 months from the last departure) and foreigners whose period of stay in Japan is within 3 months are excluded.

The number of Japanese whose place of residence is in a foreign country is divided according to the distribution of the number of entering/exiting people by prefecture for each age and added to the number of the entering/exiting people of the corresponding prefecture.

The number of entering/exiting foreigners whose age and residence (prefecture) is not identified is divided according to the age and prefecture distribution of entering/exiting foreigners and added to the data of corresponding prefecture by age (single years).

As the data of Japanese is not tabulated by birth date, the data by age of the Statistics on Legal Migrants is used. Foreigners are tabulated by the age on October 1 of the previous year referring to their birth dates.

(2) Entry/exit balance of inter-prefecture migrants (= In-migrants − Out-migrants)

The data of inter-prefectural migrants of the Report of Internal Migration in Japan Derived from the Basic Resident Registration (Statistics Bureau, Ministry of Internal Affairs and Communications) is used.

(iii) Net increase by change of nationality (= Acquisition of Japanese nationality − Loss of Japanese nationality)

"The number of naturalized Japanese based on the data of the official gazette":

the data created by Ministry of Internal Affairs and Communications tabulating "the number of the people who acquired Japanese nationality," which was reported in the public notice through the official gazette "concerning the permission for naturalization," by age as of October 1 of the previous year referring to birth date, and the "numbers of the acquisition and loss of Japanese nationality" (Ministry of Justice) are used.

## 2 Estimates of the population of all of Japan and of each prefecture by age and sex

Japan's total population and Japanese population by prefecture, age (single years) and sex as of October 1 of the year are calculated by adding or subtracting the live births, deaths, entering/exiting immigrants, entry/exit balance of inter-prefecture migrants (and also the number of the people who acquired or lost Japanese nationality specifically for the Japanese population) in the previous one year period to or from the base population by age (single years) and sex.

These numbers are aggregated in each age group to tabulate Japan's total population and Japanese population by prefecture, age (five-year groups) and sex. Additionally, Japan's total population and Japanese population by age (single years) and sex for all Japan and Japan's total population and Japanese population by prefecture and sex are calculated.

(Example:Male)

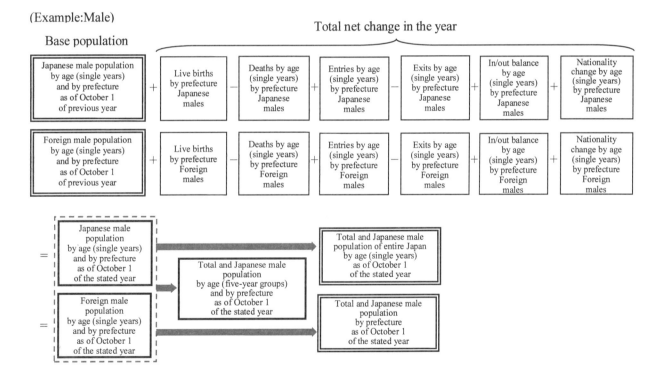

## Appendix 2　Explanation of Terms

### ◎ Population composition

Sex Ratio : Number of males per 100 females $= \dfrac{\text{males}}{\text{females}} \times 100$

### ◎ Population increase and decrease

Natural Change　　　　Live births－Deaths

( Only for the population by prefectures )

Migration Change　　　Entries－Exits＋Net inter-prefectural migrants

Net inter-prefectural migrants = In-migrants－Out-migrants

Net increase by change of nationality

= Acquisition of Japanese nationality－Loss of Japanese nationality

### ◎ Age composition

Child dependency ratio $= \dfrac{\text{Population under 15}}{\text{Population aged 15 to 64}} \times 100$

Aged dependency ratio $= \dfrac{\text{Population aged 65 and over}}{\text{Population aged 15 to 64}} \times 100$

Dependency ratio $= \dfrac{\text{Population under 15 + Population aged 65 and over}}{\text{Population aged 15 to 64}} \times 100$

Aging index $= \dfrac{\text{Population aged 65 and over}}{\text{Population under 15}} \times 100$

## Appendix 3　　List of Publication　－　Current Population Estimates Series

The Statistics Bureau has been estimating population for prefectures and Japan population by age as of October 1 of each year since 1921 as well as Japan population as of the first day of each month since November 1950.　However, the estimated population once published has sometimes been revised according to the revision of the statistics used in the estimation or adjusted in order to link the estimated series to the results of the latest Population Census. The reports listed in the following tables include the final or latest figures of the corresponding population available at present.

(Population by sex for Japan)

| Population | | Report | Note |
|---|---|---|---|
| Population as of Oct. 1, each year from 1921 to 1949 | incl. Okinawa-ken | "Population Estimates Series" 1956-1 | · Population as including Okinawa-ken from 1940 to 1944 has been reported in "Monthly Report on Current Population Estimates" Aug. 1967. · With intercensal adjustment · Only both sexes for 1953-2 |
| | excl. Okinawa-ken | "Population Estimates Series" 1953-2 | |
| Population as of 1st of each month from Nov. 1950 to Sept. 1965 | | "Monthly Report on Current Population Estimates, Special Report on Revised Figures"　　　－October 1967－ | · With intercensal adjustment · Only both sexes · Okinawa-ken not included |
| Population as of 1st of each month from Nov. 1965 to Sept. 1970 | | "Monthly Report on Current Population Estimates, Special Report on Revised Figures"　　　－October 1972－ | · With intercensal adjustment · Okinawa-ken not included |
| Population as of 1st of each month from Nov. 1970 to Sept. 1975 | | "Monthly Report on Current Population Estimates, Special Report on Revised Figures"　　　－March 1978－ | With intercensal adjustment |
| Population as of 1st of each month from Nov. 1975 to Sept. 1980 | | "Monthly Report on Current Population Estimates, Special Report on Revised Figures"　　　－August 1983－ | do. |
| Population as of 1st of each month from Nov. 1980 to Sept. 1985 | | "Monthly Report on Current Population Estimates, Special Report on Revised Figures"　　　－December 1987－ | do. |
| Population as of 1st of each month from Nov. 1985 to Sept. 1990 | | "Monthly Report on Current Population Estimates, Intercensal Adjustment"　　　－October 1992－ | do. |
| Population as of 1st of each month from Nov. 1990 to Sept. 1995 | | "Population Estimates Series" No.69　　　－December 1997－ | do. |
| Population as of 1st of each month from Nov. 1995 to Sept. 2000 | | "Population Estimates Series" No.74　　　－July 2002－ | do. |
| Population as of 1st of each month from Nov. 2000 to Sept. 2005 | | "Population Estimates Series" No.79　　　－December 2006－ | do. |
| Population as of 1st of each month from Nov. 2005 to Sept. 2010 | | "Population Estimates Series" No.84　　　－March 2012－ | do. |
| Population as of 1st of each month from Nov. 2010 to Sept. 2015 | | "Population Estimates Series" No.89　　　－March 2017－ | do. |
| Population as of 1st of each month from Nov. 2015 to Sept. 2020 | | "Population Estimates Series" No.94　　　－March 2022－ | do. |

(Population by sex for Japan) (continued)

| Population | Report | Note |
|---|---|---|
| Population as of 1st of each month from Nov. 2020 to Oct. 2021 | "Population Estimates Series" No.95 | |
| Population as of 1st of each month from Nov. 2021 to Oct. 2022 | "Population Estimates Series" No.96 | |

| Population | Report | Note |
|---|---|---|
| Population as of 1st of each month since Nov. 2022 | "Monthly Report on Current Population Estimates" for each month since Apr. 2023 | · Internet |

(Population by sex for prefectures as of October 1, each year)

| Population | Report | Note |
|---|---|---|
| Population from 1921 to 1949 | "Population Estimates Series" 1957-1 | · With intercensal adjustment<br>· Okinawa-ken not included from 1945 to 1950 |
| Population from 1951 to 1954 | "Population Estimates Series" No.21 | · With intercensal adjustment<br>· Okinawa-ken not included |
| Population from 1956 to 1959 | "Population Estimates Series" No.26 | do. |
| Population from 1961 to 1964 | "Population Estimates Series" No.35 | do. |
| Population from 1966 to 1969 | "Population Estimates Series" No.42 | do. |
| Population from 1971 to 1974 | "Population Estimates Series" No.49 | With intercensal adjustment |
| Population from 1976 to 1979 | "Population Estimates Series" No.55 | do. |
| Population from 1981 to 1984 | "Population Estimates Series" No.59 | do. |
| Population from 1986 to 1989 | "Population Estimates Series" No.64 | do. |
| Population from 1991 to 1994 | "Population Estimates Series" No.69 | do. |
| Population from 1996 to 1999 | "Population Estimates Series" No.74 | do. |
| Population from 2001 to 2004 | "Population Estimates Series" No.79 | do. |
| Population from 2006 to 2009 | "Population Estimates Series" No.84 | do. |
| Population from 2011 to 2014 | "Population Estimates Series" No.89 | do. |
| Population from 2016 to 2019 | "Population Estimates Series" No.94 | do. |
| Population of 2021 | "Population Estimates Series" No.95 | |
| Population of 2022 | "Population Estimates Series" No.96 | |

(Population by age and sex for Japan as of October 1, each year)

| Population | Report | Note |
|---|---|---|
| Population from 1921 to 1940 | "Population Estimates Series"1956-1 | With intercensal adjustment |
| Population of 1948 and 1949 | "Population Estimates Series" 1956-1 | · With intercensal adjustment<br>· Okinawa-ken not included |
| Population of 1951 | "Population Estimates Series" 1953-1 | Okinawa-ken not included |

(Population by age and sex for Japan as of October 1, each year)(continued)

| Population | Report | Note |
|---|---|---|
| Population of 1952 and 1953 | "Population Estimates Series" 1954-3 | do. |
| Population of 1954 | "Population Estimates Series" 1955-2 | do. |
| Population of 1956 and 1957 | "Population Estimates Series" No.16 | do. |
| Population of 1958 and 1959 | "Population Estimates Series" No.18 | do. |
| Population from 1961 to 1963 | "Population Estimates Series" No.25 | do. |
| Population of 1964 | "Population Estimates Series" No.28 | do. |
| Population of 1966 and 1967 | "Population Estimates Series" No.32 | do. |
| Population of 1968 | "Population Estimates Series" No.34 | do. |
| Population of 1969 | "Population Estimates Series" No.38 | do. |
| Population of 1971 and 1972 | "Population Estimates Series" No.44 | |
| Population of 1973 | "Population Estimates Series" No.46 | |

(Population by age and sex for Japan and population by age group and sex for prefectures
as of October 1, each year)

| Population | Report | Note |
|---|---|---|
| Population of 1974 | "Population Estimates Series" No.47 | From 1971 to 1973 also included. |
| Population of 1976 | "Population Estimates Series" No.48 | |
| Population of 1977 | "Population Estimates Series" No.50 | |
| Population of 1978 | "Population Estimates Series" No.51 | |
| Population of 1979 | "Population Estimates Series" No.52 | |
| Population of 1981 | "Population Estimates Series" No.53 | |
| Population of 1982 | "Population Estimates Series" No.54 | |
| Population of 1983 | "Population Estimates Series" No.56 | |
| Population of 1984 | "Population Estimates Series" No.57 | |
| Population of 1986 | "Population Estimates Series" No.58 | |
| Population of 1987 | "Population Estimates Series" No.60 | |
| Population of 1988 | "Population Estimates Series" No.61 | |
| Population of 1989 | "Population Estimates Series" No.62 | |
| Population of 1991 | "Population Estimates Series" No.63 | |
| Population of 1992 | "Population Estimates Series" No.65 | |
| Population of 1993 | "Population Estimates Series" No.66 | |
| Population of 1994 | "Population Estimates Series" No.67 | |
| Population of 1996 | "Population Estimates Series" No.68 | |
| Population of 1997 | "Population Estimates Series" No.70 | |
| Population of 1998 | "Population Estimates Series" No.71 | |
| Population of 1999 | "Population Estimates Series" No.72 | |
| Population of 2001 | "Population Estimates Series" No.73 | |
| Population of 2002 | "Population Estimates Series" No.75 | |
| Population of 2003 | "Population Estimates Series" No.77 | |
| Population of 2004 | "Population Estimates Series" No.78 | |
| Population of 2006 | "Population Estimates Series" No.80 | |

(Population by age and sex for Japan and population by age group and sex for prefectures

as of October 1, each year) (continued)

| Population | Report | Note |
|---|---|---|
| Population of 2007 | "Population Estimates Series" No.81 | |
| Population of 2008 | "Population Estimates Series" No.82 | |
| Population of 2009 | "Population Estimates Series" No.83 | |
| Population of 2011 | "Population Estimates Series" No.85 | |
| Population of 2012 | "Population Estimates Series" No.86 | |
| Population of 2013 | "Population Estimates Series" No.87 | |
| Population of 2014 | "Population Estimates Series" No.88 | |
| Population of 2016 to 2019 | "Population Estimates Series" No.94 | With intercensal adjustment |
| Population of 2021 | "Population Estimates Series" No.95 | |
| Population of 2022 | "Population Estimates Series" No.96 | |

(Others)

| Report | Note |
|---|---|
| "Population Estimates Series No.76 Population Estimates of Japan",1920-2000 September 2003 | This report presents the main results of the population estimates for each year from 1920 to 2000. |
| "Population Estimates Series No.36 Population Estimates of Japan", March 1970 | This report presents the history of the population estimates from 1921 to 1969 March, as well as changes in the method of estimation and time series table for population estimates. |
| "Population of Japan since 1872", 1930 | This report presents the estimated Japanese population by sex as of January 1 each year from 1872 to 1920. |

# 『人口推計資料』の利用について

人口推計資料については、次の方法により利用（閲覧・入手等）することができます。

## インターネット

人口推計に関する結果は、インターネットを通じて提供しています。

◆ 統計局ホームページ　　　　　　https://www.stat.go.jp/data/jinsui/index.html

| 人口推計 | | 検索 |

◆ 政府統計の総合窓口（e-Stat）　https://www.e-stat.go.jp/

## 資料の閲覧

資料は、総務省統計図書館のほか、国立国会図書館及び各支部、都道府県統計主管課、都道府県立図書館などで閲覧することができます。

◆ 総務省統計図書館　　　　　　〒162-8668　東京都新宿区若松町 19－1

　　　　　　　　　　　　　　　TEL　03（5273）1132

## 資料の入手

資料は、一般財団法人 日本統計協会を通じて入手できます。また、全国各地の官報販売所でも取り扱っています。

◆ 一般財団法人　日本統計協会　　〒169-0073 東京都新宿区百人町 2－4－6

　　　　　　　　　　　　　　　　　　　　　　メイト新宿ビル6Ｆ

　　　　　　　　　　　　　　　TEL　03（5332）3151

◆ 政府刊行物センター（霞が関）　〒100-0013　東京都千代田区霞が関 1－4－1

　　　　　　　　　　　　　　　　　　　　　　日土地ビル1Ｆ

　　　　　　　　　　　　　　　TEL　03（3504）3885

## 《引用・転載について》

本書の統計データ、図表を利用する場合は、出典を記載してください。出典を編集・加工等して利用した場合はその旨も明記してください。

（出典記載例）「人口推計資料」（総務省統計局）

　　　　　　　「人口推計」（総務省統計局）

総務省統計局編集等・（一財）日本統計協会発行の新刊案内

| | | | | |
|---|---|---|---|---|
| 新版 日本長期統計総覧（全5巻） | A4判　586頁〜746頁　CD-ROM付 | | | |
| 我が国の統計を集大成した「日本長期統計総覧」を20年ぶりに抜本的に改訂。 | 第1巻〜第4巻は定価22,000円、第5巻は定価23,100円 | | | |

| | | | | |
|---|---|---|---|---|
| 第 72 回 日 本 統 計 年 鑑　令和5年 | B5 判 | 794 頁 | CD-ROM付 | 定 価　16,500 円 |
| 統 計 で み る 日 本 2023 | A5 判 | 338 頁 | | 定 価　2,750 円 |
| 日 本 の 統 計 2023 | A5 判 | 308 頁 | | 定 価　2,200 円 |
| 世 界 の 統 計 2023 | A5 判 | 296 頁 | | 定 価　2,200 円 |
| STATISTICAL HANDBOOK OF JAPAN 2022 | A5 判 | 214 頁 | | 定 価　3,630 円 |
| 社 会 生 活 統 計 指 標 2023 | A4 判 | 546 頁 | CD-ROM付 | 定 価　9,680 円 |
| 統 計 で み る 都 道 府 県 の す が た 2023 | A4 判 | 180 頁 | CD-ROM付 | 定 価　3,190 円 |
| 統 計 で み る 市 区 町 村 の す が た 2023 | A4 判 | 328 頁 | CD-ROM付 | 定 価　5,610 円 |
| デ ー タ 分 析 の た め の 統 計 学 入 門 | A4 判 | 428 頁 | | 定 価　1,980 円 |
| GDP 統計を知る 国民経済計算の基礎 －改訂第2版－ | A5 判 | 190 頁 | | 定 価　2,420 円 |
| 公 的 統 計 に よ る 統 計 入 門 | A5 判 | 174 頁 | | 定 価　1,650 円 |
| 日 本 を 彩 る 47 都 道 府 県 と 統 計 の は な し | B5 判 | 386 頁 | | 定 価　2,970 円 |
| 国勢調査からみた市区町村人口 -大正9（1920）年〜令和2（2020）年までの100年間の人口の推移- | A4 版 | 424 頁 | CD-ROM付 | 定 価　8,800 円 |
| 平 成 29 年 就 業 構 造 基 本 調 査 報 告 | | | | |
| 　第1巻 全国編 | A4 判 | 666 頁 | CD-ROM付 | 定 価　10,120 円 |
| 　第2巻 都道府県編 | A4 判 | 664 頁 | CD-ROM付 | 定 価　10,230 円 |
| 平 成 30 年 住 宅・土 地 統 計 調 査 報 告 | | | | |
| 　全 国 編（平成の住宅事情－時系列） | A4 判 | 412 頁 | CD-ROM付 | 定 価　13,200 円 |
| 　都道府県編（12分冊） | A4 判 | 322頁〜560頁 | CD-ROM付 | 定 価　各10,450 円 |
| 令 和 元 年 全 国 家 計 構 造 調 査 報 告（旧 全国消費実態調査） | | | | |
| 　第1巻 家計収支編 その1 世帯属性に関する結果 | A4 判 | 800 頁 | CD-ROM付 | 定 価　9,900 円 |
| 　第1巻 家計収支編 その2 世帯類型、高齢者、就業者に関する結果 | A4 判 | 816 頁 | CD-ROM付 | 定 価　9,900 円 |
| 　第1巻 家計収支編 その3 購入形態等に関する結果 | A4 判 | 754 頁 | CD-ROM付 | 定 価　9,350 円 |
| 　第2巻 所得編 | A4 判 | 730 頁 | CD-ROM付 | 定 価　9,350 円 |
| 　第3巻 資産・負債編 | A4 判 | 574 頁 | CD-ROM付 | 定 価　8,470 円 |
| 経 済 構 造 実 態 調 査 報 告 2020 年 | A4 判 | 238 頁 | | 定 価　6,930 円 |
| 令 和 2 年 国 勢 調 査 報 告 | | | | |
| 　第1巻 人口等基本集計結果 その1 全国編 | A4 判 | 382 頁 | CD-ROM付 | 定 価　7,590 円 |
| 　第1巻 人口等基本集計結果 その2 都道府県・市区町村編(6分冊) | A4 判 | 390頁〜644頁 | CD-ROM付 | 定 価 5,830円〜7,150円 |
| 　第2巻 就業状態等基本集計結果 その1 全国編 | A4 判 | 454 頁 | CD-ROM付 | 定 価　7,480 円 |
| 　第2巻 就業状態等基本集計結果 その2 都道府県・市区町村編（6分冊） | A4 判 | 378頁〜538頁 | CD-ROM付 | 定 価 7,590円〜8,360円 |
| 　ライフステージでみる日本の人口・世帯 | A4 判 | 66 頁 | | 定 価　1,210 円 |
| 令 和 3 年 社 会 生 活 基 本 調 査 報 告 | | | | |
| 　第1巻 全国・地域 生活時間編 | A4 判 | 610 頁 | CD-ROM付 | 定 価　10,230 円 |
| 　第2巻 全国・地域 生活行動編 | A4 判 | 534 頁 | CD-ROM付 | 定 価　9,900 円 |
| 労 働 力 調 査 年 報　令和4年 | A4 判 | 348 頁 | CD-ROM付 | 定 価　6,600 円 |
| 人口推計資料№96 人口推計 -令和4年10月1日現在- | A4 判 | 118 頁 | | 定 価　3,080 円 |
| 住 民 基 本 台 帳 人 口 移 動 報 告 年 報　令和3年 | A4 判 | 280 頁 | CD-ROM付 | 定 価　4,180 円 |
| 家 計 消 費 状 況 調 査 年 報　令和4年 | A4 判 | 178 頁 | | 定 価　3,410 円 |
| 家 計 調 査 年 報 ＜Ⅰ 家 計 収 支 編＞　令和3年 | A4 判 | 440 頁 | | 定 価　7,810 円 |
| 家 計 調 査 年 報 ＜Ⅱ 貯 蓄・負 債 編＞　令和3年 | A4 判 | 248 頁 | CD-ROM付 | 定 価　5,610 円 |
| 小 売 物 価 統 計 調 査 年 報　令和3年 | A4 判 | 318 頁 | CD-ROM付 | 定 価　7,260 円 |
| サ ー ビ ス 産 業 動 向 調 査 年 報　令和3年 | A4 判 | 126 頁 | | 定 価　2,860 円 |
| 科 学 技 術 研 究 調 査 報 告　令和4年 | A4 判 | 344 頁 | CD-ROM付 | 定 価　4,400 円 |
| 消 費 者 物 価 指 数 年 報　令和4年 | A4 判 | 226 頁 | CD-ROM付 | 定 価　6,050 円 |
| 個 人 企 業 経 済 調 査 報 告　令和4年 | A4 判 | 300 頁 | | 定 価　4,070 円 |
| 「 月 刊 統 計 」・・年間購読(割引あり)もできます。 | B5 判 | | | 定 価　990 円 |

（定価は、税込価格です）

人 口 推 計 資 料　No.96
人口推計 －令和4年10月1日現在－
Population Estimates Series No.96
CURRENT POPULATION ESTIMATES
AS OF OCTOBER 1, 2022

令和5年7月発行　　　　定価：3,080円（本体価格 2,800円 + 税10%）
Issued in July 2023　　　Price：3,080yen（2,800yen + tax10%）
編集：総務省統計局

発 行　一般財団法人　日 本 統 計 協 会
Published by Japan Statistical Association
東京都新宿区百人町2丁目4番6号メイト新宿ビル内
Meito Shinjuku Bldg, 2-4-6, Hyakunincho, Shinjuku-ku, Tokyo, 169-0073
T E L：(03)5332-3151　F A X：(03)5389-0691
E-mail：jsa@jstat.or.jp
振 替：00120-4-1944
印 刷：名取印刷工業有限会社

ISBN978-4-8223-4186-2　C0033　￥2800E